Konan
Institute of
Human
Sciences

心の危機と臨床の知　8

育てることの困難

高石恭子・編

人文書院

まえがき

現代は、育てることの難しい時代である。もちろん、「子育て」ということに限って言えば、いつの時代にも、どんな社会においても、それ相応の困難はあっただろう。にもかかわらず、人類は悠久の昔から、それを自然な営みとして繰り返してきた。

しかしながら、昨今のわが国の状況を見ていると、どうも「育てる」という営み全体がうまくいかなくなっているように見える。たとえば、若い人がなかなか結婚せず、子どもを産まないという晩婚化・少子化の傾向が、国家的な将来の危機につながる社会問題であるとして、あちこちで盛んに議論されている。国立社会保障・人口問題研究所が発表した、最新の将来推計人口によれば、二〇〇五年に一億二七七七万人だった日本の総人口は、五〇年後には八九九三万人になり、一五~六四歳の労働力人口が半減して「超・少子高齢化社会」になるという。これは二〇〇五年の特殊合計出生率一・二六を基準に算出しているため、今後さらに出生率が下がればもっと人口減少は加速して、やがて日本から人がいなくなる、というような極論も飛び出るほどだ。とにかく、何とかして子どもを増やさなければならないという危機感のもと、二〇〇三年には少子化社会対策基本法が制定され、行政主導のさまざまな施策が進められている。ただ、「国の将来にとっての危機」という視点から考えられた施策では、なかなか期待されるような効果が表れてこないのも事実である。

問題は、若い人が子どもをもとうとしないことだけではない。実際、せっかく子どもが生まれても、親が虐待して、ときに死に至らしめるような悲惨な事件が後を絶たない。厚生労働省の報告によれば、全国の児童相談所で受理された虐待の処理件数は、一九九五年～二〇〇五年の一〇年間で、二七二二件から三四四七二件と一三倍近くに増えている。事例化しない潜在件数は、その何十倍にも及ぶだろう。また、「わが子を虐待してしまうのではないか」と怖れる親も少なくない。密室のなかで孤立した状況に置かれ、思い通りにならないわが子への対応に疲れ果てて心のコントロールを失い、「わが子に暴言を吐いてしまった」「取り返しのつかないトラウマをわが子に負わせてしまった」と自分を責める若い母親たちの声は、インターネットのブログや掲示板、相談サイトに溢れている。

さすがに、近年では「母親の未熟」「母性の喪失」といった単純な言説でもって、今日の育てることの困難な状況を説明しようとする風潮は影を潜めてきた。少子化も含め、個々の女性の問題として片付けるわけにはいかない、もっと構造的で根の深い問題が底に横たわっていることを、ようやく人々は認め始めたのである。ここ数年、教師が生徒を、生徒が教師を殺傷する事件や、思春期を過ぎた子どもが親やきょうだいを突発的に殺傷する事件が相次いでいる。長い歴史のなかで、この種の事件が近年統計的に有意な増加を見せているのかどうかはわからない。しかしながら、「育てる者」と「育てられる者」との関係に亀裂が生じ、何か異変が起きている、と私たちが感じ取っていることは確かである。内面にそのような不安を抱いているからこそ、私たちはこの種の事件報道に強く心を揺さぶられ、危機感を募らせるのではなかろうか。

子育ては私的な営みにとどまるものではなく、共同体や社会で取り組んでいくべき大切なしごとである、という認識が人々の間に再び生まれ、子育て支援の必要性に対する意識が高まってきたこと自体は、好ましい変化であろうと思う。ただ、先にも述べたように、主として行政レベルで議論されている支援は、乳幼児や学童を育てる世帯への経済的負担の軽減であったり、女性がもっと子どもを預けて働けるようにするための保育所拡充であったり、「社会経済の活性化」「少子化の回避と社会保障制度の維持」という目的の見えるものがほとんどである。これらの対策が、「育て—育てられる」営みにおいて現代の個々人が抱える「心の危機」に対し、一時的な対症療法にしかならないことは明白だろう。

子育ては、乳幼児期で終わるものでも、学童期で終わるものでもない。今日では、成人期を迎えても心理的には「永遠の思春期」を生き続け、親の庇護のもとに生活し続ける「社会的ひきこもり」の人々も増えている。親の家を「さなぎ」の殻にしてひきこもった思春期の子どもたちは、かつてのように時が満ちて蝶になり巣立つということが難しく、ずっとさなぎのままでい続けてしまう。やがて親が老年になり、子どもを庇護する力に限界がきたとき、自立を迫られた中年期のひきこもりの子が親を手にかけるという事件も起きているが、これもまた「育て—育てられる」関係の危機がもたらした、一つの悲劇的な結末である。誕生から巣立ちまで、もっとトータルに見渡す視点をもたない限り、育てることをめぐるこのような今日の状況を、現実に変えていける処方箋も見えてこないのではないか。

また、今日の「育て—育てられる」関係の亀裂は、「親から子へ」という家族内の問題としてだけでなく、「年長者から若者へ」という、組織や社会における世代の引き継ぎの問題としても表れている。二〇〇〇年頃から世間の注目を集めた、いわゆるＩＴベンチャー起業家第二世代の主だった何人かが、二〇〇六年には相次いで違法取引で逮捕された事件は記憶に新しい。当時三〇代の若い成人であったその人々は、企業買収や投資ゲームによって巨万の富を蓄えたが、結果的に司法によって裁かれ、社会的生命を大きく断たれることになった。この一連の騒動における、年長者の若者に対する反応は、困惑と拒否感に非常に彩られたものであった。戦後のわが国を牽引してきた中高年世代は、自分たちが懸命に生きるなかで、次世代に何か大切なものを引き継ぐことに失敗したという集合的な事実に、直面させられたのだとも言えよう。

もちろん、現代がこれほど「育てること」が困難な時代になったのはなぜかというのは、多元的で複雑な問題であり、これまでにもさまざまな論点が出されている。たとえば妊娠・出産における科学技術の発展と、医療による母子の絆の分断。戦後の高度経済成長時代がもたらした、核家族における父親不在と母子密着の子育て。個性を重視し、画一的なものさしによる評価を避けるという建前によって、子どもが思春期心性から脱却するしくみを失った教育制度の問題。情報化による、若者の人格構造やコミュニケーションパターンの変化。社会を支配する効率主義、成果主義の問題。子育てと教育にかかるコスト。地域社会の衰退と、子どもを育む安全な自然環境の破壊。そして、個々人の無意識の心理に深く根づいた、「母性神話」と呼ばれる慈母なる女性への期待と、個を生きようとする女性自身の葛藤などである。

しかし、何よりも私たちが困難を感じる要因には、どんな次世代を育てればよいのか、という方向性の喪失があるのではないか。戦後、個人的な次元でも、社会的な次元でも、右肩上がりの成長を目標に生きてきた私たちは、育てる営みのなかにもこの直線的なモデルを取り込んできた。現代人にとって「育てる」とは、速く、効率よく、能力的に上へと導くことと同義である。右肩上がりの社会がすでに限界を迎えた今日でも、その〝成長観〟は根強い。しかしながら、本来、人を育てるという営みの先には、「育てられる者」が「育てる者」に実存的変容を遂げていくという、循環あるいは世代継承が想定されていなければならないのではないか。さなぎが蝶になるような、象徴的な意味での死と再生の契機が用意されていなければならないのではないか。

本書は、以上のような視点に立ち、「育てること」を、乳幼児期の子育てに限らず、子どもが巣立つまでの親と子の営み、ないし世代の引き継ぎという意味で広く捉え、わが国で生じている今日的な困難を学際的に分析することを目的として編まれた。

本書の土台となっているのは、甲南大学人間科学研究所における二〇〇五年九月から二〇〇六年七月にかけて実施された共同研究プロジェクト、『育てることの困難』で展開された内容である。この間、学内外の講師を迎えて五回の公開研究会が行われ、最後に総括としてのシンポジウムが開催された。研究会の講師は順に、松尾恒子氏（元甲南大学、臨床心理学）、田中貴子氏（甲南大学、日本中世文学・中世宗教文化）、汐見稔幸氏（東京大学、教育学）、斎藤環氏（爽風会佐々木病院、精神医学）、中里英樹氏（甲南大学、家族社会学）であり、シンポジウムは後者の三氏に編者の高石と、指定討論者に北原恵氏（甲南大学、表象文化論・美術史・ジェンダー論）と横山博氏（甲南大学、精神医学・ユング心理学）を招いて行われた。この討論の内容は、本書の最後に掲載されている。また、これらの開催と同時並行して、編者らは第二期子育て研究会を組織し、地域での大規模な「子育て環境と子どもに対する意識調査」を実施して、前回プロジェクト時との経年変化を見るという試みも行っている。本書の執筆者の大部分は、これらの研究会の参加者と、人間科学研究所の兼任・特別客員研究員として、日頃から本書のテーマに関心を寄せている方々である。したがって、本書の内容は、執筆者が個々に独立して寄せた論文集ではなく、互いに討論を重ねた共同研究の成果という性質をもっている。

今回、編者である高石が、このような共同研究プロジェクトを企画・コーディネートするに当たっては、自身が学生相談という専門領域に属している事情が少なからず作用していることを述べておきたい。というのも、二〇年近いその臨床的実践のなかで、年々、学生を育て上げ、社会に巣立たせることとの困難を感じ、その問題の構造と背景は、乳幼児期における子育てのそれと共通するところが大きいと考えるようになっていたからである。本学には、すでに三〇年以上にわたる母子臨床の研究と実践の歴史があり、その内容の一部は、前回の共同研究プロジェクトの成果である『現代人と母性』（松尾恒子・高石恭子編、新曜社、二〇〇三年）に収められている。本書は、その姉妹編として位置づけられるだろう。前回は、周産期の母子医療の問題と、母性とは何かをめぐる論考が中心であったが、今回は、シンポジウムのサブタイトル――家族・教育・仕事の今を考える――が示すように、父親や、次世代を育てるすべての大人を射程に入れた内容となっている。また、特定の命題を検証して何か結論を導き出すというよりは、それぞれの研究領域で先駆的な仕事をされている方々に自由に論じていただいて、全体として、現象の背後に通底する問題が浮かび上がってくることを期待している。

各章は、どこから読み進めていただいてもよいが、参考となるよう、一応の流れについて紹介しておく。

まず、最初の中里論文は、人口学的な統計と、日本人の労働環境から、今日の乳幼児期の子育て困難がどのようにして必然的に生起したかを読み解いている。わが国の父親の帰宅時間が欧米と比べて極端に遅いことは、国際比較調査でよく取り上げられるが、そのなかでも子育て世代（三〇代の男性）が最も長時間労働をしていることは何を意味するのか。ますます少子化で見えにくくなる「子育て」という営みを、組織や社会のなかで可視化し、働き方への意識を根本的に変えていかねばならないという指摘は、子育て世代の著者ならではの説得力をもつ。次の汐見論文は、長らく指摘されてきたわが国の母子密着、父不在という子育て環境の問題に対し、男性の育児参加が歴史的にどのような意味をもち得るかについて、阿部謹也、J・ハーバーマスなどの説を援用し、市民的公共性という観点から論じたものである。ここでは、近年の「育時連」「親父の会」などの新しい集団形成が、日本人が今後、子育てにとっての共通善を議論することを契機に、市民的公共性の実現へと発展していく可能性が示唆される。

さて、このような共通善を議論できるためには、個々人が、より成熟した大人として、自分を、そして他者を尊重し、思いやる心を育てていなければならないが、武田論文はこの点を正面から問うものである。氏は、一九九九年から二〇〇〇年にかけて、カナダのトロント大学に大学院客員研究員として滞在し、二児の子育てをしながら、ソーシャルワーク教育、コミュニティワーク、子育て支援等を学んだ。帰国後にまとめられた著書（『社会で子どもを育てる—子育て支援都市トロントの発想』平凡社新書、二〇〇二年）には、子どもの人権について一章が割かれているが、本論文はそこからさらにわが国の問題について、考察を進めたものである。実は、氏にも研究会に参加していただきたかったのであるが、再びお子さんと共にオランダにて在外研究中であった。「子を人として尊ぶ」という視点がなければ、いかなる子育て支援策も本当に役には立たないという力強い主張は、氏がカウンセラーとして、一対一でクライエントと向き合い、相手を尊重しつつかかわることでお互いが変容していくという、長い臨床的実践から得た確信にも裏打ちされていると感じる。続く古屋論文は、武田氏の視点を、具体的な教育相談の事例として提示したものと位置づけられる。今日の日本の学校教育現場で、一人ひとりの児童の個性を尊重し、育むことがいかに困難か。そこへ、臨床心理学が培ってきた知を取り入れることで、多動で扱いにくいとされた一人の児童が、成長していく様子が丁寧に描かれている。

次の穂苅論文は、「子育ては困難」という、現代のわが国の集合的意識が、とりわけ子育て世代にとってどのような意味をもっているのかを、主に前思春期の少女と母親の事例に基づいて、臨床心理学的な視座から考察したものである。確かに、多くの面で、かつてより家事育児は楽になったにもかかわらず、「難しい」という語りが優勢になるのはなぜか。この逆説的な問いかけから、「難しい」という意識によって親が自分自身を支え、世代を超えて他者へと開かれるという心理学的な現実が見えてくる。

斎藤論文は、「社会的ひきこもり」研究を中心に、思春期・青年期の事例を多く扱ってきた精神科医としての立場から、思春期以降の育てることの問題について論じたものである。戦後のわが国の、若者の置かれてきた状況を歴史的にたどり、今日の若者がかかえる成熟困難を「非社会性」というキーワードで読み解き、その要因と解決のための提言がなされる。人としての成熟の条件に「去勢」を置く氏の精神分析的な理解は、青年期がますます延長する今日において、大人が持っていなければならない重要な視点であろう。続く内藤論文は、そのような非社会性の当然の帰結として、性愛の成就と、子産み・子育てが、若者にとってハードルの高い課題になっていることを、今日的なコミュニケーションのあり方と負の自己愛性、さらに身体性の問題を通して、臨床心理学の立場から考察している。二つの論文に共通するのは、若者が「育てられる者」から「育てる者」へと再生し得る契機としくみを、私たちはどのように提供できるのか、という問題提起であると言える。そして最後の高石論文では、時代の文化によって刷り込まれ、また母から娘へと代々引き継がれてきた、女性自身の内なる母性観と子育て意識の問題が、今日の育てることの困難を増幅させる要因として論じられている。

結果的に、本書の執筆者は皆、臨床家として、教育者として、あるいは親として、日々育てることに身を投じている者ばかりとなった。実践的経験に裏打ちされた言葉には、固有の力強さがある。子育て支援や、次世代育成についての書物は数多く出版されているが、本書がそれらに屋上屋を架すものではない、明日への方向性を示す新たな手がかりと、勇気を与えるものになっていることを願う。

最後になったが、本書の成立にあたっては、執筆者以外の人々の多くの支えと協力があったことを述べておきたい。まずは、今回のプロジェクトの基礎を築いてくださった、松尾恒子先生に感謝を申し上げる。第二期子育て研究会において、熱心な議論と調査の実施に参加してくれた、新道賢一、仁木智子、大島博子、岡田尚子、甲斐暁子、小林由美子、松本歩の諸氏にはずいぶんと支えられた。この場を借りて、謝意を表したい。また、プロジェクトの実質的な運営に携わってくれた、人間科学研究所の明石加代、石原みどり、濱田智崇の三氏と、調査集計を補助してくれた大塚紳一郎、西河友則子、学生の諸氏、そして何よりも、本書を「生むことの困難」に最後まで辛抱強く付き添ってくださった、人文書院編集部の井上裕美氏にもこころから御礼を申し上げたい。

二〇〇七年一月一六日　神戸にて

編者　高石　恭子

育てることの困難　目次

育てることの困難

結婚出産経験の多様化と子育て期の働き方
――求められる子育ての可視化

中里英樹

1　現代社会における子育ての困難

子育てに一人で向きあいながら、仕事で忙しい夫に負担をかけまいと、夫の前では平静を装い、一人で泣いていたり、子どもに手をあげてしまうこともある。卒乳を機に子どもがぐずることが増え、自分の精神状態が不安定になり、泣いてしまうことが頻繁にあり、悩み相談の電話やインターネットの育児掲示板に救いを求める。

これらの話は筆者のインタビューに答えてくれた母親たちが数カ月前を振り返って語ったものであるが、いずれの場合も、夫の仕事はきわめて忙しく、日曜以外は子どもと接することがほとんどない。これらと似たような話は、身の回りでも、あるいは育児相談のインターネット掲示板などでも珍しいものではない。

本章では、現代日本社会における乳幼児期の子育ての困難の背景を考察し、今後の方向性を探っていく。まず、就労や結婚・出産をめぐるライフコースの変化と子育て期の男女の働き方の現状を明らかにし、さらに、諸外国の動向とそこで論じられる問題を提示した上で、問題を乗り越えるために有効であると考えられる取り組みの事例を提示し、今後、何が求められるかを考えていきたい。

2 結婚出産をめぐるライフコースの変容

女性の就業率の上昇や、結婚や出産に関する多様性の高まりなど、女性のライフコースの多様化は統計データによって確認できる。一九七〇年時点では五割を切っていた二十五歳から二十九歳の女性の労働力率は、九〇年には六割を越え、二〇〇〇年には七割に達している。この年齢層ほど大きな変化ではないが、この年齢以降の多くの年齢層で労働力率も増加してきていることがうかがえる（図1）。では、このことは結婚や出産と仕事とが両立可能になってきたことを示すのだろうか。

図2および図3に示した未婚率と出生率の変化に照らすと、このような労働力率の上昇のうち二十代後半にみられる大きな上昇は、未婚率の上昇および出生率の低下と密接に関わっていると考えるべきだろう。二十代後半および三十代前半の女性の未婚率は七五年以降急激に増えていることが明確である。これに対応するように二十代の女性の出生率は大きく低下している（図3）。とりわけ八五年を過ぎてからの二十五歳から二十九歳の女性の出生率の低下は大きく、合計特殊出生率全体の低下につながっていることをうかがわせる。

サンプル調査の結果を用いて、このような女性のライフコースの多様化をより明確に示したのが図4である。団塊の世代を含む一九四〇年代後半生まれの女性にとって、結婚や出産は二十代で大半の人が経験するものであった。ところが六〇年代後半ではそれらの経験が多様化し、同じ年齢層の中に、未婚の人、結婚して子どものいない人、結婚して子どものいる人、離婚した人、再婚した人など、さまざまな立場の人が存在する。こうして女性にとって、二十代で退職・結婚・出産、三十歳前後で子育てするというライフコースは、ここ二、三十年の間に同世代の多数派ではなくなった。

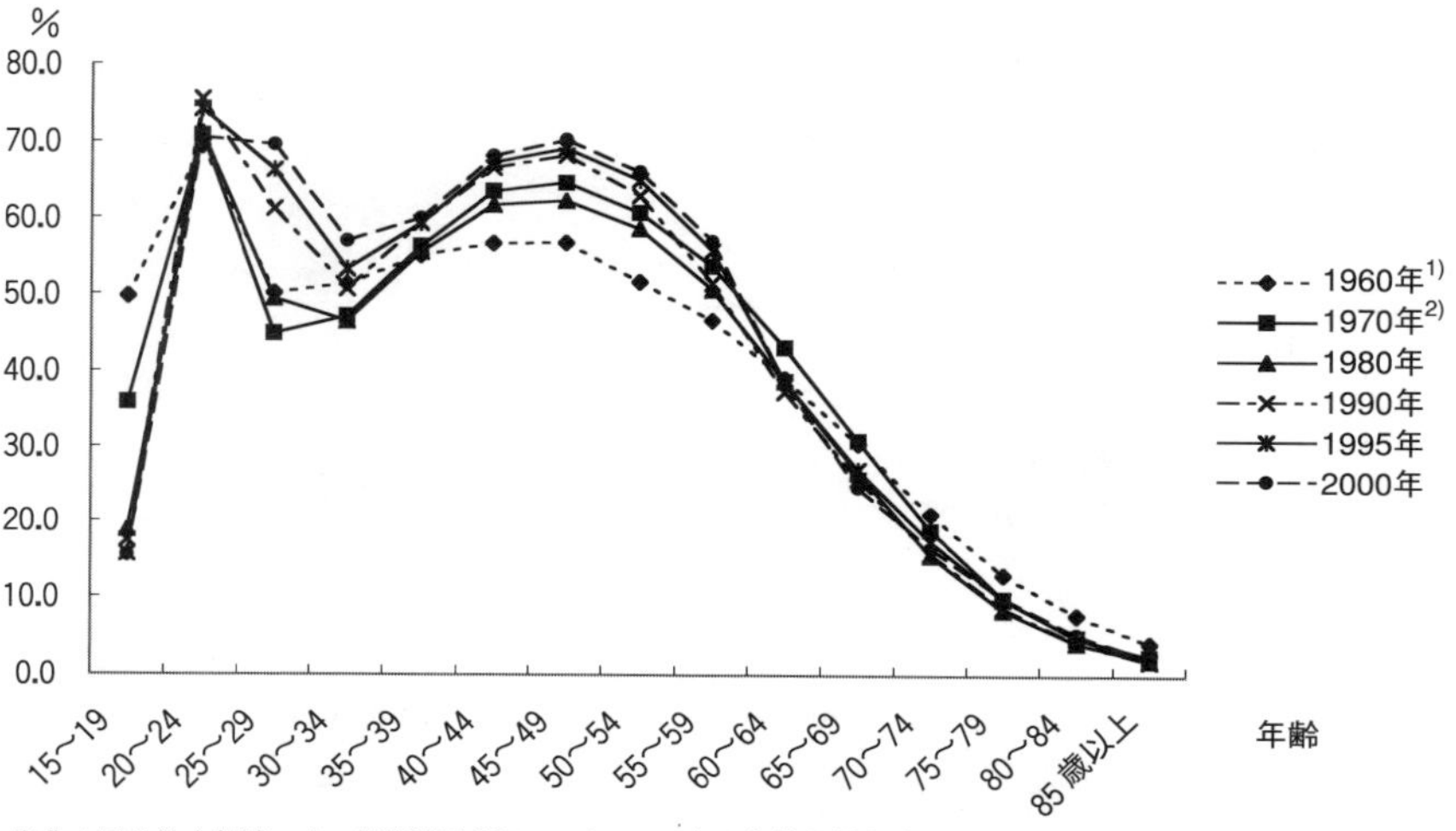

出典：国立社会保障・人口問題研究所ウェブサイト少子化統計情報「人口統計資料集（2005年版）」表 8-3より作成

原資料：総務省統計局『国勢調査報告』。

1）１％抽出集計結果。2）20％抽出集計結果。

図１　女性の年齢別労働力率の変化

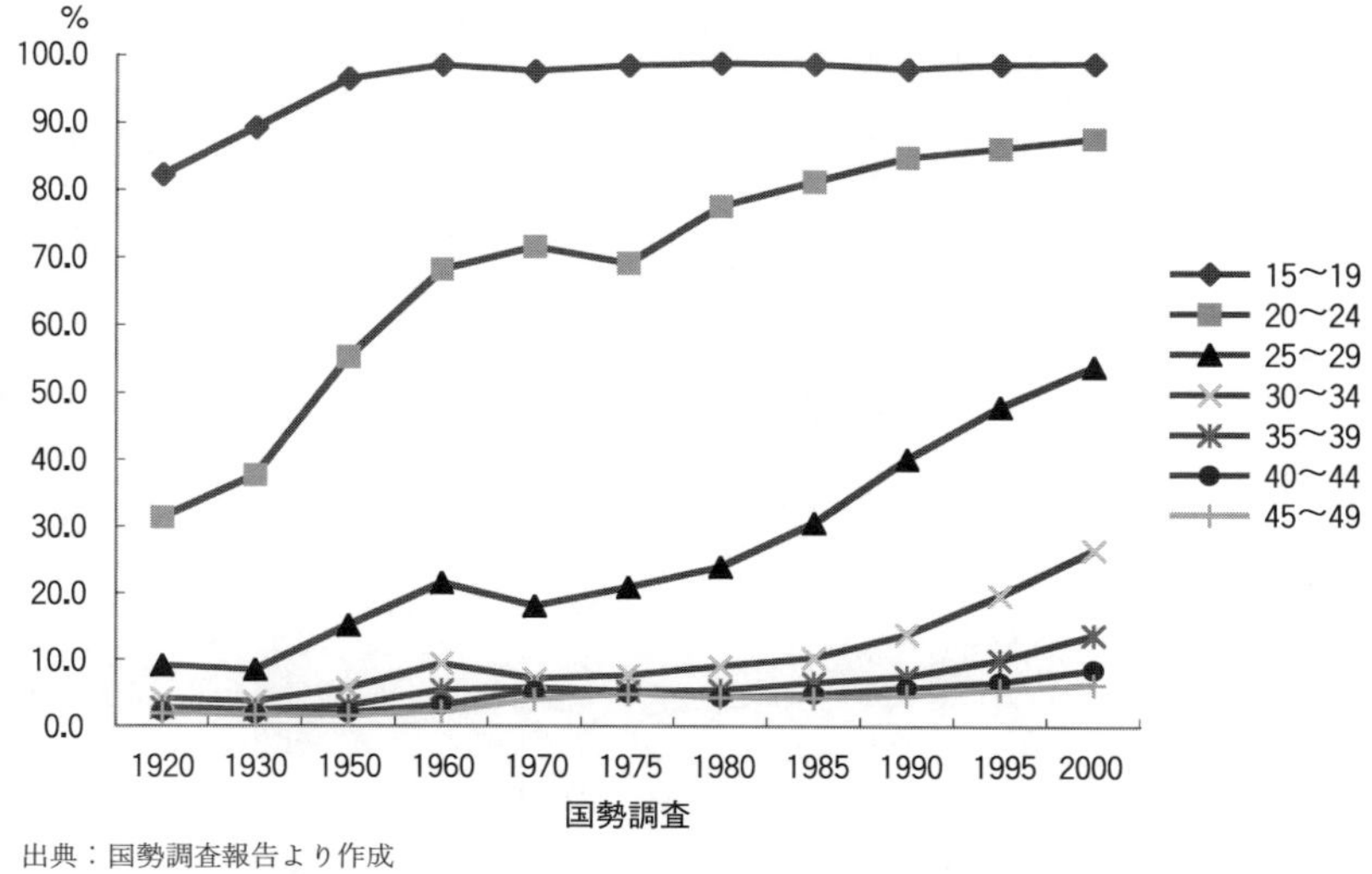

出典：国勢調査報告より作成

図２　女性の年齢別未婚率の推移

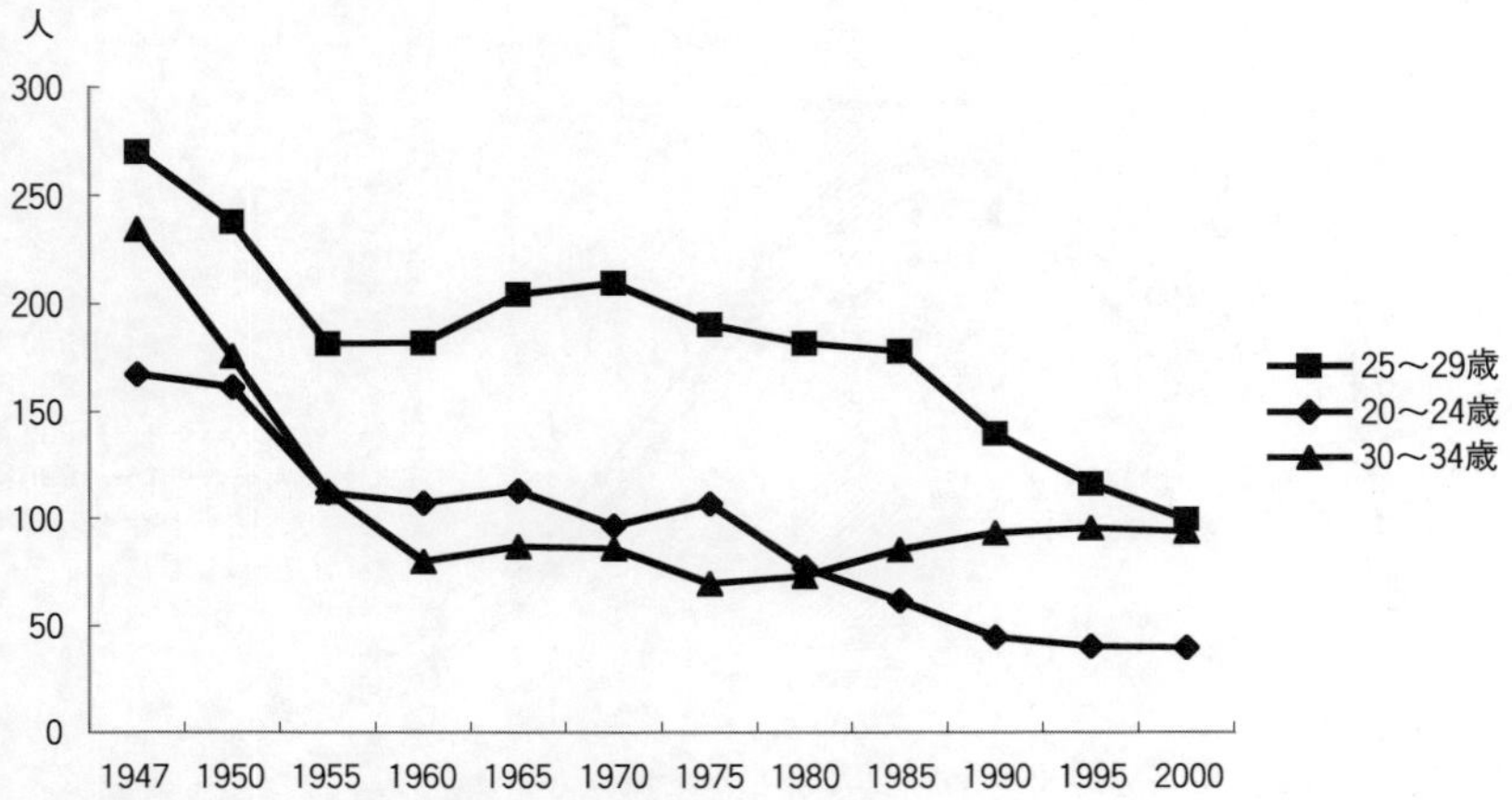

出典：国立社会保障・人口問題研究所（2005）表 4-7より作成
原資料：厚生労働省統計情報部『人口動態統計』

図 3　女性の年齢別出生率（年齢別人口1000人当たり）

このように三十歳前後に子育てをする人たちが同世代の中の多数派でなくなったのは、この世代（コーホート：同じ年代に生まれた人たち）の人たちの自発的あるいはやむを得ない選択の結果によるものであるといえる。しかし、彼らの選択がどのようなものであれ、九〇年代以降に子育てをする人が社会の中の少数派になる可能性は、それ以前の人口学的条件の変化によって用意されていたとみることができる。というのは、戦前期から徐々に始まりベビーブームの直後に急速に進んだ出生力低下（いわゆる「少子化」以前の出生力転換）による影響が、団塊の世代が結婚出産のピークを迎える七〇年代半ば過ぎに表れるからである。六〇年から六五年頃に二十五～二十九歳であった人たちの平均きょうだい数はおよそ四・六人であったが、そこから減少を始め、九〇年代の同年齢層ではほぼ二・五人前後となっており、きょうだいの中に子育ての助け合いを求められる可能性は小さくなった。さらに、きょうだいに限らず、全人口に占める当該世代の人口割合自体も前の世代と比べて小さくなっている（中里 二〇〇六）。

こうして、未婚率の上昇と、出生率の低下、さらに、出産期にあたる世代の人口規模そのものの縮小など、さまざま要

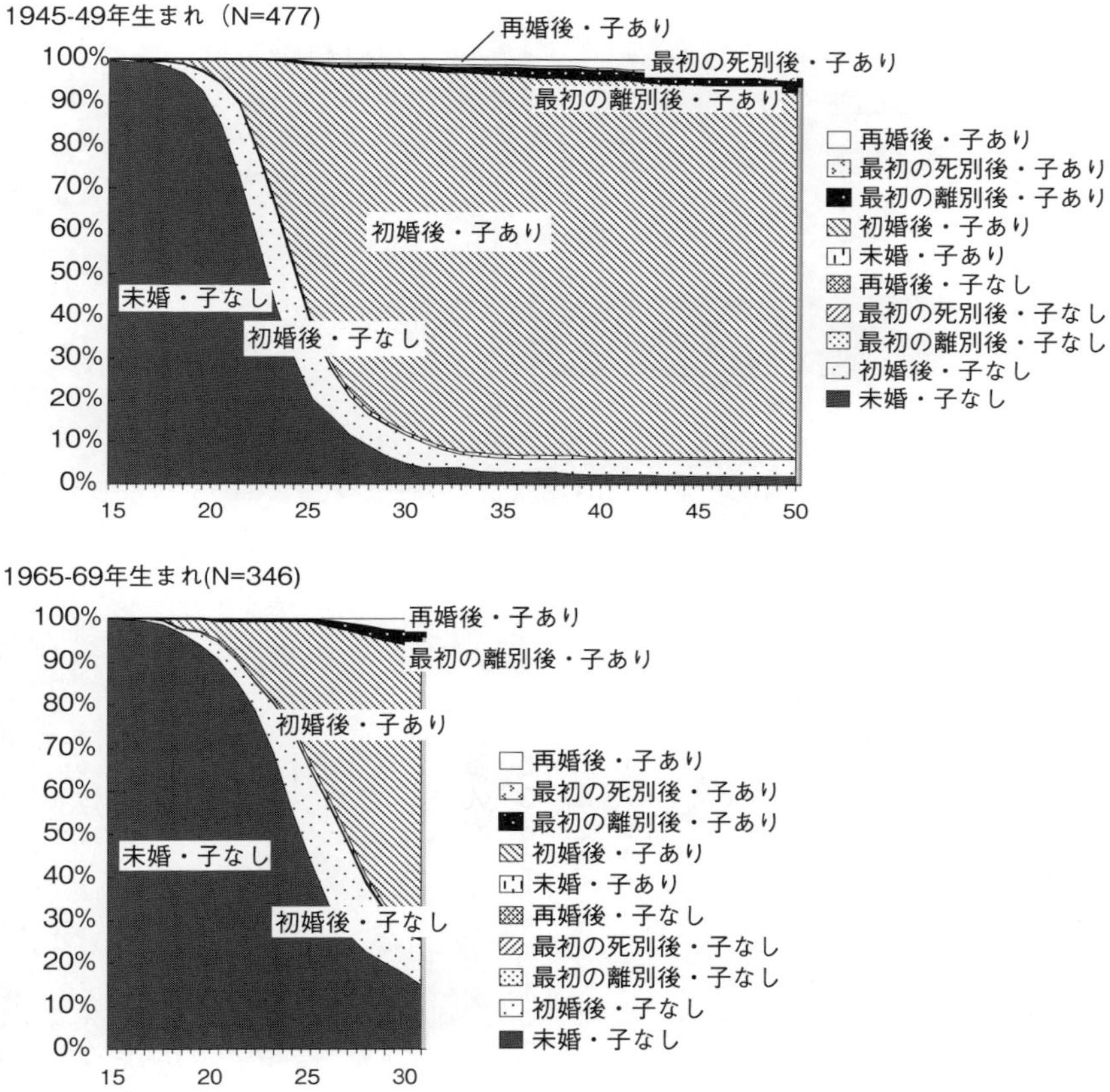

出典：中里（2005 a）
原資料：NFRJ-S01

図 4　女性のライフコースの変容

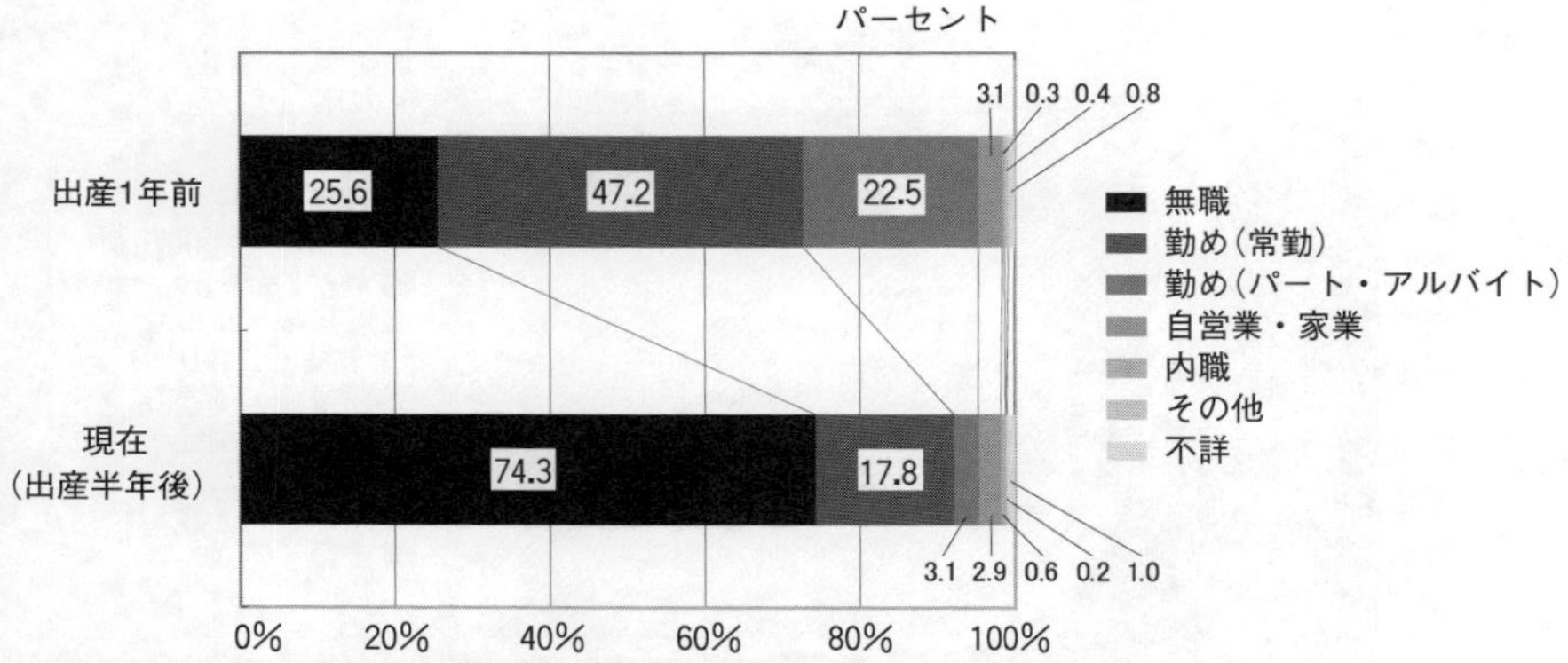

出典：厚生労働省大臣官房統計情報部（2003）より作成

図５　第１子出産前後の母親の就業状況（N＝22914）

素が重なって、七〇年代には四人に一人以上の人たち（六歳以上）が、世帯内という非常に身近なところに乳幼児がいるという状況にあったのに対して、二〇〇〇年ではこのような状況にある人は八人に一人に近いところまで減ってしまう。子育てが社会的に見えにくい行為になってきたのである（中里 二〇〇六：一五二）。

3　子育て期の働き方

子育てを困難にするものとして、前節で見た人口学的要因に加えて、日本における働き方を挙げることができる。先に見たように、三十歳前後の女性の労働力率は上がったが、それは未婚率や無子率の増大の影響が大きいと考えられる。実際、出産半年後の母親の就業状況を見ると、就業を継続するというライフコースを選択している女性が非常に限られていることが明らかになる。二〇〇一年一月一〇日から一七日の間および七月一〇日から一七日の間に生まれたすべての子を対象にした（現時点ではその親が回答者）パネル調査である「二十一世紀出生児縦断調査」によれば、この調査の対象となっている子どもが第一子である女性のうち、出産半年後に就業していたのは、およそ四人に一人であった（図５）。出産一年前には無職者の方が四人に一人であるから、出産を境に多くの女性が退職したことになる。なお、育児休業中の場合は有職者に含まれるので、四人に三人は完全に職を離れている。逆に育児休業中の場合を無職者に加えると八割以上の母親が育児に専従していることになる。

こうして、ただでさえ少数派である子育て中の母親が、職場からも遠のき、孤立しやすい状況が生まれるのである。

一方、女性の労働力率の最も低い三十代について男性に目を転じると、彼らはあらゆる年齢層の中でもっとも労働時間が長く、四人に一人が週六〇時間以上就業しており、ほぼ半数が週四九時間以上就業している（図6）。このような年齢による区分ではなく、より明確に〇歳児の親だけに回答者が限定されている「二十一世紀出生児縦断調査」でも、対象となる子の誕生が半年の時点で父親のほぼ四人に一人が週六〇時間以上就業していることが示されている（図7）。この調査では六〇時間以上はすべて同じカテゴリーにまとめられている。幼児の母親たちへのインタビューからうかがえる夫の働き方の中には、土日もほとんど休まず、平日は朝七時台に家を出て、夜中の一時過ぎに帰宅することもしばしばというものもあった。このような場合、通勤時間が往復二時間としても、八〇時間以上働いているが、これも「六〇時間以上」に含まれているのである。

4　夫の子育て参加の困難と妻の就労

つぎに、このような長時間労働の背景を考察していこう。労働政策研究・研修機構が二〇〇四年に行った調査(1)の結果によると、超過労働の理由についての選択肢の中から三つまで選択する質問で、もっとも多くの人が選択したのは「所定労働時間内では片づかない仕事量だから」であった。六一・三％が選択しており、次に多い「自

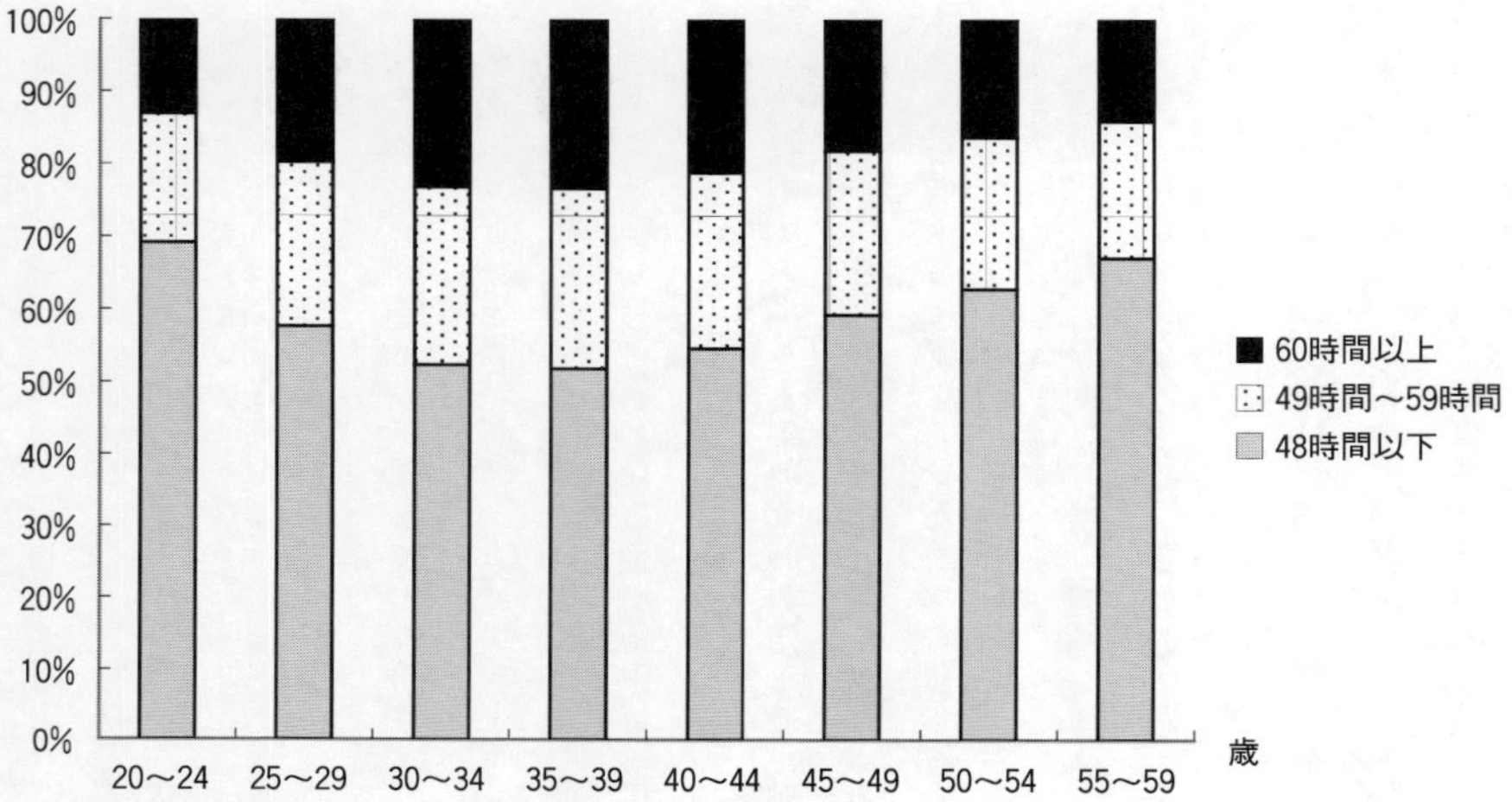

出典：2000年国勢調査データより作成
注：分母は就業者のうち時間不詳・休業者を除いたもの

図6　男性の年齢別1週間の就業時間

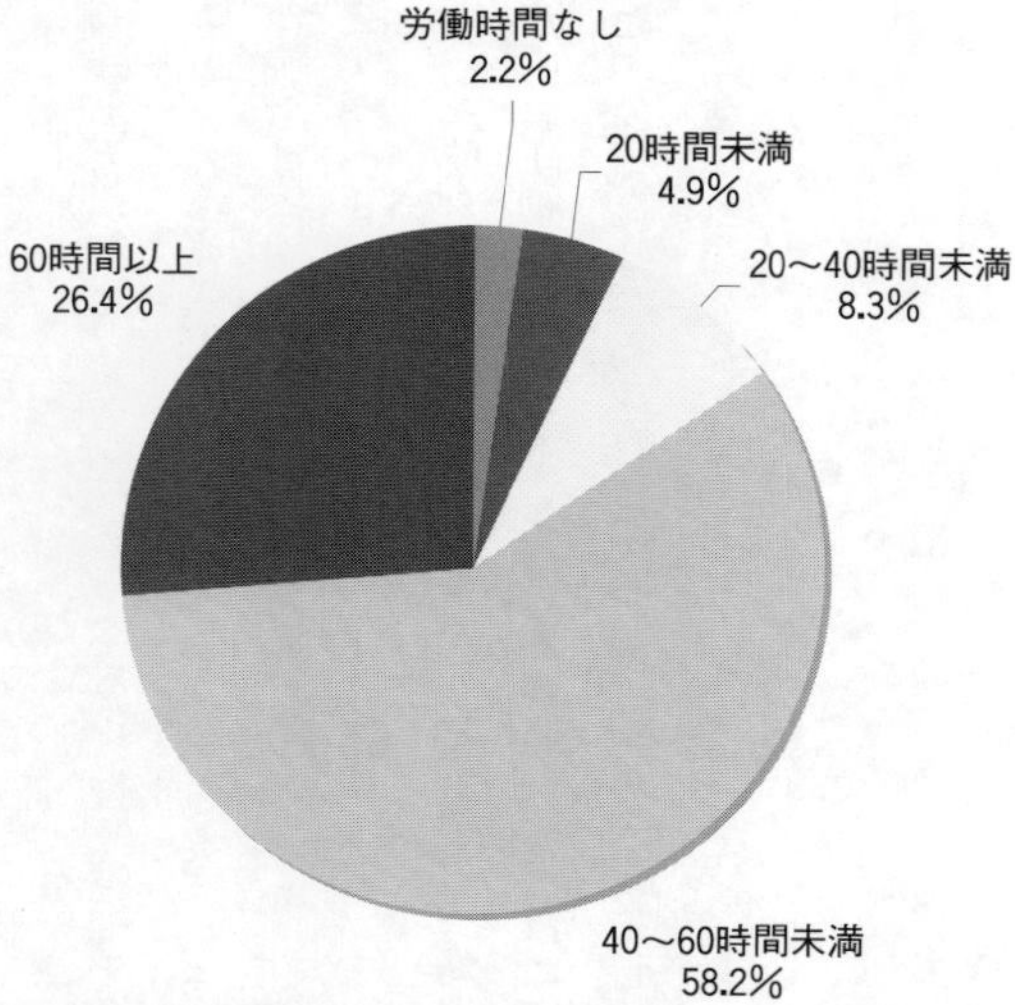

出典：厚生労働省大臣官房統計情報部編（2003）第38表より労働時間不詳を除いて作成

図7　子の出生半年後の父親の労働時間（N＝44168）

分の仕事をきちんと仕上げたいから」の三八・九％を大きく引き離している（労働政策研究・研修機構 二〇〇五：一九五）。とりわけ月当たりの超過労働時間が五〇時間以上の人たち[2]では、男性で八〇・八％、女性で七五・三％がこの理由を選んでいる。一方、これら長時間労働の人たちの中で「自分の仕事をきちんと仕上げたいから」という自発的な理由を挙げたのは、女性では五割近く四九・五％いるものの、男性では三〇・三％に過ぎない（労働政策研究・研修機構 二〇〇五：四五 第2−2−12表）。このことは、長時間労働の背景に、所定労働時間を超えて働くことができるという前提に立って職務が割り当てられている状況があることを示している。さきに見たように乳幼児を持つ女性の多くが職業キャリアを中断して育児に専従している現状を考え合わせると、こうした職場においては、育児など職場以外での「労働」の必要性を考慮することなく働くことのできる人たちが職場の標準となっているとみてよいだろう。

女性のライフコースの多様化にもかかわらず、乳幼児を持つ夫婦に関しては、育児に専従する妻と長時間家庭の外で働く夫という夫婦のあり方が主流にならざるを得ない現状が前節で示された。同時に、この時期に就業している妻が一定割合存在することも確かである。家庭のことを気にすることなく働ける人たちが職場の標準になっていることが長時間労働の背景にあるとすると、妻が就労している場合、そうでない場合と比べて夫の家事育児参加や労働時間は異なるのだろうか。

男性の家事育児参加の状況を表すデータとしてしばしば取り上げられるものとして、社会生活基本調査の結果がある。図8に見るように、妻の就業状況にかかわらず夫の家事関連時間（育児・介護を含む）は極めて短い。しかし注意を要するのは、この図の共働きには妻がパートタイムの場合も含まれている点である。

そこで、「第一回二十一世紀出生児縦断調査」の結果から、妻の就業状態を細かく分けて夫の育児参加度を比較すると、ある程度差が見られることがわかる。まず、妻が常勤の場合とパートタイムまたは無職の場合を比較すると、常勤の場合で夫の育児参加程度が高い（図9）。さらに、職種による違いを分析した研究（Iwama

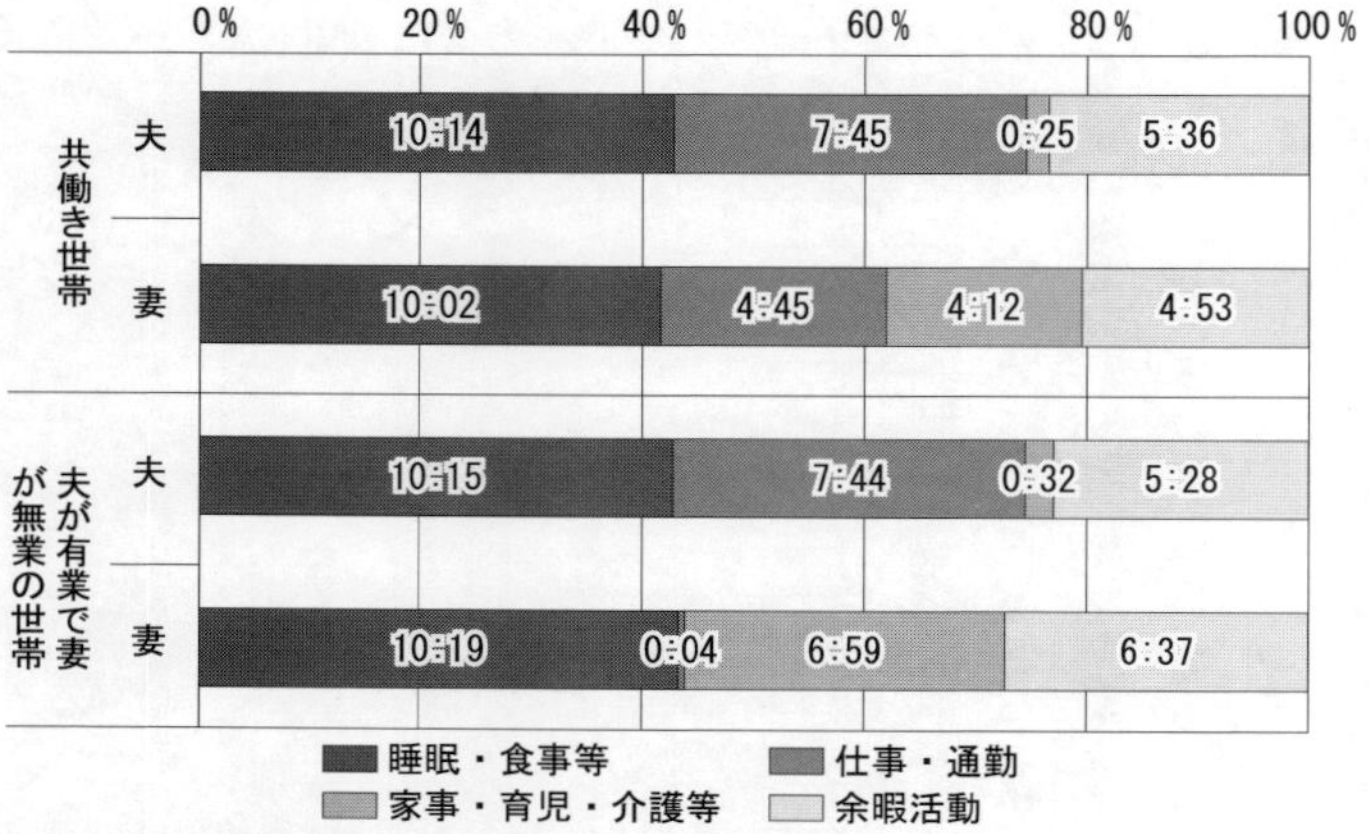

出典：『平成18年版男女共同参画白書』より作成
原資料：社会生活基本調査（2001）

図8　妻の就業状況による夫婦の生活時間の違い

2005）によると、妻が事務職の場合と比べて、専門職とサービス職の場合に夫の家事参加度が高いという。

では夫の労働時間自体は、妻の就業形態によって差があるのだろうか。前田信彦の研究によると、夫の労働時間が八時間台以下の割合は、妻の就業形態が専業主婦の場合に、フルタイムあるいはパートタイムの場合と比較して少ない。逆に夫の労働時間が十一時間台以上という長時間労働の割合は妻がパートタイムの場合に最も少なく、フルタイム、専業主婦の順に多くなる（前田　二〇〇二）。妻がフルタイムよりパートタイムの場合に夫の長時間労働が少ないのは、同じ調査で示されているように夫の年収が高い方が長時間労働が多いということと関連していることが推測される。いずれにしても妻が専業主婦であることと、夫の長時間労働が関連しているということは興味深い。

このように見ると、女性が就業すること、とりわけフルタイム労働に参加することが、女性に偏る家庭役割と男性の長時間労働という構造を変える可能性はある。しかし、単純に育児などのケアを外部化して女性の労働力率を上げ、労働時間を延ばすという方向で対処することが最良の方策といってよいだろうか。それを考察するために、女性の労働力率の上昇において日本の先を行く国々の状況に目を転じることにしよう。

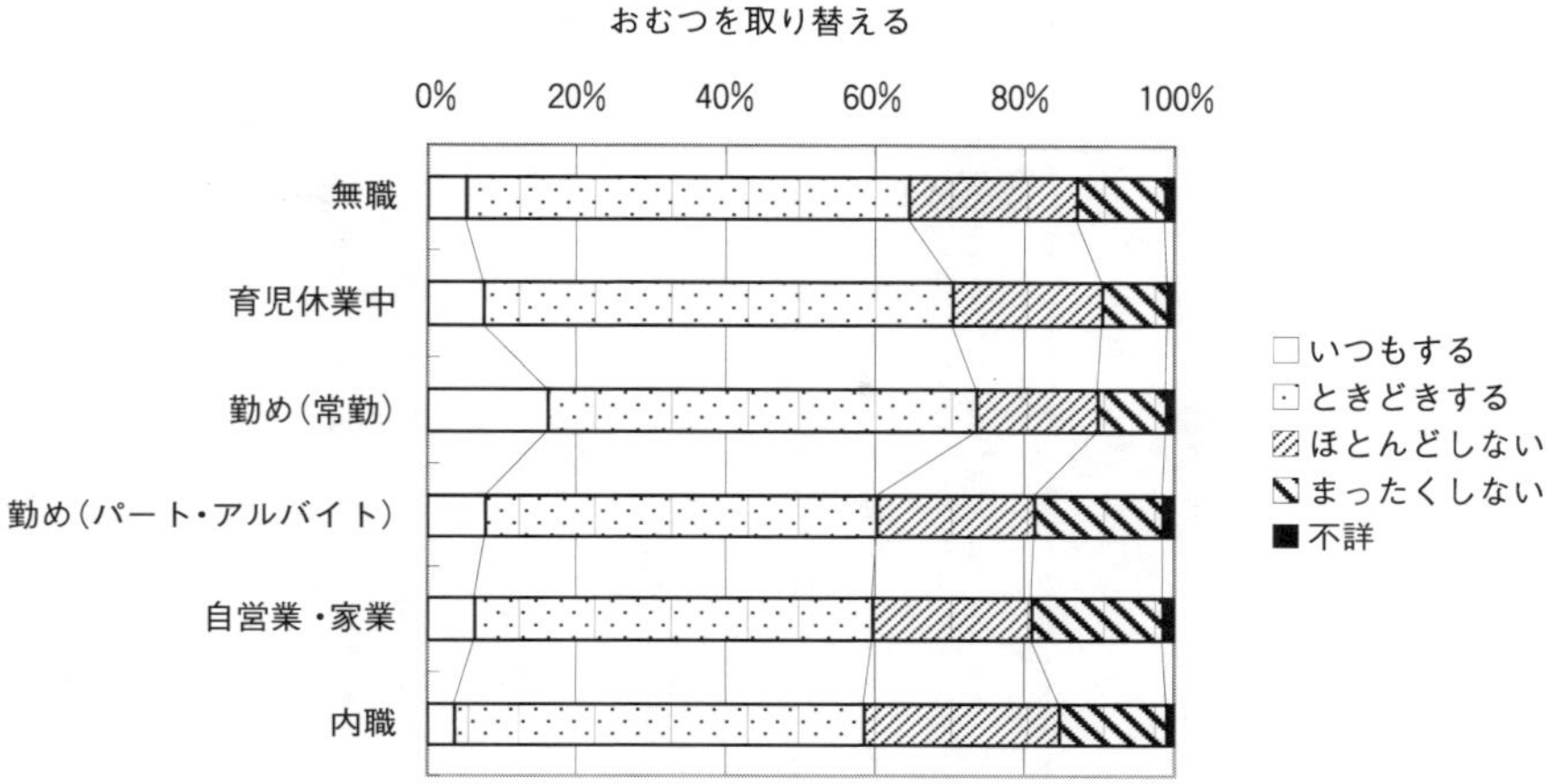

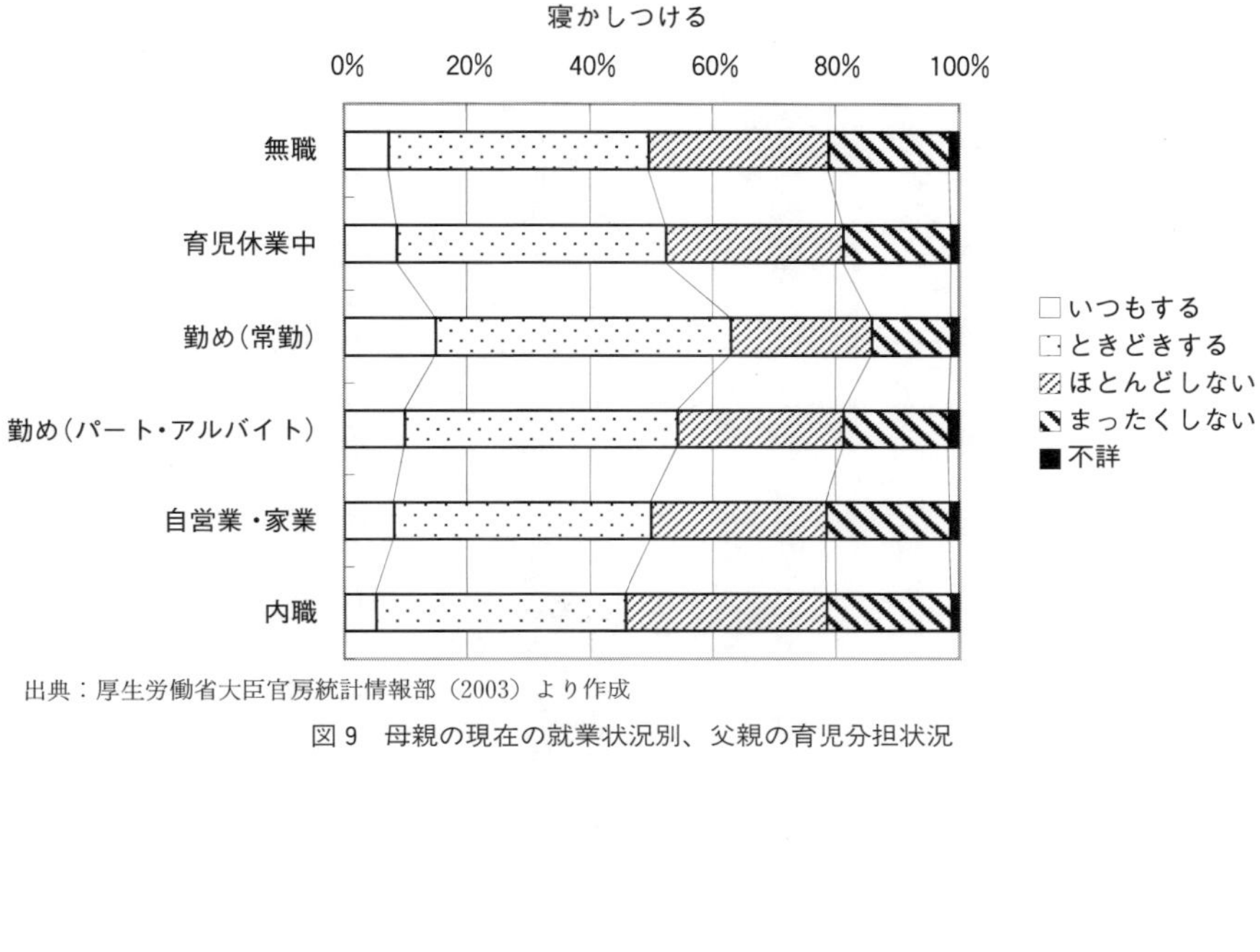

出典：厚生労働省大臣官房統計情報部（2003）より作成

図 9　母親の現在の就業状況別、父親の育児分担状況

ここまでに示したように、妻の就労が、男性の家事育児参加の増加や、場合によっては労働時間の短縮を促進する可能性はある。しかし、同時に次のような問題点にも注意を払う必要がある。

本国で大きな注目を集め日本語訳もされた『働き過ぎのアメリカ人』(Schor 1992＝森岡他訳 一九九三)や『窒息するオフィス』(Fraser 2001＝森岡監訳 二〇〇三)が論じたように、アメリカにおいて女子労働力率は一九五〇年代末からほぼ一貫して上昇し、フルタイムで年間を通じて就労している女性の割合も同様に上昇している。ところが、そのことは家族生活に余裕をもたらすどころか、仕事による時間の圧力を増大させ、その結果、家庭をはじめとする個人の生活が仕事に大きく浸食されつつあるという(Jacobs and Gerson 2004: 24-25)。

ショアーの主張を踏まえて、ジェイコブズとガーソンはアメリカにおける労働時間の変化をさまざまな指標によって捉えた。それによれば、アメリカ人の週当たり労働時間は一九六〇年以降男女ともほとんど変化しておらず、雇用されている男性は平均して週に四二～四三時間働き、雇用されている女性は平均して週三五～三六時間働いている(Jacobs and Gerson 2004: 19-20)。しかし変動していないのは、雇用されている人だけを対象とした平均値であって、女性の労働力の上昇を考慮に入れると、時間の圧力をうける人たちの割合は増大したことになる。さらに、平均値は変化していなくても、労働時間のばらつきは増大している、という。すなわち週当たり労働時間が五〇時間以上の人たちと三〇時間未満の人たちの割合が男女とも一九七〇年から二〇〇〇年までの間に高まっているのである(Jacobs and Gerson 2004: 32-35)。

この結果、夫婦合計の週労働時間(有償労働のみ)の合計が八〇時間より長い者の割合が七割弱となり、一〇〇時間より長い者も一割以上いる（p. 134 Figure 6.2）。また子どものいる共稼ぎ夫婦に限定すると、合計労働時間の平均は八〇時間である（p. 140 Figure 6.4）。

こうして、フルタイムで就労する女性の割合と男性の労働時間の双方の変化を考慮に入れると、少なくともアメリカにおいては、女性のフルタイム労働力化に伴って起こったのは、男性の労働時間の減少ではなく、むしろ長時間労働をする男性の増加と、さらに夫婦合計の労働時間の増大であった。

では、アメリカ以外の国の状況はどうだろうか。先に見た夫婦合計労働時間という指標は、労働参加における男女の平等と労働の家族への圧力のバランスについて考察するための指標として、非常に有益である。ジェイコブズとガーソンは、アメリカの夫婦合計労働力率を、ヨーロッパ諸国（フィンランド、フランス、イタリア、スウェーデン、ベルギー、ドイツ、イギリス、オランダ）およびカナダの状況と比較している（Jacobs and Gerson 2004: 132, 216）が、ここでは、これらの比較に日本のデータを加えて考察を試みたい。

時期をそろえるために、少しさかのぼるが一九九六年の社会生活基本調査を用いて、類似の指標を算出した[3]。図10はそれぞれの国について左から、「すべての夫婦の週平均労働時間」、「共稼ぎ夫婦の週平均労働時間」、「共稼ぎ夫婦の割合」を表す。日本、アメリカ、フィンランドはいずれも「すべての夫婦の週平均労働時間」が他国と比べて長いが、共稼ぎ夫婦の割合を見ると、日本は他の二カ国と比べて明らかに低い。つまり、先に見たアメリカとフィンランドが女性の高い労働力参加によって、夫婦の合計労働時間が長くなっているのに対して、日本は、妻の就労がこれらの国々よりも少ないにもかかわらず、夫の労働時間がきわめて長いために、夫婦合計では同水準の労働時間になっていると考えられるのである[4]。このように、日本は現在でも、夫婦をあわせた労働時間が最長の水準にある。このままの状態で、妻の就業をアメリカやフィンランドなどの水準に近づけていくと、夫婦合計の労働時間は欧米諸国と比べて著しく長くなる可能性が高い。そうなると、家庭や地域の活動に時間を割ける人は、ほとんどいなくなってしまうのではないだろうか。スウェーデンの数値を見ると、共稼ぎの割合が極

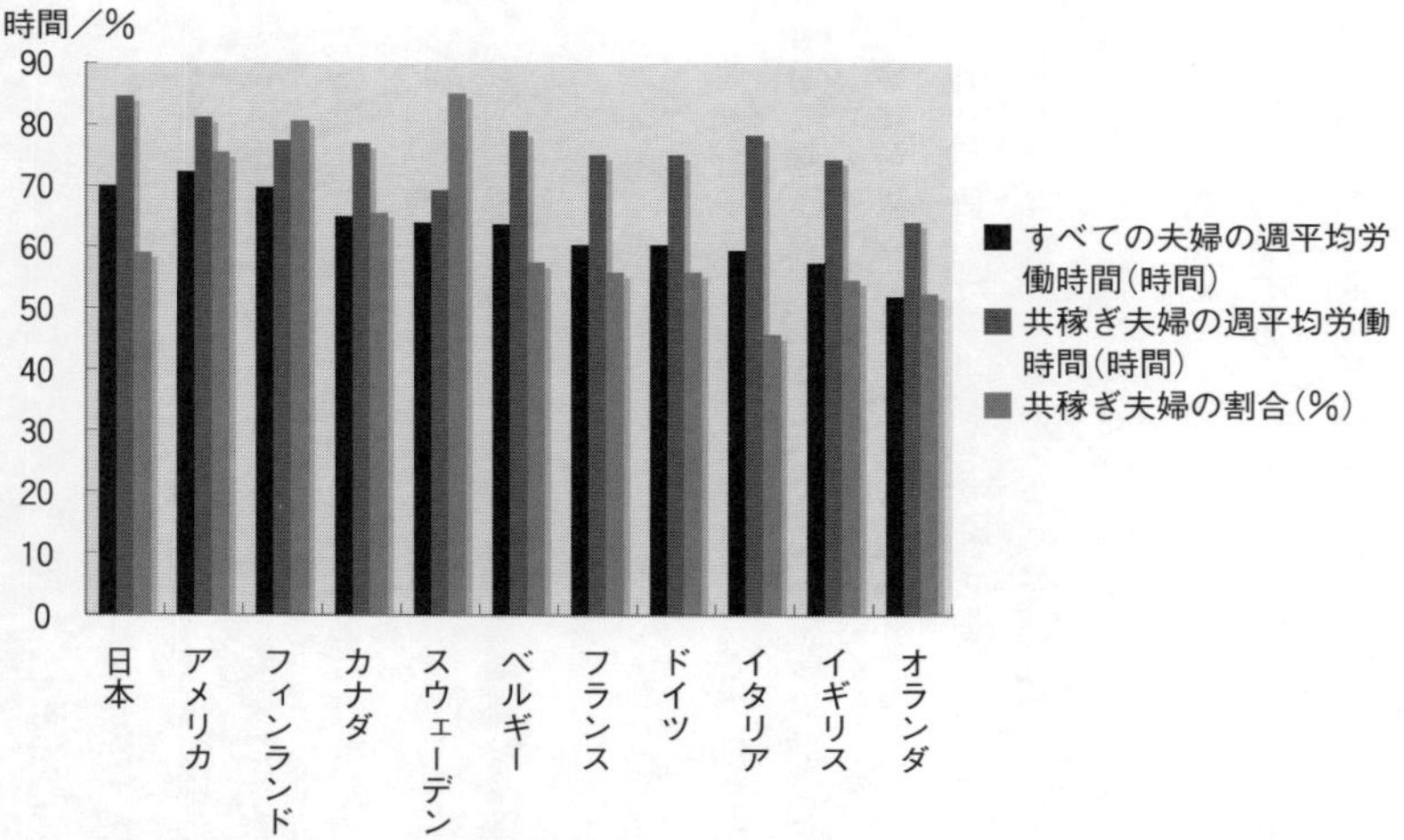

出典：Jacobs and Gerson (2004)（日本以外）
社会生活基本調査（1996）

図10　夫婦労働時間の国際比較95年前後

めて高い状況にありながら、夫婦の合計労働時間は日本よりも少ない。この水準の達成は困難であるとしても、家族にとって労働時間の圧力が大きな問題となっているアメリカ程度の水準になんとしてもとどめなければならない。ただ、このことは女性の労働力を今の水準にとどめるべきだということを意味するのではない。男性を中心とするフルタイムの労働者の働き方を見直さなければ、女性の労働参加を促進すること自体が困難だということなのである。

アメリカのこの水準に対しても、ジェイコブズらは、週四〇時間の基準労働時間自体が、男性が唯一の稼ぎ手となる家族を前提に作られたものであって、もはや妥当ではなくなっているとし、週三五時間労働制を喫緊の課題として挙げている（Jacobs and Gerson 2004: 186）。

今、日本の職場に求められているのは、男女にかかわらず、だれもが職場以外の生活を持つことを尊重され、その必要のありかたに応じて柔軟かつ安定した働き方のできる仕組み作りである。

6　子育ての可視化に向けて――個人の生活を尊重する働き方への企業の取り組み

強固な企業社会の文化と制度を改変するには多くの困難が予想される。しかし、こうした方向への取り組みは確かに始まっている。ここからは、いくつかの取り組みを紹介することで、今後の方向性の具体的なイメージを提示したい。この章では、男女にかかわらず生活上のニーズに応じて柔軟かつ安定した働き方のできる仕組み作りに取り組む企業の例を二つ取り上げる。

(1)　国際的大企業におけるダイバーシティへの取り組み――P&G（プロクター・アンド・ギャンブル）

P&Gは、アメリカ、日本をはじめ、世界約八〇カ国に拠点をおき、十四万人の社員を持つ、世界最大の消費財メーカーである。同社では会社自体の「欠くことのできない経営戦略」（P&Gグループ 二〇〇五：二）としてダイバーシティ（多様性）を位置づけ、「多様な個人一人ひとりが最大限の力を発揮できる組織作り」（P&Gグループ 二〇〇五：別添紹介文）に取り組んでいる。二〇〇五年六月末時点で、同社の日本における課長級の女性比率は二六%に上る。

九九年にはダイバーシティ担当マネージャーというダイバーシティ推進のための役職が兼任で、二〇〇三年には専任で設置された。初めての専任ダイバーシティ担当マネージャーには社内公募により北尾真理子氏が選任され現在に至っている。以下では、北尾氏へのインタビュー（二〇〇五年八月二二日におよそ二時間行われた）、同社ダイバーシティ・フォーラムへの筆者自身の参加記録と関連資料・文献をもとに、個人の生活上のさまざまな事情に応じた働き方を実現するための同社の取り組みについて紹介していく(5)。

日単位・週単位の勤務労働時間短縮制度

個人の生活の状況に応じた働き方を可能にする制度として、勤務労働時間短縮制度がある。これは所定労働時間の四〇%を上限として、勤務労働時間を短縮することを認めるものである。短縮の仕方は一日当たりの労働時間数の短縮だけでなく、週の中の労働日数の短縮という形を取ることもできる。例えば、週五日の労働日のうち二日まで休むことが可能であり、時間単位と日単位、双方の組み合わせも可能である。このような働き方の場合、短縮時間分に比例して、給与が減額されるということになる。

勤務時間短縮制度を利用している社員は、あらかじめ、直属上司と相談して業務の内容・量を調節した上で、その業務の中でいかに成果をあげられたかということにより評価される。

在宅勤務制度

時間短縮とは別に、一週間に二日までの在宅勤務も認められている。この制度は、あくまでも通常通りの勤務労働時間の一部を、自宅で使うというものである。したがって、子どもは保育所に預けるなど、普段と同じ環境にして仕事をする必要がある。公式に書面で申請する通常の在宅勤務制度以外に、必要に応じて直属上司の許可を得て、期間を決めずに例外的に在宅勤務をする場合もある。例えば、子どもの担任による家庭訪問がある場合など、その日に限り、在宅で家庭訪問の時間以外に仕事をするということも可能なのである。また、午後から社外でミーティングがあり、自宅からの方が近い場合に午前中は家で仕事をするという場合なども該当する。また、得意先を訪問している営業担当社員には、自宅から得意先への直行・直帰制度が適用されている。なお、二〇〇六年七月より、この在宅勤務制度と先に見た時間短縮制度との併用が可能となった。

ワーク・アンド・ディベロプメント・プランとワン・オン・ワン・インタビュー

P&Gの取り組みで特に重要なのは、これまでみたような制度の実効性を高めるための取り組みである。人事考課の基本として、全社員が自分の今後の仕事や育成のプランを直属上司と最低年に一回オフィシャルに話し合うワーク・アンド・ディベロプメント・プラン(以下W&DP)は、部下が上司に生活の状況を伝える重要な手段となっている。これはもちろん、仕事の計画と達成度の評価のためのものであるが、同時に、自分のキャリアに対する希望や制約事項などで、上司に理解しておいてほしいこと（転勤・配置換え・キャリアプランの希望、出産・育児休業の予定、介護等家庭の事情による勤務への影響の懸念など）も本人の意思によって記入できる。さらに、W&DPの時期以外でも、必要に応じて、一対一で直属上司と話をすることが奨励されており、月一回ワン・オン・ワンと呼ばれる話し合いの時間を設け、内容は仕事の進み具合のほかに、家族の話なども含まれる。ワン・オン・ワンは昼食や夕食をとりながらなど、カジュアルな形で行われることもある。

ダイバーシティ・フォーラム

この他にも、さまざまな研修を通じて多様性を受け入れる組織作りに向けての意識の浸透が試みられているが、そのなかで筆者自身が参加したダイバーシティ・フォーラムというイベント（二〇〇六年五月一九日）を紹介しておきたい。これは、子育てや介護という生活上必要な活動を職場で可視化する試みとして重要な意味を持つ。

これは通常の勤務時間にほぼ丸一日をかけて行われる研修である。午前中は全体会、午後はテーマごとの分科会に分かれ、ダイバーシティ推進の重要性やそれを達成するための具体的な取り組みについて、講演やディスカッションが行われる。二〇〇六年のフォーラムは「第一子の誕生や介護、転勤など、個人の人生における大きなできごとに際して、どのように変化と向き合い、充実感をもって生活をできるようにしていくのか」について考える機会を提供することを目的として行われた。

そこでは、社長や人事部長（ヒューマンリソーシズ・ディレクター）が出産や結婚などといった人生の転機の困難と、そのときの職場の対応の重要性について講演し、子どもが生まれる前に働き方を大幅に見直したマーケティングディレクター（女性）の講演がそれに続いた。午後に開かれた分科会の一つ「第一子誕生を迎えるとき〜親になること、その成功の秘密」では、社員の経験談が語られた。この分科会で登壇したのは、初めて母親になった社員、現在第二子妊娠中の社員、育児休業を取得した二人の男性社員、新たに母親や父親になった部下を持ち、自らも小さい子どもを持つ管理職（男性、女性一人ずつ）で、子育ての時間の使い方などを具体的に提示し、仕事と子育ての上手なバランスの取り方のモデルを示そうとしている。分科会でも社長や人事部長が会場にいて耳を傾けていたことは、このようなテーマを重視するトップの姿勢を社員に示すという点でとても意義があると考えられる。また、育児休業中の社員が、小さな子どもを連れて参加していたことも、このフォーラムの実質的な意味をうかがわせるという点で印象的であった。

「家庭を仕事に持ち込まない」が可能だったのは、同世代で多くの人が出産し、職場以外のところで子育てが当たり前のように行われていた特殊な時代にこそ可能だったと考えられる。現代では、職場においてもこのように意図的に子育てを可視化していく努力が必要なのではないだろうか。

(2) 人生計画の中で柔軟な働き方を選択できる中小企業——樹研工業

前項では、世界各地に展開する外資系の企業を取り上げた。日本国内だけでも四千人ほどの社員を抱える企業規模の大きさが、代替要員の補充の可能性を高めることによって、上記のようなワークライフバランスへの取り組みを可能にしているのであって、通常の日本企業、ましてや中小企業にとっては参考にならない、と見なされるかもしれない。そこで次に、百人程度の社員数の企業を取り上げる。プラスティックの精密部品を製造する株式会社樹研《じゅけん》工業（本社愛知県豊橋市）である。同社は、百万分の一グラムという世界最小の歯車の製造に成功した、世界を相手にする日本の中小製造業の雄として、多くのマスコミにも取り上げられている。昭和四十年、現在の社長松浦元男氏が三十歳の時に設立した会社で、ユニークな経営とアイデアでプラスティックの極小精密部品の国内トップメーカーに成長した（松浦 二〇〇三：著者略歴）。経営のユニークさとして松浦氏の自著のタイトルにも使われている「先着順採用」が注目されているが、本章のテーマである生活上の多様なニーズに対応できる働き方という点でも、早い時点から注目すべき取り組みを行っている。以下では、松浦氏の著書の記述を元に、そのさまざまな取り組みを整理していきたい。

男女を問わない人材活用

すべての女性が営業、計測、品質管理、設計など男性社員と同じ仕事をしており、来客への接待などの仕事が余分に課されることはない。男女の均等な待遇は現在では当然の社会的要請となっているが、樹研工業では非常に古くから性別にかかわらない人材登用を行っている。松浦氏は、得意先での仕事ぶりを知っていたある女性が出産退職したのを知り、「フルタイムでなくても、隔日でもよいから」と説得をして、一九八五年に宮城県に立ち上げた工場での精密測定の技術者として入社してもらった（松浦 二〇〇五：一四四 - 一四五）。そのまま現在まで勤続しているという。男女雇用機会均等法も施行されていないこの時期に、出産直後の女性を自ら説得に行って採用したところに、女性活用についての松浦氏の柔軟な姿勢がうかがえる。

労働時間の短縮と柔軟な時間管理

同社は一九七二年頃には早くも週休二日制を採用したという。最初は土曜の休みは隔週であり、また休みの土曜でも「同じメンバーでピクニックに出かけたり、工場で集まってくだらない話などで時間を過ごした」が、しばらくたってみんなが結婚するようになって、休みを有効に使えるようになった。「一日七時間労働」体制への一番乗りも松浦氏は目指しているという（松浦 二〇〇三：四六）。

また時間の管理についても、個人申告に任せており、出勤簿やタイムカードはなく、パソコンのメールによって事前でも事後でも残業を申告する（松浦 二〇〇三：四八）。

人生設計を視野に入れた柔軟な働き方

先に見たように、日本では現在でも多くの女性が出産にあたって仕事をいったん中断している。しかし子どもの手が離れた後も、正社員としての再就職は難しく、そのことが男女の賃金格差の大きな原因となっていることはしばしば指摘されるところである。ところが、樹研工業では、いったん採用した社員の退職や復帰は本人の意志に任されており、間にパートタイムの時期を挟んで正社員として復帰するということも可能になっている。これは性別理由に関わりなく可能であり、他社に移ってから再度戻った社員もいるという（松浦 二〇〇三：四八–五一）。女性の場合では子どもが生まれた後に会社を離れ、末子が小学校入学などで手が少し離れたもののフルタイムで働けないときにはパートタイマーとして、そしてフルタイムになれば正社員として復帰する。特筆すべきこととして「その間十分ではないにしろ、昇給もしている」ことが挙げられる。社員皆に生涯賃金表を渡してあり、それを見るといつ復帰をすれば給料がいくらであるかがわかるのだという（松浦 二〇〇五：一五六–一五七）。

その間無給にはなってしまうが、復職が保証された状態で子育てに重点を移せるということは、人生設計における個人の選択の可能性を大きく高めると言ってよいだろう。

この節では、多様な働き方を可能にする職場への取り組みを紹介したが、多様性を強調するだけでは、長時間労働の男性と短時間勤務の女性という構造を再生産する可能性もある。男性も含めて、職場以外の生活があり、そのために仕事の時間を一定時間に抑えることが当然になるような意識改革が必要であろう。

7 社会全体での取り組みの始まりと今後の課題

前節で見たような個々の企業の努力はもちろん重要であるが、それではトップの意識のあり方に頼るだけで、社会全体での大きな変化は難しいと言わざるを得ない。森岡（二〇〇五）の提言のように、個々人の努力の他、労働組合、企業、法律や制度の変化が求められる。このような異なる立場にある人や組織の協力のもとに、当事者や上司が仕事と家庭の両立について考えるための具体的な研修プログラム『企業内研修マニュアル 多様な個性を組織の力に─女性も男性も共に働ける職場作りのために─』（兵庫県立男女共同参画センター・イーブン）が作成された。これらの成果の今後の活用のありかたが注目される。

こうした取り組みを含め、現代の日本社会が抱える子育ての困難を解消するために必要なポイントは、働き方の見直しの方策として労働の専門家たちが重ねて提言してきたことで、言い尽くされた感もある（熊沢 二〇〇三、森岡 二〇〇五、大沢 二〇〇六など）。では、本章の考察から何が付け加えられるだろうか。特に個人でできることについて考えてみたい。このままの労働のありかたで女子労働力率やフルタイム率を上げることは、夫婦合計労働時間の増大をもたらす可能性があることを指摘した。では、出産に伴い仕事を辞めるという選択が望ましいのか。現代において子育てを一人で抱え込む困難やフルタイムで就業する妻をもつ夫の育児参加の高さを見ると、やはり出産後の女性が就業を継続することが、母親の孤立した育児や男性の働き方の変化を促す可能性は残されている。

これから就業・結婚・出産など人生の選択をしようとする女性たちは、個人の生活を尊重する職場作りに向けて努力している会社などを見極め、出産など重要な転機にフルタイムで仕事を続けることが困難になったとしても、完全に退職するのではなく、制度を活用して週三日勤務などの形態で勤務を継続する。そのことが、夫にとって週の中で早めに仕事を切り上げて帰らざるを得ない日をつくるきっかけになり、時間の制限なく働けるわけではないという事実を積み上げていく。そのような状況が多くの職場で多くの社員に起こるようになれば、子育てが職場においても目に見えるものになり、介護や、さらには趣味や地域活動を含む生活をもつ労働者を前提とする社会が作られていくのではないだろうか。もちろん、こうした選択が男性にも開かれたものでなければ、女性にとっても本当の選択とはいえない。男性の側でも、自分自身が尊重される魅力的な職場として積極的に選択し、柔軟な働き方を活用していくことが求められる。これらは楽観的に過ぎる提案かもしれない。もちろん、法律による規制や労働組合などの組織的な働きかけ、企業全体の努力が大前提として必要であるが、働き生活する一人一人にもできることは残されているように思われる。

（1）対象者は民間調査会社に登録している約二二万人の調査協力モニターから日本全国三〇〇〇人を抽出したもので、有効回収数は二五五七票。抽出は、二〇〇〇年の「国勢調査」における二十～五十九歳までの「雇用者」を、性別・年齢五歳階級別に見た上で、その分布にあわせて行われたという。

（2）男性回答者の二六・四％、女性回答者の一一・三％（労働政策研究・研修機構 二〇〇五：四一 第二-二-六表）。

（3）ジェイコブズらが用いたデータはルクセンブルグ所得研究（Luxembourg Income Study http://www.lisproject.org/）の第四回調査である。この調査は一九九五年前後のデータによって比較を行ったものであり、結果として国によって異なるが、一九九三～九八年の範囲となっている。指標そのものはこの公共利用データから著者らが独自に算出したものであり、夫婦両方が二十五歳から五十九歳で、どちらか一方または両方が雇用されて働いている夫婦の平均労働時間が示されている。日本については一九九六年の社会生活基本調査から、夫が有業で妻が有業または無業の男女個人の労働時間（表I-8）をもとに男女それぞれの平均労働時間を算出し、両者を合計したものを夫婦の平均労働時間の代替指標としたものである。「すべての夫婦」は妻の就業状況にかかわらず男女それぞれの平均を算出し、「共稼ぎ」は妻が有業の場合の男女それぞれの平均を算出した。年齢層は限定されていないが、有配偶で夫が有業ということでほぼ比較可能なものになると考えられる（ただし六十歳以上の男性の短時間労働が含まれるので過小になる可能性が高い）。

（4）日本以外の国については、妻のみが働いている世帯も含まれるので、この表現は厳密には正確でないが、割合は大きくないと考えられるため、このような解釈は許されるであろう。

（5）草稿を北尾真理子氏およびエクスターナル・リレーションズの蒲生浩子氏に確認していただき、情報の追加や修正をしていただいた。両氏に感謝の意を表したい。また、インタビュー結果のまとめにあたっては甲南大学で筆者のゼミに所属する松原琴美さんに大いに助けていただいた。この場を借りてお礼申し上げたい。もちろん文章についての最終的な責任は筆者にある。インタビューの詳細は中里二〇〇五bを参照。

文献

大沢真知子、二〇〇六、『ワークライフバランス社会へ』岩波書店
熊沢誠、二〇〇三、『リストラとワークシェアリング』岩波書店

国立社会保障・人口問題研究所、二〇〇五、『人口統計資料集二〇〇五』(http://www.ipss.go.jp/syoushika/tohkei/Popular/Popular2005.asp?chap=0)
厚生労働省大臣官房統計情報部編、二〇〇三、『第一回二十一世紀出生児縦断調査(平成十三年度)』財団法人厚生統計協会
(財)こども未来財団、二〇〇五 ウェブサイト「ベビーシッター育児支援事業平成十七年度」(http://www.kodomomirai-zaidan.or.jp/josei/josei17-02.html 二〇〇六年一月五日閲覧)
中里英樹、二〇〇五a、「女性のライフコースに見る家族と世帯の変容—結婚・出産経験の画一化と多様化に注目して—」『月刊自治研』五四七号、四九—五五頁
中里英樹、二〇〇五b、「子育て期の家庭生活と働き方」『「二十一世紀文明の創造」調査研究事業研究報告書(家族ライフスタイルに関する研究)』三三—六〇頁
中里英樹、二〇〇六、「少子化の「メリット」を子育てにどう活かすか—年少人口割合の減少と子育ての人口学的条件—」『環』二六号、一五〇—一五六頁
P&Gグループ、二〇〇五、『ダイバーシティブックレットVOL2』
前田信彦、二〇〇二、「男性の労働時間と家庭生活—労働時間の再編に向けて—」、石原邦雄編『家族と職業—競合と調整』ミネルヴァ書房、一五八—一八二頁
松浦元男、二〇〇三、『先着順採用、会議自由参加で世界一の小企業を作った』講談社
松浦元男、二〇〇三、『無試験入社、定年なしで世界レベルの「匠」を育てた』講談社
森岡孝二、二〇〇五、『働きすぎの時代』岩波書店
労働政策研究・研修機構、二〇〇五、『労働政策研究報告書二二 日本の長時間労働・不払い労働時間の実態と実証分析』
Fraser, Jill Andresky, 2001, *White-collar Sweatshop: The Deterioration of Work and Its Rewards in Corporate America*, W. W. Norton & Company, Inc.(=森岡孝二監訳、二〇〇三、『窒息するオフィス—仕事に強迫されるアメリカ人』岩波書店)
Iwama, Akiko, 2005, "Social Stratification and the Division of Household Labor in Japan: The Effect of Wives' Work on the Division of Labor among Dual-earner Families", *International Journal of Japanese Sociology* 14.
Jacobs, Jerry A. and Gerson, Kathleen, 2004, *The Time Divide: Work, Family, and Gender Inequality*, Harvard University Press.
Pocock, Barbara, 2003, *The Work/Life Collision*, The Federation Press.
Schor, Juliet B., 1992, *The Overworked American: The Unexpected Decline of Leisure*, Basic Books.(=森岡孝二・成瀬龍

夫・青木圭介・川人博訳、一九九三、『働きすぎのアメリカ人―予期せぬ余暇の減少』窓社)

【謝辞】本稿は21世紀文明研究委員会・(財)阪神・淡路大震災記念協会・(財)21世紀ヒューマンケア研究機構家庭問題研究所「21世紀文明の創造」調査研究事業「新しい共生社会のあり方　家族ライフスタイルに関する研究」、および甲南大学総合研究所共同研究「男女共同参画社会の実現とその条件―働き方の考察を中心に―」の研究成果をもとにしている。これらの共同研究の過程で、また甲南大学人間科学研究所研究会およびシンポジウム、在外研究中の南オーストラリア大学ワーク・アンド・ライフ研究センター(Centre for Work and Life)のセミナーにおいて貴重なご意見や質問をくださった皆様に感謝の意を表したい。そして、インタビュー実施に際してご協力いただいた方々、また何より、個人的なことがらについてお話しくださった方々にお礼を申し上げたい。

わが国における公共性の実現と男性の育児参加問題

汐見稔幸

1　男性の育児参加が問題となる社会的、歴史的背景

社会の作り出す新しいシステムが、その構成員に無理を強いるものであると、そのしわ寄せは必ず社会の基礎であり底辺に位置する家族に集中する。特に日本のように社会の諸事象に対する企業システムの規定力の大きい「企業社会」では、経済構造が家庭・家族に及ぼす影響は圧倒的である。核家族を中心とした現代家族の組織基盤の脆弱さがこの影響関係を強めている。

家族に無理や困難が集中すると、たとえば子育てをうまくできず、子どもに無理を転化するというようなことが広がっていく。二〇〇六年の一月から九月までに子どもが自分の親を殺してしまうという事件が一七件も起こっているが、その背後には幼い頃からの家族の抱えた困難＝育児の無理の蓄積という事実がある。社会の基軸部での競争的な秩序の拡大に伴う危機への安全弁＝セーフティネット設定の不十分さが、わが国の場合、社会の周辺部で深刻な問題を五月雨的に生み出している。

父親の家事、育児参加がきわめて不十分であるという現実も、こうした状況と深く関連している。ベネッセ次世代育成研究所が二〇〇六年に発表した調査結果では、東アジアの五つの主要都市、東京、ソウル、北京、上海、

台北の父親の帰宅時間の比較で、東京の父親がもっとも帰宅時刻が遅いこと、夜一一時、一二時帰宅はいうに及ばず、深夜一時、二時の帰宅も例外でないという事実が浮かび上がった。異常社会とでも表現できる現実なのだが、それを異常とは感じていない日本人がたくさんいるというのがもっと異常なのかもしれない。個人的なことになるが、筆者は最近東京の中央線沿線の街に引っ越した。通勤に中央線というJRの電車に乗るようになったのだが、ターミナルの東京駅や新宿駅から帰宅するために乗るサラリーマンで、夜一〇時以降がむしろ混んでくるのに驚いた。一〇時に乗るより一一時に乗る方が混むのである。始発の東京駅ではなく、途中駅から乗る場合、夜の一二時台でも座席に座れることはまずない。それどころか深夜にもかかわらず乗客で押し合いへし合いになるのだ。地方に住んでいる人がこの現実を見ると狂気としか思えないのではないだろうか。こうした現実に生きているサラリーマンにとっては、育児に参加するというのは夢物語ではないかと思えてくる。やっても、せいぜい休日の慰みごとなのだ。

父親の育児が問われるようになったのは、この間の社会・文化の変容と、したがって育児の様式の変化が背景になっている。

育児はこれまで、基本的に、その子を産んだ家族のメンバーだけでなく、その周辺のメンバー、そして子どもが産み落とされた地域の自然その他のすべての力を借りて行うものであった。

合計特殊出生率の低下が問題になり、二〇〇六年はそれが一・二六まで下がったことが明らかになった。私の母が生まれた大正八年頃を調べてみると合計特殊出生率はほぼ六であったことがわかるが、この時代の日本女性の平均寿命は五〇歳に届かなかった。しかも当時の家事は電化されておらずすべて手作業であったので、それに費やす時間は想像以上に長時間であったと思われる。今出典が探せないのだが、一九五五（昭和三〇）年段階で日本女性の一日の平均家事時間は一三時間半であったという文を読んだことがある。大正時代もこれとさして変わらなかったと思われるが、一日平均一三時間以上も家事をし、平均で子どもを六人も育てることは、現代の親の感覚では不可能に近いであろう。それができたのは、きちんとした理由がある。確かに、子どもが乳飲み子の段階までは親が背中にわが子をおんぶして仕事をせざるをえなかったであろうが、一歳を過ぎる頃になると体重が重くなって簡単には背負えなくなってくる。丁度このころに子どもが歩けるようになり、コミュニケーションの自由度が増してくる。そこで、そのあとは母親が中心になって育児をしなくても済むような育児システムを用意し、そのシステムに移行したのである。

具体的には、子どもをできるだけ隣近所に出し、その近隣の人間関係を可能な限り活用し、また近隣の安全な場所で遊ばせるようにしたのである。兄弟姉妹がいれば、上の子に世話をさせ、遊び相手をさせた。子どもがもう少し大きくなってコミュニケーションがもっと自在にできるようになると、近所の子ども集団に正式に加入させた。「今日からこの子を仲間に入れてね」とガキ大将に頼めば、みんなでその日からその子の面倒をみた。こうして毎日家の外や庭で遊ぶ生活が始まり、雨が降れば隣近所の家で遊ぶようになったのである。

やがて幼児期から少年・少女期に移ると、日々、歳上のリーダー格の子に引っ張られながら、川で遊び、原っぱで興じ、木に登ったり、コマを回したり……と伝承された遊びを次々身につけていった。また、地域にいる職人たちの仕事をみることで大人の世界をかいま見ることができ、あこがれの気持ちを抱くことができた。祭りなどになるとその準備をする年上の世代に多くの子どもたちはあこがれた。

こうして、子どもたちは日中、母親が知らない場で、知らない遊びをし、人間の基礎力ともいえる能力を身に付け磨いた。身体のしなやかさ、筋力、運動能力、身体の生理機能、手先の器用さ、俊敏性、忍耐力、ストレスに耐える力、あるいはけんかをする力、けんかしてもすぐ仲良くなる社会性、幼い子どもの面倒を見る力、年寄りの世話をする力、企画する力、あこがれる力、工夫する力、考える力……。これらの多くは、意識的に育てようとすると難しいが、子どもたちが自由に遊ぶことによっていつの間にか身に付けていくものが多かった。

他方で各家庭には先に述べたような多くの家事があったため、子どもたちは毎日その仕事を手伝わされた。水を運び、火をおこし、野菜の皮をむき……と家庭の仕事を分担したものであった。この過程で、子どもたちはやはり手先の器用さ、忍耐力、こまめさ、協調性等を学び、あわせて家族の一員としての自覚と誇りを手に入れた。

こうした、いわば地域ぐるみで育てていくシステムを「自生的な育ちのシステム」と呼ぶことができるが、これまでの社会には、どこにもこうした自生的な育ちのシステムがあり、子どもが、母親が傍らにいて日常的に世話をしなければならない月齢を過ぎてからは、わが子をこの地域システムに委ねて育てるのが常だった。これはおそらく、人類の歴史とともに古くからあった子育ての協働的システムだと思われる。

私は、こうした育て方を、これまで人々は子どもたちを一定の年齢になったら「地域で放牧」して育て、「厩舎」であるわが家に適宜戻し、多様な仕事に従事させることで人々が受け継いできた文化的諸力を身につけさせて育てたのだ、と表現してきた。これをここでも「放牧と厩舎」方式の育児といっておこう。こうした育児方式と協働があればこそ、あれだけ長時間の家事をこなしながら現代より遥かに多くの子どもを産み、育てることができたのである。

現代の育児の最大の特徴は、こうした視点から見ると、子どもたちを簡単には「放牧」できなくなったことと、厩舎がひたすら消費的な場になってしまい、そこで生産的な活動に子どもが従事して文化的諸力を身につけて育つということが不可能になったことであることが理解されよう。

こうして現代の育児は、否応なくすべてを家庭内で行わざるをえなくなり、そこからこれまで見られなかったような新たな育児困難が発生し始めたのである。いいかえると、現代の育児困難は、育児がひたすら家庭内の親に委ねられた仕事となったこと、子どもの身体も社会性も、忍耐力などの自我の力も、豊かな感受性も、工夫する力などの知的な諸力も、すべて家庭という閉じられたシステムの中で育てなければならなくなったことが最大の要因になっているのである。しかもその育児の場である家庭に、肝心の父親が日常的には不在である。つまり育児が女性化してしまってきたのも、現代日本の育児困難の要因になっているということである。家庭で行わねばならない育児という難しい仕事を母親だけで担わなければならないと、母親の育児負担感は極大化していく。そして、私ががんばらねばと気負って、かえって子どもに無理を強いたり、私が人間として評価されるのは育児であり、その成果は子どもが優秀になるかどうかできまるのだからと、わが子を一歳、二歳から習い事に出したりする母親も出てくる。こんな年齢から習い事に行かされる子どももたいへんだが、行かせる親も毎日が闘いになる。加えて、家庭内での育児が増えるため、子どもへの指示、命令、禁止、叱責等々のことばが家の中をとび交うことも問題になる。実際のモデルが少なくて、すべて言語で子どもを動かそうとする育児（言語化）になってしまうのである。

こうした育児の非社会化、家庭内化、女性化、孤立化、過評価化、言語化等々が、現代の育児困難の背後にある現実である。男性の家事・育児参加は、こうした現実の中で、育児と家庭運営を男性としてどう考えるのかという切実で緊急な問題の一環として提出されている。

2　どうして日本の男たちは群れたがるのか？

こうして、育児への参加を中心に、男性の生き方が問われるようになったのであるが、実際にそうしたことが問題になってから実はかなり時間がたっている。たとえば、バブル華やかなりし頃にも、登校拒否・不登校の子どもたちが急速に増加していく現実の背後に父親不在家族の問題があるということはつとに指摘されていた。すでにオイルショック後の長時間労働化の現実を何とかしなくてはと感じて、自覚的に家事・育児に参加しようとした父親たちもかなり早くから存在した。その代表が「育時連」である。育児連ではない。育時連。正式の名前は「男にも育児時間を！　連絡会議」で、成立は一九八〇年である。日本では普通のサラリーマンは、会社側に時間保障を要求しないと実際には育児ができないというのは三〇年前から一般的だったのだ。このグループに参加するメンバーたちは、定期的に集まっては育児の諸々の問題を話し合って、お互いを励まし合っていた。男性としての生き方を問い合うということもやっていた。

今からほぼ三〇年前、一九八〇年代の中頃であったと記憶するが、あるグループの主催で「現代における父性を考える」というテーマの小さなシンポジウムがあった。筆者も請われてシンポジストの一人として参加して、育児をしていて感じることをいくつか述べた。特に母性的かかわりは父親にも欲求としてあるということを強調した憶えがある。それは当時の筆者の実感であった。だから母性本能という言い方は正しくない、母性的なつまり自己犠牲的で献身的な感情は、育児に必死になり懸命になってある時間を生きることによって、男女を問わず親に少しずつ育ってくる感情で、獲得した社会的な感情、愛他的感情のことだと思う、と強調したことを記憶している。

そのシンポジウムに上述の育時連のメンバーの一人が参加していた。そして自分たちの仲間のことと活動を会場からの発言で参加者に説明した。当時としては先駆的なグループであったことは間違いなく、筆者はこのグループに面識はなかったが共感を持ってその発言を聞いていた。

ところが、同じシンポジウムにシンポジストとして参加していた千種・スチーブン・木村さんというニュージーランドのカンタベリー大学の教員をしていた日本人女性が、私の耳元でふとささやいたのだ。「どうして日本人は個人で行動できないのかしら。何かあるとすぐグループを作って行動したがるのよね。個人というのが不明確。あれはシチュエーションによっては危険ですよ」という趣旨のことを私にだけ聞こえるように話したのだ。別に隠すべきこととは思わないのでここでそれを明らかにするが、その言葉を聞いて私はう～んと、正直考え込んでしまった。そういう発想で考えたことがなかったからだが、そんな見方があるのだなということに奇妙に感心するとともに、なるほど、集団で行動したがるというのは何を意味するか考えなければならないなと、その時直感的に思ったのだ。

その後、バブル期から一部の保育所や幼稚園、時には小学校のＰＴＡなどで、「親父（おやじ）の会」という父親だけの懇親組織がつくられていった。保育所や幼稚園の要望に応えるために一肌脱ぐという名目で作られることが多いのだが、仕事上の肩書きや出自を問われない新しい人間関係が嬉しくて、熱心にその活動に取り組む父親がどこでも出てきている。今や、日本の父親の育児参加というと、この親父の会をぬきには語れないというほど広がっている。中には川崎市宮前区の「いたかの会」のように、その中心メンバーが請われて区長をしているというところまである。

その後この親父の会は全国に広がり、最近では、仕事上の同僚と夜飲む代わりに、子どもが同じ園や学校に通っている同窓の親が夜飲みあうための会になっているという批判もあるほどである。実際、子どものため、園のためということで集まりその仕事もするのだが、そのあとのちょっと一杯が楽しみできているという人も経験的には多いように思う。逆に、それでは酒が飲めない父親は参加しにくいから、酒はやめようというルールを作っている会もある。

いずれにしても、集団をなさないと父親として行動できないのかという先の批判にあった現実は基本的には変わっていないし、むしろ広がっている。その意味でこの批判をどう受け止めるかということが、親父の会には課されているといえる。本稿では、私の宿題でもあるので、この問題を少し考えてみることにしたい。

3　歴史における市民的公共性の実現と男性

先日亡くなった西洋史研究者の阿部謹也は、ある時期から日本と西洋を比較することに興味を持つようになり、特殊西洋に発達した制度や考え方をそのまま移入して理論構成するという日本の社会科学等について批判的な意見を述べるようになっていった。その中で阿部が特に関心をもっていたのは人間の類的在り方の問題であったと思うが、周知のように西洋ではそのあるべき在り方を公共性 Öffentlichkeit という言い方で表してきた。阿部はそれに対応する日本語は実は「世間」であるといい、この世間というカテゴリーを独自に深めるようになっていった。阿部が日本における「世間」という言葉の意味の変遷を調べてまとめたのが『「世間」とは何か』であるが、その冒頭のところで阿部は次のように書いている。

「……日本の中年男性が一般的にいって魅力的でないのは何故か。もちろん問題は中年男性だけではない。中年男性の予備軍ともいうべき若者の場合も同様の問題があるのであって、この問題一人一人の男性の問題というよりもわが国の男社会（世間）の問題なのである。わが国の男性はわが国独特の人間関係の中にあって必ずしも個性的に生きることができないのである。むしろ個性的に生きることに大きな妨げがあり、その枠をなしているのがわが国の世間なのである」(1)

この言い方の中に、わが国では「個性的に」つまり個人として自覚的に生きるということは男性には特に難しいということが示唆されているのだが、それは日本独自の「世間」という公共的関係に閉じこめられてしまうからだと説明されていることがわかる。

先の木村の指摘との関係でいうと、彼女は日本の男性が個人として責任を持って行動するのが苦手で、すぐに徒党を組みたがる（したがって日本の男性は自立した人間としての魅力に欠けるということになるのだろうが）ということを批判していたのだが、阿部はそれは独特の「世間」という枠組みに組み込まれているからだと説明していることになる。

そうすると、今の日本で、国家や企業の利害でなく、さしあたり私事である育児という行為に男性が多少ともいそしむために徒党を組むのは、既成の「世間」という公共的枠組み（たとえば企業あるいは企業の中の同期会等の枠組み）の中にいては男性が育児をするということは困難なので、この関係をいったん出て、育児というもともと男性らしくないと映りがちな行為を正当化する新たな関係的枠組みを模索しているあらわれ、と評価することができる。その場合、つまり古い枠組みを出て新しい行動基準を創造しようとする場合、個人個人が自己責任でやるやり方と、集団で新たな公共性（世間）を求めて行うやり方が少なくとも論理的にはありうるが、先の木村の批判は、後者はおかしい、危険だということであった。しかし、なぜ後者がいけないのか、阿部のような発想を介入させてみると、そう自明ではないように思われる。仮に個々人として自立し、自己責任で行うのがより価値的に高いと評価しても、そうすぐにできない事情が日本にはあるのではないか、そしてその集団的な行動の中に、新しい社会の原理につながる公共性の論理の芽ややがて自立的行動を生み出す可能性が潜まれていないのか、こう問うてみることも無駄ではないように思う。

阿部は『「世間」とは何か』の二年後に出した『「教養」とは何か』という本の中で、西洋の公共性がどう発展展開してきたのかということの説明にJ・ハーバーマスの『公共性の構造転換』を用いている。そして「わが国の「世間」はハーバーマスのいう代表具現的公共性の一類型と位置づけることもできよう[2]」「……「世間」はいわば浮遊する共同体というべきもので、ここでも我が国における個人のあり方が反映されている[3]」などと西洋とのある種の類似性を強調している。

私たちにとっても参考になると思うので、簡単にハーバーマスの『公共性の構造転換』の内容を見ておこう。

『公共性の構造転換』の中で、ハーバーマスは中世に一般的であった「代表具現的公共性」repräsentative Öffentlichkeit と区別して市民的公共性の発生と変化を論じている。代表具現的公共性というのはあまりいい訳ではないと思うが、要するに王権や貴族が種々の儀式、儀礼を用いて自らの権威や徳などを顕示することで成立する公共性である。こうした公共性は産業が隆盛し近代国家が成立してくると次第に実際の効果を消失していく。かわって登場するのが市民的公共性 bürugerliche Öffentlichkeit である。

市民的公共性として最初に登場するのはハーバーマスによれば文芸的公共性 literaliche Öffentlichkeit である。イギリスではコーヒーハウス、フランスでは社交サロン、ドイツでは読書サークルにおいて、文学や芸術総じて文化についてわいわい活発に議論する人々（公衆）があらわれてくる。一七世紀後半から一九世紀初頭にかけての頃である。彼らは身分や出自に関係なくいわば対等にかつ自律的に議論しあった。やがてその内容を閉じられたメンバーだけのものとせず、雑誌・批評誌を通じて意見を公開（出版）していくようになる。（公的であるという意の public が情報を公開する（出版する）pubulish と同根の語であるのはこうしたことを事情としている。）やがて議論に政治的主題が登場するようになり、それを論じあうメンバーが「公論」を創出するという性格が強くなっていく。実際の政治（為政者）もこうした「公論」を基準にしていかざるをえなくなり、ここに政治的公共性 politiche Öffentlichkeit が発生する。市民的公共性はこうして政治的公共性として発展するが、実際にこうした議論に参加していたのは財産と教養を持った人たちだけであったから、彼らの利害を人類普遍の利害と同一視する擬制が拡大することになる。(4)

わかりやすくいえば、これまで西洋では、ある共同体なり集合体の構成員にとってもっとも善であること、つまり全構成員にとっての共通の善を明らかにする場（あるいはそれを求めてたえず議論しあう場）、人間、そしてそれを可能とする社会の仕組み等をまとめて公共性といってきたのである。

ハーバーマスにも影響を与えたハンナ・アレントは、『人間の条件』という書物で、人間の諸活動を action, labour, work の三つに分け、このうち action こそが人間の条件としてもっとも重要であることを論じている。日々の生活のための活動が work、歴史に残るような作品を残していく活動が labour であるが、それよりも

action つまり共通善を求めて公開の議論をすることが人間にとって重要であるというのである。この議論のための空間を公共空間というとすると、この公共空間は、社会という私的利害が支配する空間が肥大化していくことによって歴史的には次第に消滅し、その帰結として全体主義がもたらされた、とアレントが論じたことは有名であろう。

アレントは古代ギリシャにモデルを得ているのに対して、ハーバーマスはそれを歴史的に確かめ、議論する公衆という新たな人間が近代社会の勃興とともに生まれ、現代につながる公共性の担い手であったことを実証しようとしたのである。ただし、先の書物でハーバーマスは、近代国家の発展とともにも公共性の担い手としての市民が、いわば体制に吸収されていき、実際の公共性は現代では構造転換するとともに、その実現の可能性については悲観的な見方を示していた。ただ、いずれであったとしても、公共性の担い手にとって、共通善を求めてつまり私的利害でなく共通の善を求めて議論することを公共性の実現と同一視するという点では共通している。キーワードは「共通善」と「議論」である。

ハーバーマスが『公共性の構造転換』を著した当時、日本では「大衆社会」の可能性をめぐって活発な議論が展開されていた。きっかけとなったのは松下圭一の「大衆国家の成立とその問題性[5]」という論文であったが、松下はこの論文で、一方で当時の主流派マルクス主義への批判と、他方で、公共性の担い手として期待される市民の拡大版ともいえる「大衆」の可能性を論じたのであった。

詳しくは省略するが、戦後しばらくして社会が安定してきたとき、今後の日本社会をどう構想するかが課題となっていた。主流派マルクス主義は当時の労働運動の担い手であった労働者とその労働者の「独裁」による新しい社会の実現を訴えていたが、それに対してそうした階級制を前面に出さないで、市民という政治的自覚を持った人々の共同による新しい社会づくりが必要と訴えた市民主義派がいた。結果としてみるとこのふたつが論争の主要な担い手であったが、松下は労働者が政治の全面に出てくることによって、市民という政治的自覚を持った労働者になったと評価し、それを「大衆」と呼んで、その大衆による統治の社会つまり「大衆社会」の可能性をもっと研究すべきだとしたわけである。当然主流派マルクス主義は労働者とその前衛党による指導性が曖昧になるという立場からこの「大衆社会論」には厳しく反論したが、本論のテーマから見たとき、労働者であった男性が、共通善を求めて公開の議論をするということの意義は、率直に言って十分なテーマにならなかった印象がある。男性にとって公論を交わす場は組合の会議であったと思われるが、あとで見るようにここが公論の場であったかどうかは疑わしい。他方で『思想の科学』グループのように啓蒙された市民による公論の場を設定してそこで特定の思想や政党の支配を受けない自由な議論空間作りが目指されていたが、その読者と担い手はやはり限られていた。二一世紀になった今日、たとえばNPOのような組織が多様につくられ、市民が政治の主体になることのイメージがかなり様変わりしているが、当時はそうした現実的な基盤が未成熟であったのだと思われる。実際、松下たちの議論は現実から出発したというよりも、外国からの理論の移植という印象がやはり強い。

4　わが国の戦後公共性をめぐる対立と「議論」の場

公共性をめぐる議論を長く紹介してきたのは、日本の男性が企業社会の利害関係を離れて、さしあたり私的領域に属すると思われる育児という行為を始めるのに、育時連という組織を作ったり、親父の会という組織をあちこちで作ったりしているのは、自己責任で育児をすることができない、日本男性の自立性や自律性の弱さを反映しているという批判の妥当性を吟味するためであった。何故日本の男は、育児というさしあたり私的と思われる行為をするのに集団をつくりたがるのか、ということである。それは企業社会という抑圧性の強い(世間性の強い)社会から、私的行為のために一度離脱するということに独特の困難があって、集団の力を借りなければできない男性があまりに多いという事実の反映なのか、それとも、そこに、これまでの日本の公共性を乗り越える市民的公共性を実現する芽がはらまれているのか、それを吟味したかったからである。

わが国でも公共性をめぐる議論は一九五〇年代からある分野では活発に行われていた。筆者が属する教育学の分野では特にそうであった。当時、国が、教員への勤務評定や全国一斉学力テストを広範な反対を押し切って強行し、実際には教育効果を上げるというよりも教員組合つぶしと国家統制の強化と思われても仕方ない施策をあれこれ画策するという時代状況が続いていた。そういう中で、いかに学校と教育の自律性を確立していくかということが一九五〇年代後半から六〇年代にかけて現場をあずかる教員たちのあいだで深刻に問われていたのである。問題はその現場の教員たちの求める自律性がそれを主張する人々の私的利害関係の表現にすぎないということにならず、その方が本当の共通善を求めやすいという立論ができるか否かであった。

当時、国家の教育権を主張する国・文部省の議論に対抗して、国民の教育権を理論立てようとした一人が堀尾輝久であった。堀尾の理論は、教育はさしあたりは親の責任・義務で行うべき私事であるが、やがて子どもが成長し教育内容の高度化が必要になるにつれ親だけではその義務を果たせなくなる。そこで親義務を束ねて共同化し、一定のメンバーに親の義務内容を委ねて育てるようにする。こうしてできたのが学校で、教師は親から委託された教育権限を国家等の教育支配に対抗しながら果たすことが義務づけられる。こう理論づけたのであるが、これは教育という営みをさしあたり私事としてとらえ、そこから国家によらずにあたらしい公共性を実現していくという論理構成になっていて、そのために親義務の共同化を強調し、そのことによって親が納めている税金で運営することを正当化することになっている。[6] しかし後に後藤道夫が批判したように、この論理構成には多少の無理ないしある種の期待が前提とされている。後藤は「極端な管理主義が横行する状態に対抗するには教育の本来的「私事性」という把握をもってくることは理論的には当然であろう。しかし、多くの親がそうした管理主義にさほど違和感を持たないのは、彼らの「私的」要求が、そうした管理主義と内容的に親和的であるからにほかならない(7)」といって、私事の共同化が公共性を実現するということは理論的にはありえても、現実の日本の親が組み込まれている教育的文脈はそういう風に働かないこと指摘している。「競争に勝つ見込みがあり、コンフォーミズムの内容的ヘゲモニーをとれる階層にとって、教育の「私事性」は経済的にも実体的な基盤を持ったものであり、それは新自由主義的脈絡で解釈されるであろう。私学の位置が中学、高校ともに日増しに高くなっていくのはそうした事情を物語っている(8)」と。私事性を国家によらず下からの共同性によって公共化しようとするのだが、実際には国民はそれほど「公」を意識して行動しているわけではないというのである。

この後藤の批判の仕方が、われわれが今検討しようとしている親父の会などの組織の「公共」性の検討のヒントになっている。親父の会等の組織は、さしあたり私事であるわが子の育児に関心を持つ父親たちが、保育園というある種の公共性をもつ育児組織の経営に間接的に参加することを通じて、より協働的に育児を行うための組織である。したがって、もしその親父の会が育児の諸問題を「論じあう組織」として位置づけていない場合（たとえば保育所のさまざまな仕事の下請けを引き受ける活動だけをしているような場合）、功利主義的な立場でかかわっているだけになり、そこに公共性が生まれる余地はあまり期待されないことになろう。つまり私事であることを超えていないということである。

それに対して、こうした組織で育児をめぐる種々の議論を行うことが前提とされている場合、さしあたりそれが保育所での行事の手伝いをどうするかというようなことでも、その議論の成り行き次第では、わが子の育児如何という個人的関心から離れてみんなのための善は何かという方向に向かう可能性がある。その意味でこうした組織が公共性を担うものに成り行くか否かは公的な方向に向かった議論が可能であるかどうかということにかかっていることがわかる。特に保育所の場合は、学校と違って、親の意識はわが子の進学における成功というような私的なことに限定されることは少なく、保育料の値上げにどう対応するかとか、その保育所の外部評価はどうなっているのか等のより公的な問題に向けられていることが多い。その限り公共的な視点での議論が期待されやすいといえる。幼稚園の場合は、進学競争的な議論動機がより多く含まれるが、それでも学校よりは幼稚園経営への手伝いや行事における分担などがテーマになりやすい。

こうしてみるとスチーブン・木村が批判した日本の男性の集団行動は、そう簡単に自立性や自律性の欠如と評価できないことがわかってくる。木村が批判した面だけではなく、公共的な組織へと展開する可能性も無視できないのである。

5 新たな市民的公共性実現への萌芽と親父の会

先に見たように、日本では戦後、一九五〇年代後半に、大衆という名で市民が政治の主人公になる可能性が議論された。市民ではなく労働者だという議論といやあくまでも市民がという議論が萌芽的に論争のテーマになったのだった。先の松下もそうだが、特に一九六〇年代の日高六郎はこの市民主義を代表する人物だったと思われる。日高は社会変革の主体として階級や民族ではなくあくまでも「市民」を想定して行動した学者である。後に日高はよりラディカルに直接民主主義を指向するが、その根っこにあったのは市民が直接に政治の主人公になるという社会への渇望である。(9)

こうした渇望が生まれるのは、先にハーバーマスが論じたような市民的公共性つまり文芸的公共性あるいは政治的公共性が、明示的な形では日本に存在しなかったという現実があるように思う。市民が公共の場で、共通善を求めて論じあうということが、ついぞ明治以降日本には生まれなかったのである。いや、作家たちの文芸的公共性は萌芽的にあったという評価もあろうが、それが政治的公共性に展開していく前に弾圧されてしまい発展することはなかったというのが実際であろう。戦後の出発において、公共性を担う主体が西洋のようには育っていない中で、日高たちはあくまでもそうした主体が育つことを期待した。しかし歴史の実際は、ソ連型マルクス主義の強い影響で、市民よりは労働者、民族という視点が先行し、共通善を求める議論の主体は組織された労働者だという形に実質的にはすり替わっていった。

その労働組合は、日本においては産業別に組織されず、つまりギルドの労働者版として発展せず、企業ごとの組織となったため、日常的には経済主義的な組織となって賃上げのための運動体として純化していき、ときには企業の補完的役割を果たすようになっていった。また政治的に振る舞うときにも実質的に政党の下請け機関となった。この性格は、政党が弱化したり生活の水準が上がると必然的に必要のないものとされていく運命を背負ったものといえた。

そのため、かつて労組組合の中で共通善をかろうじて議論していたと思われる日本型の公共性も、やがて七〇年代以降にその性格も廃れ、日本のサラリーマンはどこでも共通善を求めた議論をすることができなくなっていったのであった。

育時連が生まれ、育児をする時間がどうして男性にも与えられないのかということを議論し始めたのは、まさにこうしてサラリーマンが公共性を追求する場を失い始めた時期だったのである。また九〇年代になってあちこちに生まれた親父の会は、バブル崩壊後の日本で、今後の日本の共通善をめぐるあり方がどこでも議論できないという現実の中で、これまでのように労働組合の中ではなく、全く私的に見えた育児への参加を論じあう中で萌芽的な形で公共の論理＝共通善をめぐって議論し始めたのだと考えられる。

もちろん日本のサラリーマンは世界一、二を争う超長時間労働のなかで、会社の論理には適応してきても、家族や地域の論理に適応することをほとんどしてこなかったため、子どもの相手の仕方、遊ばせ方、目指す人間像等々がよくわからないという現実にあるということも実際の背景にはあろう。群れて、そこで育児の仕方を学ぼうという私的動機が隠れているということである。

しかし、もともと育児という行為は、冒頭で述べたように、目指す方向性の妥当性の問題にしても、担い手である親が置かれている現状の問題にしても、社会の政治・経済問題から自由ではあり得ない。それどころか隠れた形でそれらに強く規定されている。その意味で育児は実際は私的で恣意的な行為ではなく、きわめて社会的で政治的な行為である。したがって、育児を論じあう男性の集団が、その政治性に気付き、その改善策をめぐって議論すれば、ある必然性をもってその議論は政治的議論になる。

日本では、この本来社会的で政治的な問題である育児を、私的な努力によって遂行せよという圧力があまりに強いため、その矛盾に気付いた親たちが、意識しないで集まって、結果として政治的な問題として議論し始めたというのが現実ではなかったのか。だから、私たちは、木村のように育児する男たちの集団的努力を自立性や自律性の欠如のための集団行為とのみ評するのではなく、集まって議論する公衆となりうる集団としても始まったのだと評すべきだと思う。後者の方向に発展させていくように方向付けをする努力をあちこちで強め、それを機に共通善を求めて議論する公衆へと発展していく機運を高めるべきなのである。みんなが群れてわいわいするからダメというのではなく、その中での「わいわい」をある方向に発展させられるか否かが重要なのである。男性の自律性は、こうした努力をあらゆる場で行う努力の先に、少しずつ獲得されていくことが期待される。そこにはたとえば、なぜ男性だけなのか、という問題に対する前向きの回答を導けるか否かなどまだいくつものハードルがあるが、しかしこうしたやりかたが公共性「後進国」日本の取り得る有効な道ではないかと思う。

いずれにしても、男性が育児に参加していくことなしには、日本の子どもの育ちは危ないという現実に変わりはない。ただ、その参加が歴史的にいかなる意味を持ちうるのかということは多角度から吟味しておくべきことだと思い、試論的に論じてみた。

（1）阿部謹也『「世間」とは何か』講談社現代新書、講談社、一九九五、一二頁。
（2）阿部謹也『「教養」とは何か』講談社現代新書、講談社、一九九七、四九頁。
（3）同、五〇頁。
（4）J・ハーバーマス『公共性の構造転換――市民社会の一カテゴリーについての探求　第二版』Jurgen Habermas 1990 *Strukturwandel der Offentlichkeit. Untersuchungen zu einer Kategorie der burgerlichen Gesellschaft*, Suhrkamp Verlag.（細谷貞雄・山田正行訳、未来社、一九九四。初版は一九六二）。この本は、六〇年代末の学生紛争後によく読まれるようになったとハーバーマス自身が語っている。第二版では、ベルリンの壁の崩壊の現実を経て、市民的公共性への下からの可能性をより強調するものになっている。
（5）『思想』一九五六年一一月号。後に松下圭一『現代政治の条件』中央公論社、一九五九に所収。
（6）堀尾輝久『現代教育の思想と構造――国民の教育権と教育の自由の確立のために』岩波書店、一九七一を参照。新版は同タイトルで岩波書店より一九九二年刊。
（7）後藤道夫『戦後思想ヘゲモニーの終焉と新福祉国家構想』旬報社、二〇〇六、一八六頁。
（8）同、一八七頁。
（9）たとえば日高六郎『日高六郎教育論集』一ッ橋書房、一九七〇、あるいは『戦後思想と歴史の体験』勁草書房、一九七四など参照。

子を人として尊んで育てる

武田信子

1 はじめに

自分の尊厳、そして他人の尊厳を心から尊重できる人間を多く育てることができれば、社会の多くの課題は、解決の方向に向かうだろう。命のかけがえのなさを頭ではなく心で感じることのできる人間を育てるためには、その子を人として尊んで育てることが必要であろう。しかし、そのように人を育てることが、今の日本では、実はとても難しいのではないか。

自分の感情が読み取れない子どもたち、適切に表現できない子どもたち、他人の感情に共感できない子どもたちが育ってきている。感情を理解できなければ、自分を尊ぶことも他人を尊ぶこともできない。このようになってしまった子どもたちをその先育てていくのはさらにとても難しい。何が、思いやりの心のはぐくみを妨げているのか。さまざまな子育ての難しさがある中で、今の日本における子育ての難しさの特徴は、ここにあるのではないか。

より早期に、自然に、育つ環境の中で、共感性をはぐくんでいくこと。そのようなことは可能だろうか？　人に受け入れられる体験を与え、人を受け入れる素地をつくっていく、そのような環境を子どもたちに用意するために、自分たち自身も自他の尊厳を尊重することが難しいこの社会の中で、大人たちはどうしたらいいのだろうか。

本稿では、子を人として尊んで育てること——そのことによって、ひいては子の自他の尊厳に対する敏感さを育て、共感性を身につけさせること——の大切さと難しさを考えていきたい。

最初に、日本の子育てにおける親の責任と社会の責任について論じ、育てることとの困難な社会状況を考える。次に、日本の家庭や学校、社会における「子育て」が、どのように展開されているか、その問題点を「家庭内の人権（付記参照）」「学校をめぐる人権」「社会成員としての子どもの人権」という視点で考えていく。そして、最後に、これから子育てを考えていく際に必要な視点についてまとめる。

2　育てたいように育たない

子をどう育てるかということを考えることとは、つまり、前の世代が次の世代に何をどのように伝えていくか、ということを考えることである。この世を必ず去る運命の大人たちは、自分の命を継ぐ次の世代に何を伝えていきたいと思い、どう育てたいと思っているのか、そして、どう育たないから困難だ、と言っているのか。

個人レベルにおいては、子育てが大変だ、ということを困難だ、と表現するだろう。自分の子どもなのにちっとも言うことを聞かない、経済的に厳しいし、手間がかかって自分の時間もとれない。そういう意味である。さらに、子どもが育ってくると、思うように育たなかった、こんなはずではなかった、ということを「子育てが難しい」と表現するだろう。

それが、社会レベルになると、子どもたちの育ちが何かおかしい、社会を支える人材が育っていない、親たちの不満が高まっている、家庭の教育力が低下して、社会に役立つ人間が育たなくなっているが、家庭には立ち入れないし、施策として何かをするには、要因が複雑すぎる。というようなことを「子育てが難しい」と表現するようだ。

どちらにしても、育てたい人間の像というのが漠然とあり、育ててみた結果を見て、これは違う、と気がつく。あるいは、育てている最中に、コントロールが効かなくなって、あわてる、というのが実情であろう。

3 親の責任

しかし、子を産んだあとで、その責任を持たなくてよいのなら、親にとって子育ては全く困難ではない。ある種の社会のように、産んだらあとは社会が育てるというのであれば、親の責任は遺伝の部分だけである。養子に出してしまえば、これもまた責任は委譲される。また、乳母が子育てをするならば、よい乳母を選んで雇用するだけの責任を親が持てば、それでいいことになる。

ところが、今の日本は、子の育ちは、(大多数の核家族の)親に責任があるとする社会である。子が事件を起こせば、マスコミは親を追い、学者が生育歴の解説をする。子が成功すれば、親は子育てのバイブルを出版し、テレビ番組に出演する。子の育ちや親子の心理を分析することで、次の事件が予防できるのではないか、よりよい子育てができるのではないかと考えるのは、おかしなことではない。が、その結果として、子を育てている親たちは、戦々恐々とする。あるいは満足感に浸る。もちろん大多数の親はその双方には関係ないのだが、それでもなお、子の出来不出来は親にこそかかっていると一般に考えられている。

子育てには、社会のセーフティネットが必要不可欠である。子は社会のさまざまな要因を受けて育つ。が、国が「父母その他の保護者が子育てについての第一義的責任を有する」(少子化社会対策基本法)と強調し、各地の次世代育成推進策もこの一文から始まる日本において、子育てがうまくいかないときの親の、特に母親の責任感・負担感と不安は想像以上に大きい。家族を取り巻く周囲の社会がこれだけ変動している時代に、その影響を受ける子育て環境を適切にコントロールすることまで、一人母親の責任になりかねないからである。

たとえば、テレビゲームがクラス中ではやっているとき、テレビゲームに問題点があることを気にかけながらも、テレビゲームをさせないという選択が出来る親がどれだけいるだろうか？　その結果として、子どもがもしゲームにはまって抜けられなくなったら、その責任はその親子だけのものと言い切れるのだろうか？　また「二歳までのテレビ・ビデオ視聴は控えましょう」と小児科医会がキャンペーンをはるが、一九六〇年以降に生まれた親たちの多くは、テレビのない育ち方を知らない。もしテレビ・ビデオ漬けで赤ちゃんの発達が遅れたら、それはその親のせいと言い切れるのか？　たとえば、ゲームやテレビを提供する側の大人たちは、日本の子どもたちの育ちに自分たちが与えている影響について、どれほどの自覚と責任感を持っているのか。

また、たとえば、日本小児保健協会の平成十二年度幼児健康度調査報告書によれば、一歳児の約二割が同年齢の子どもと接する機会がなかったという。また、二歳児の四割近くがいつも遊ぶ友達がいなかったという。そこで、子どものコミュニケーション能力をつけるためにと、ゼロ歳から「お教室」に通わせる親が誕生するわけである。親子を取り巻く社会環境の問題は深刻である。

ごく普通の親たちは「子育ては自分たちだけでは無理だ、できない」とは言えない。「社会に流されてしまう。何とかしてください」とも言えない。産んだ以上、親が子育ての責任を持つのは、あまりにも自明の理、だからである。そして、親は子育て、しかも、せいぜい一人か二人という作品をよりよい作品にしたてあげなくてはならないというプレッシャーを負う。子が数人いれば、成功も失敗もあって見逃される。Aがダメなら B があるとやり直しが効く。ところが出生率の低い今では失敗は許されない。本来、「試作品」であるはずの一人目が、最後の一人なのである。生まれつきのさまざまな条件を乗り越えてでも成功させなければならないと親たちの緊張は高まる一方である。だから、当人の目の前であるにもかかわらず、自分の子を「出来が悪くて」とあたかも作品を見せているかのごとく謙遜してみせるし、うまく言うことを聞かないと興奮して怒るし、「出来の悪い」あるいは時に「障害を持った」子を隠そうとすることすらある。

あるいは、そのようなことを考えないにしても、自分の生きている間、恥ずかしい思いをしない程度には、また、老後の生活が悪くならない程度には、次世代を育てておく必要があると思っている。老後の面倒を見てもらえる程度には育ってもらわなくてはならない。もちろん、墓を守るという考え方もある。子育ては成功しなければならず、育てたことを子に感謝されなければならないのだ。

4　子育ての負担感

もともと、子育てという営みは、人間が発生して以来続いており、さまざまな観点からみれば、どの時代もどの地でも育てることの困難は存在している。戦前の子育ても、戦時中の子育ても、戦後の子育ても、それぞれに大変さはあったろう。育てることの難しさは、今始まったことではない。イラクの子育てが日本の子育てより楽であるとは誰も考えないだろう。広い意味での困難さそのものは形を変えていつもどこにでも存在している。

が、現代の日本は、それを個人で感じる負担感が、子育てを継続できないほどに高いのである。社会の他のメリットと比べて、子どもを持つことのメリットが相対的に低くなり、それほどの責任と負担を負って、子どもを育てようとは思えなくなっている。実際のところ、他の国と比較しても、親にかかる子育ての負担感が相当高くなっていることは統計上、示されている。

育てることの困難は今や大きなトピックスになり、子育てをめぐる統計はこれでもかというほどあちこちで出て、分析されている。それらのどれをみても、周囲の子育て家庭に実際に聞いてみても、本当に子育てが大変だと感じている家庭が今の日本には多い。乳幼児期の子育て然り、児童・思春期の子育て然り、成人後の子育て然り。子どもは一人でたくさん、と言っている親は多いし、これからの社会で子をしっかり育てる自信はないから産まない、という若者も少なくない。

そして、話題にはなりにくいし、理由もさまざまであるが、実際、年間三十万人以上の子どもたちが、生まれる準備が整いながらも、産む準備が整わないために、生まれる以前にこの世から消えている。産まない、という選択肢が選ばれる背景には、かけがえのない命を宿すことに対する教育の不充分さや個人の責任も大きいが、産む前にすでに、育てることの困難さを引き受けられない個別の背景とそれを支えきれない社会がある。そして、運良く生まれてきた後も、子育ての大変さが話題となるのである。

先年は、小学生による同級生の殺人事件の後、乳幼児の母親対象の「子どもを加害者にしない育て方」という講演のテーマを与えられた。その後、実際にその事件の起きた地で、子育てとその支援体制作りについて話す機会も得た。自分たちの子どもたちをどう扱っていいかわからない漠然とした不安が、現実にか、あるいはメディアに踊らされているのか、親に広がっている。子の育ちをめぐる状況に、日本社会のさまざまな意味でのひずみが現れていることは確かかと思われる。

5　子育ての社会的要因

子育ての状況には大きな格差がある。これといった努力もせずに自然に情報も支援も充分に得られて、満足いく子育てができている層がもちろん変わらず一定数いる。一方で、主に母親の必死の努力によって子育てしている層があり、これらは困難を感じつつ何とか乗り切っている層である。ところが、努力の有無にかかわらず事態が悪化し途方に暮れている層が少なからずあり、これらの家庭では、日々苦闘が繰り広げられている。特に、乳幼児期に子育てがうまくいかない場合、その後も引き続き問題を抱えることが多く、親はずっと子育てに苦しい思いをし続けることになる。

実際に困難さに耐え切れない層の増加は、虐待の増加にもつながっているのではないかと思われる。身体的虐待や性的虐待はもとより問題であるが、子どもをしっかりとみることのできない親がネグレクト傾向を強めている。虐待は福祉の必要な低所得者層に多いと一般に考えられがちだが、学童保育などに関わっていると、時に、高学歴の親、共働き志向の親が、子どもより仕事、と流れる背景に、実は子育てに向かい合うのがしんどいという問題もみえてくる。そして、子育て支援を一番必要とするはずの、虐待してしまう親の層は、自分の子育てへの批判を恐れて、あるいは情報不足のために、システム化された支援には近づかない。

このような状況が広がるにつれて、日本において、かつてより子育てが困難な状態になっているということを、子育てに関わらない多くの人たちも認めるようになった。個別の親の問題として放っておくことができないレベルまで、状況が悪化し、遷延してきたのだ。つまり、社会的な問題であると認められるようになった。

数年前までは「子育ては昔の方が困難だったのに、最近の親は未熟で我慢が足りない」「子どもは変わっていない。いつの時代も子どもは純真で、問題は一部の親たちにある」というような論調が、まだあった。特に、自分の子どもは何とか育ったという世代、あるいは自分自身の母親を神聖視する人たちは、問題を矮小化していた。が、今はもう現実に、大変さを感じている親も、うまく育たない子どももたくさんいて、批判するだけ、原因を究明するだけでは課題の解決に結びつかないということが、当事者でない人たちにも知られるようになって来た。また、親の責任に帰するだけではだめだということも、徐々に伝わり始めた。親の責任にしていては、日本に生まれる子どもの数が少なくなっていってしまうだけである。社会として、具体的に何かしなくては、将来を担う子どもたちの数も育ちも保証されないと多くの人たちが考え始めている。そこで、(親に子育ての第一義的責任はある、という但し書きつきで)子の育ちを支える社会的な仕組みを作らなくてはならないと、次世代育成対策推進法が制定されたし、研究者たちの間では、このような本の出版も企画されるわけである。

6 子育てをめぐる価値観

育てることが困難になっている原因は、さまざまに言われている。出産をめぐる状況の変化、少子化、生活環境・住環境の変化、子ども自身の身体的変化、親世代の意識変化、地域社会の崩壊、学校教育の硬直化、子育て文化や伝統の衰退、核家族の増加と大家族の消失、コミュニケーション能力の低下など、生物学的・医学的な視点から経済学的・社会学的な視点まで、あらゆる解説がなされ、そのどれも的を射ていることが多く、複合的な作用が働いていると考えられる。

それらの原因を究明し、対応を検討する必要性がある一方、育てることの困難さをさらに考えるには、子がどう育てばいいと大人たちが思っているか、その価値観を明らかにしなくてはならない。そして、その価値観が育てられる子どもたち自身にも受け入れられる必要がある。国を愛し、滅私奉公の姿勢で企業を勤め上げ、日本を経済的な発展に導く優秀な人材とそれを支えていく家庭的な妻候補を育てていけばいいのか、自分の人生を楽しみ、子どもと家庭を第一の基盤とし、金銭よりも時間を大切にする人間を育てていけばいいのか、家族の絆にこだわらず、自由奔放で新しい生き方をする創造的な人材を輩出すればいいのか。あるいは、あるパターンの人生をイメージするのではなく、一人一人が自分の選択で自分にあった生き方をしているが、それで社会全体のバランスがとれているような、そんな社会を構成していける多様な人々をそれぞれに育てていけばいいのか。

子どもたちの近年の社会に対する反応、大人が対応困難とみなす現象、つまりニート、不登校、学級崩壊、校内暴力、個人による凶悪犯罪などの現象を見ていると、おそらく、これまでの日本の右肩上がりの経済成長をキープしていこうという流れとは違う流れや新しい価値観が、子育てに必要になってきているのに、その方策をつかめないでいる前の世代の大人たちが、子どもたちを前にお手上げ状態になっていると思われる。これまで日本が築き上げてきた社会が、どうも若者たちから否定的に受け止められているようであるということが、大人の側からみると「困難」だと思われているのかもしれない。

相手に共感を感じない場では、ルールは成立しない。そこで若者たちは、社会を成立させている善悪の歯止め、暗黙のルールさえ、いとも簡単に無視する。操縦席にいたはずの大人たちは、当惑し、押さえつけにかかるが、それが功を奏することはない。親世代は、たんたんと先生の言うことを聞くようにトレーニングされた世代であり、今、この世代は、自分たちが自分の子どもたちとどういう新しい社会を作っていけばいいか、わからなくなっている。

あるいは、もっと根本的な次元で、生物学的・医学的に軽度発達障害の子どもたちが増えている。また、かつては自然に身につくと思われていたコミュニケーション能力や共感性、社会ルールを、普通といわれる子どもたちすら身につけることが難しくなり、大人たちは小さな子どもたちをコントロールできなくなっている。従来、当然と考えられていた人間関係の暗黙の前提が子どもたちに通じないという現象が生じているのである。

しかし、とりあえず、眼前の子育ての難しさは解決しなければならない。そこで、どんなふうに子どもを育てていけばいいか、その視点が明確にならないまま、ある人は、若年層の経済的支援が必要である、と考え、子どもも一人当たりの手当を増やそうと主張する。ある人は、労働者の長時間労働のしわ寄せが子どもと母親に向かっているから労働時間を短縮せよという。ある人は、家庭教育が大切であるといい、また、ある人は、家庭への回帰を唱え、さらにある人は、地域のネットワーク構築と社会的な支援のシステム構築が重要であると訴える。直接、親子に遊び方やコミュニケーションの仕方を伝えていこうという人たちもいるし、むしろＩＴ教育や投資教育を進めて勤労意欲を高めようという人もいる。そして、それぞれの人たちが、自分なりのアプローチでこれらの課題に取り組み、それなりの目的にあわせ、一定の効果を上げていることは確かだろう。

しかし、育てることの困難という問題は根が深く、これらが本当に解決策になっていくのかどうか、子どもたちがそれを本当に望んでいるのか、子どもたちの現在にそれらの策が適合しているのか、その判断は難しい。どこから手をつけても焼け石に水、根本的な解決にはどうもならないのではないか、という悲観的な見方もある。たとえ、お金を提供しても、時間を提供しても、その他のさまざまな解決策に取り組んでも、それらを活用する人たちの考え方が変わらなければ、日本社会の大きな意識変革がなければ、子育てのさまざまな問題は解決できないのではないか、そしてそのような意識変革は、子の育ちや次々と生じる新しい問題に追いつかないのではないか、という不安だ。

7　育てることの困難の解決策を立てるにあたって

一体、これらの問題を解決していく上で決め手となるような方策はあるものなのだろうか？　それとも、とにかく思いつく限り、できるところからそれぞれが手をつけていくしかないのだろうか？

確かに、このようにさまざまな原因で問題が生じているとき、その一つ一つの原因に対して同時に対策を立てていくことは、大切であり必要なことである。しかし、資金や資源には限りがあり、施策や予算には優先順位が必要だ。

ところが、実際のところ、どの策がよりよくて、どの策が役に立たないか、は簡単に言えるものではない。短期で効果があがるものも、長期的に効果が現れるものもある。一見、効果があるように見えながら、十年単位、数十年単位、あるいは百年単位で考えると、子どもたちの成長や生活に逆効果をもたらすような策がもてはやされることもある。

研究者が統計を持ち出して、数値上での効果を測っても、社会現象の因果関係を立証することは困難であるし、海外の事情を参考にしても、文化的背景が違うのだから、日本で効果があるとは言い切れない。

しかし現実には何かを進めていかなくてはならない。では、どのような基準で、どのような視点で、ものごとを考えていけば、この問題の解決が見出していけるのだろうか。

もし、大きく見渡して、それらの問題全体をポジティブに変えていくための視点や枠組みがシンプルに持てるものであれば、常にその視点と照らし合わせて、方策を考えていくことが可能になるだろう。少なくとも、問題を一層ネガティヴな方向にもっていくような策を見つけて、課題を指摘することはできるようになるだろう。

8　育てることを考える視点——子を人として尊んでいるか

その視点が、本論のタイトルにつながる「子を人として尊んでいるか」であると、筆者は考えている。日本において、子どもも母親も父親も皆が追い詰められているのは、互いに一人一人が人としての基本的な尊厳を大切にする視点を持てずにいるからだろう。まずは自分たちの日常生活の中で、自分たちがお互いをいかに粗末に扱っているか、認識することから始めなくてはならないのではないか。

そして今は、一人一人の子どもたちの声を謙虚に聞き、その子がどう育つことを求めているか、自分たちがその子に伝えたいことは何なのか、新しい日本の価値観を模索しなくてはならないのではないか。

一九九九年から二〇〇〇年にかけて、筆者は、国連子どもの権利条約の成立に先立って子どもの権利を法に盛り込んだカナダのオンタリオ州に滞在し、ソーシャルワークや人権の概念を学んだ。弱者への配慮、多様性の尊重をうたう国は、誰にも住みやすい社会を目指していた。実際のところ、当時、カナダは世界で一番住みやすい国、というお墨付きを国連開発計画から五年連続（その直前も不連続で三回）で得ていた（現在はノルウェー。ただし、日本は一九九一年、一九九三年の二回、トップの位置についている）。さまざまな文化的背景を持つ移民・難民の割合の多さを考えると、この数字は驚くべきである。そして、カナダでは、子育ての負担感が当時も今も日本よりも少ない。また、カナダでも少子化傾向が進んでいるが、少子化ということばは一般化していない。知人のカナディアンたちは、子どもが少なくなったら、産んで増やすことを考えるより、その少ない子どもをどう育てるかをまず考えるべきだろうという。

帰国してから、日本の子育て支援に関わって現場の人たちに多く接する中で、子を育てることを考えていく際に、カナダで接した「人を人として尊ぶことがどれほど大切に考えられているか」という視点がいかに大切であるか、その視点が抜けると、一見よさそうな支援が、実際は子どもの育ちにとってよい支援ではないことがあるということを繰り返し確認することになった。

たとえば、カナダには病児保育という概念がない。病気の子ども（伝染病の通学停止期間の元気な子どもでも）がいたら、仕事は休んで親が面倒を見るのが当然という。企業も休みを保証する。しなければ、訴えられるだろうし、訴えられれば敗けるだろうという。日本では、病児保育がいい支援だと考えられている。誰にとってのいい支援か？　会社は通常通りの営業を継続できるが、少なくとも小さな子どもにとっていい支援ではないだろう。ある社会の中で、より弱い立場にある者が暮らしやすい社会を実現すれば、皆が暮らしやすい社会になる。自分より弱い立場にある者を、同じ人として尊ぶことは難しく、人は常に自分中心になりがちである。とりわけ、毎日の生活に余裕がなければ、弱者に配慮することは難しい。他人との競争に目が向き上昇志向であれば、弱者とともに歩むより、人より上に立つことの方が大切になる。競争と格差を肯定する社会は、いつか、自分が弱い立場に立つことを考えられない、共感性の低い社会である。

現在、筆者はヨーロッパに滞在しながら、こちらの人たちもまた、毎日の生活を大切に楽しみ、誠実に暮らしているのを見聞きしている。そして、肥大化してしまった日本の豊かさが、人よりも物を、目の前の現実よりも将来の幻想を大切にする文化を作り上げてしまったのではないかと感じている。そうして、その中で、仕方がないからの一言で切り捨てられてきたのは、子どもたちである。子どもたちの遊び場の路地も空き地もなくなり、家の周囲は危険だらけになった。子どもたちの立場に立って、子どもたちの育ちを「経済発展」の大儀から守れる大人たちがどれだけいるだろう?

9　日本人は、人を人として尊んでいるか

日本では、大人自身が自分も他人も大切にできていないように思われる。その結果、子どもたちが尊ばれていないことに気がつけない。尊ばれて育たなければ、人を尊ぶことができなくなる、人を尊ぶことのできない子どもを育てていくのは難しいということは最初に述べた。

今、日本では、命を持った一人の人よりも、効率が大切であったり、成果が大切であったりする結果、過労死や自殺が世界でも類を見ないほど起きている。官僚の知人は四十歳という若さで過労が原因の病気になり、妻子を置いて寝たきりになった。別の知人は、子どもたちと一緒に出身地の田舎でゆっくりと過ごしたいと考え始めて、仕事や同僚との板ばさみになり、鬱になった。一体、子どもたちはこの父親たちの病気をどう受け止めればいいのだろう？　父親にとって、子どもたちは何なのだろう？

実際、お金があっても地位があっても家族が幸せになれるとは限らないと、すでに多くの日本人は知っているはずである。『地球家族』という有名な写真集を見れば、日本人がいかに多くの物を無駄に所有しているかがわかるだろう。また、カウンセリングの現場には、多くの社会的成功者が現れ、子や孫や家族の苦悩を語ることが少なくない。裕福な家庭の学生たちが子の立場で語る、両親の擬似的な夫婦関係も珍しくない。大人たちがまだしがみついている社会的成功の神話は、情報化社会の中でメディアの報道に接する子どもたちをだませなくなっている。勉強しなさいといわれても、子どもたちはもう、それが自分の幸せにつながるとは思えないだろう。母性神話ならぬ男性の成功神話が、終焉を告げようとしているのである。

一方、時間があれば幸せになれるかというと、今の日本ではそれもそう簡単ではない。暇をもてあましているが家事が出来ない老年男性、休暇をとっても子どもたちとの過ごし方がわからないサラリーマンは、妻子に煙たがられている。中途半端な休みをとっても、まずは睡眠不足を補うだけで休みは終わってしまう。学校週休五日制にしても、親子はかえって忙しくなり、休みは休みでなくなった。ゆとりを言えば言うほど、柔軟ではない社会システムと思考の中で、休暇が義務になっていく。

「あなたは自分をもっと大切にしていいのです」と言われて初めて、自尊心を持っていいことに気づく母親が少なくない。アンガーマネージメント(1)を学んで初めて、自分の感情に気づく父親がいる。自尊心を持てない親や自分の感情に気づいていない親に育てられたら、子どもたちもそれらを持てないのは当然だろう。

なんでもお金で解決しようとしてきた社会が行き詰まり、時間をこれ以上削れないところまできて、子どもたちが自分たちの育ちを通して「違う、違う」と騒ぎ出した。そこで、生活を見直そう、意識を変えていこう、という動きが生まれ、少しずつ展開している。が、まだまだ、何に価値を置くか、を変えていくのは難しい。捨ててもやむを得ないと、切り捨ててきた人間の尊厳を取り返すために、私たちは、毎日の生活を丁寧に一つ一つチェックし、変えていく努力をしなければならないのではないだろうか。

10 「人を人として尊ぶ」視点で子育て支援をチェックする

「人を人として尊ぶ」視点で、ものごとを見ていくとどうなるか。まずたとえば、現在行われている子育て支援をチェックしてみよう。

ある支援策があったとき、その方策が本当に対象者を尊重する姿勢を貫くものであるか、それを丹念にチェックしていくことで、その策がより根本的な解決に結びつくものであるかどうかを確認することができる。具体的に言えば、対象者の力を削がない、むしろエンパワーする支援になっているかどうかということであり、この確認が大切である。一方的に与えたり、指示したり、教えたりする支援が、受け身の利用者を育ててしまったことは、この十年の子育て支援の現場の反省である。また、行政がお金をかけて作った支援施設が全く機能していない、あるいは逆に、地元の手作りの広場をひからびさせてしまった、という話も少なくない。これらは、何のために、誰のために方策を立てるのか、を忘れてしまった結果だろう。どこかでよいアイデアが成功したと聞くと、自分たちの地域の親子のニーズをあらためて検討することなく、真似をして取り入れる。地元の利用者を尊んでいない訳である。相手が喜ぶだろう、という施しの視点ではなく、相手の力を信じ、相手が自立していくために何が必要か、を相手の状況を見据えながら、考えていく必要があるのだが、それがなかなかなされない。

一方、元に戻って、「一体、誰を支援の対象者とするか」も最初に確認する必要があるだろう。ある人を大切にすることで、実は別の人、しかもより弱い立場の人をないがしろにする、ということが、支援の際には起こりえる。たとえば、子どもを大切にする視点が抜けて、親の支援が中心になることが、あるいは労働者を大切にする視点が前面に立ち、子どもの支援が見えなくなることが起きている。自分自身が親として大変な思いをした人の支援策や、企業による子育て支援策は、大人の生活や仕事のペースを崩さないことが前提で、多く子どもたちにしわ寄せが行くこの落とし穴に陥りがちである。預かるだけの託児・保育施設、子どもを満員の通勤電車に乗せる企業内保育所、長時間保育や先に上げた病児保育などは、一つ間違えれば、子どもにとっての支援ではなく、親と企業に対しての支援になってしまう。より弱い者を尊重するという原則が、そこには働いていない。あるいは、働く女性の子育てを大切にすることが先行して、そちらに注目し続けたために、専業主婦の子育ての大変さが省みられなかった長い年月もあった。

こうして「人を人として尊んでいるか」「子を人として尊んでいるか」「より弱い立場のものを尊重しているか」という視点で見ると、多くの支援策の盲点や弱点が見えてくることがわかるだろう。

そこで、ここからは、家庭で、学校で、社会が、子どもたちを人として尊んで育てるということについて、現状に照らして考えてみたいと思う。

11　家族はお互いに人として尊びながら暮らしているか

子にとって、人として尊ばれていると感じながら育つことは何よりも大切である。かわいいとか、賢いとか、言うことをよく聞くとか、そういう条件付きではなく、存在していることそのものを大切に思われることによって、自分が人に大切にされる存在であるということを感じることができるようになる。そういう体験を重ねて初めて、子は自信と好奇心を持って、この世界を探索し始めることができる。そういう子どもは、大人を信頼できるし、しっかりと育っていくことができる。

ところが、子どもを育てていく際に、生まれてきた子どもを条件付きでなく受け入れることのできる親は実はなかなかいない。子どもの数が少なく、大人の目が行き届くようになっているがために、不完全な存在である子どもが、試行錯誤を繰り返して発達していくことを待てないような状況が、生じている。しかも、受験勉強を体験してきた親たちは、いつの間にか自分の子どもに対してあらゆる面において同時に平均以上であることを期待しがちである。とりわけ、学歴や社会経済的地位に何らかのコンプレックスを持っていると、その傾向は強まるだろう。

もし、たとえば、ある子どもが、他の子より少し発達が遅かったり、違っていたりしたら、その子は他の平均的な子どもと比較され、同じになることを要求されるだろう。あるいは、何かの病気や障害を持っていたら、それがあたかも人として劣ったことであるかのように思われがちである。また、子どもの性格傾向が親と異なったりして、親の思うように育たなかったら、いつも否定的なことばかけをされるかも知れない。

また、相手が小さな存在であるからこそ、相手の尊厳を守ることがとても大切になるが、赤ちゃんにとって日々の生活がどういう意味を持つものであるかを、相手の立場に立って思いやることが、親にどれほどできるだろうか。あるいはその知恵が働かなかったとしたら、誰かが親に教える機会があるだろうか。

卑近なところで、たとえばオムツ替え一つとっても、声をかけられ、おだやかに気持ちよくオムツを替えてもらえる子どもはいいが、汚いと親に顔を背けられ、できるだけ早く済まそうと作業のように扱われる子どもは、一日に何回も、大変な思いをすることになる。多くの親は悪気がない。潔癖なのである。そして、子どもの心を育てるオムツ替えの方法を誰からも伝授されなかったのである。

あるいは、一日テレビがつけっぱなしの家がある。赤ちゃんがずっと常にテレビの前にいる。親は、テレビを見ているときは集中力があるからとか、教育番組だからいいと思ってとか言う。でも、抱っこしたとき視線が合わないというので、ベビーラックとテレビの距離に合わせて立ってみたら、なんと視線が合う。こういう事例が出てきていると保育の現場では聞く。赤ちゃんをテレビの前にずっと置いて、その間、人間が関わらないことが、その子を尊んでいることになるのかと考えれば、是非はすぐにわかることである。

一般に、教育と遊びは子どもにとって重要と考えられている。親は成長発達に役立つと聞けば、知育玩具も絵本も買い、泥遊び用の服と砂遊び用スコップを用意する。しかし一方で、今の時代、日常の中で、子どもが生活者として尊重されることは少ない。三歳ともなればお手伝いもできるようになるが、五歳になってもかつてのように一家の働き手として期待されるわけではない。子どもは働かせるものであり、遊びなどとんでもないと思われている国も問題だが、子どもは遊ばせるものであり労働させるものではない、と思われている日本の家族のありようはどうなのか。要は一人の人間として、生活者として、家族の一員としてよりも、将来のホープとして偏った期待を受けて育っているのである。

一方、ここで、子どもを育てている夫婦の関係にも触れておこう。多くの家庭で母親は常に家事に追われ、父親は常に仕事に追われ、互いを思いやる余裕のないことが多い。父親も母親も個人としての楽しみを持つ時間は少なく、負担を少しでも誰かに預けたい状態にある。互いの領域をたとえば、皿洗い、たとえば、生活費稼ぎ、と分けてしまって、共に、あるいは交替して協働しようとはしなくなってしまう。どちらかに過重な負担がかかっても、手を出さない。結果的に、苦しい家族成員ができてしまう。家庭は私的な部分であるがゆえに、実は、通常よりも人権が尊重されない可能性がある場なのである。しかもそれが表に出ない。そしてそこは、子どもが育つ場なのである。

12　学校で、生徒たちは人として尊ばれながら育てられているか

では、学校で、生徒たちは人として充分に尊ばれながら育てられているだろうか。

大学の授業で、教員志望の学生たち二十人ほどに、高校までの学校生活を思い出してもらい、かつての生徒たちにとって安全だった場所、危険だった場所のマッピングをさせたことがある。学生たちが安全だった場所として真っ先にあげたのは、トイレと自分の部屋。危険だった場所としてあげたのは、繁華街と、なんと学校だった。なぜ学校が安全ではないか？　間違えばなじられる、人より目立てばねたまれる、人に同調しなければいじめられる、からである。そのような状態で、安全は感じられない。マズローの欲求五段階説をあげるまでもなく、安全の欲求が満たされていなければ、勉学が成立するはずはない。彼らは、自分自身のこととしてそういう体験を重ねてきたのである。

子どもたちが、一日の三分の一を過ごす学校で、安全を感じることができずにいる。不登校さもありなんという状況である。共に過ごす同級生や担任に気を許すことができない状態、そのようなこころもちに子どもたちがなっているとき、彼らを育てていくのは確かに難しいに違いない。

仕事柄あちこちの学校を見学させていただく機会がある。そうすると、小学校一年生の学級では、はいはいと元気よく手を挙げている生徒たちが、中学年になるにつれ、手を挙げなくなり、高学年になると先生に問いかけられても、しらけたり反抗したりするようになっていくという状態を見聞する。もし、先生と生徒、生徒と生徒の関係が信頼に基づくよいものであったら、このような状況にはならないはずである。わずか数年のうちに、いつの間にか、目立ってはいけない、間違えてはいけない、先生に何か言われたくない、と考えるように、生徒たちは見事に教育されていっているのである。

みんな一列に並ぶこと、目立たないこと、それが安全と考える子どもたちが学校で量産されている。かくして日本では、大学でも成人学級でも、学生や社会人でさえ、聞きたいことがあっても質問時間内に人前で手を挙げられないことがある。その大人の子どもたちが、現在の育てにくい、扱いにくい子どもたちなのである。

また、子どもたちが尊重されていない別の例を挙げてみよう。日本の学校では、生徒は授業がわからなくても、ずっと皆と同じ教室で静かに座っていなくてはならない。子どもによって、学習進度に差ができるのは当然のことである。が、皆と同じ学年（四月生まれから三月生まれまでいるのだが）で同じことを学んで育っていくことが子どもにとっていいことであると信じられていて、そこから外れることはとんでもないことのように考えられている。わからないことをずっと聞き続ける毎日は、生徒にとってとても辛い状態であるが、ついていけない生徒が問題とされ、わかる授業を提供しきれない学校、わかる授業になるようにシステムを変えることができない教育関係者が問題であるとは考えられないことが多い。ある時点でわからなくなった生徒は、そのまま中学卒業あるいは、高校卒業までずっと同じ状態が続く。これは、教育がそもそも誰のための何のためのものであるかという考え方で考えてみると、非常に不思議なことである。少なくとも子どもを尊んでいるとは考えられない。

他の国ではどうか。たとえば、オランダでは、その子にとって必要な教育は何であるかを考え、学校はそれを適切に提供する義務があると考えられている。したがって、授業についてこられない子どもがそのまま次の学年にあがるということはない。子どもが理解できなくなったら、理解できる学年、理解できる方法で学ぶことが普通である。小学校から留年があり、飛び級がある。特別教育のための補助教員もいる。もちろん、友達関係も考えて、どの学年で学ぶかは、本人や家族が学校とよく話し合って決めていく。テストの点数で決めるというようなことはしない。自分にとって、あるいは自分の子どもにとって最善は何か、と考えるので、他の子どもとの比較で決定をしないし、比較する傾向は親子にも先生にも少ない。知り合いが留年するといったら、かわいそうというよりは、そうなの、適切な場で学ぶことはいいことね、という感じであっさりと受け止める。したがって、学校は生徒を伸ばすことができるという確信がなければ、子どもを引き受けない。そして、その学校で適切に学べないとなれば、子どもは近隣のより適切な学校に転校する。小規模で多様な学校が地域に複数ある（田舎ではその限りではないようだが）ので、生徒はその中からより適切な学校を選択することができる。学校に対する子どもたちの不満が少ないので（不満が多くなりすぎると、子どもが転校して減ってしまうので、学校が存続できない）、不登校や学級崩壊という状態は生じない。もし、三日間、子どもが病気でもないのに学校を休んだら、なぜ学校に来ないのか調査され、学校は対策を考えなくてはならない。不登校である子どもが問題なのではなく、不登校になるという状態が問題と考えられるので、対策は、子どもを現状に適応させるのではなく、現状を変えること、になるのである。

学校に子どもを適応させようとすれば、子どもが適応しないとき、よく育たない、育てることが困難だ、ということになる。でも、子どもに学校があっていないと考えれば、対応の困難さの対象は学校になるのだ。

また、その後、年長になって、もし学校からドロップアウトする生徒たちがいるとどうするか。その生徒たちに呼びかけの手紙を送る。一人一人と面談し、より適切な学校を選ぶためである。本人の希望を聞きながら、就職につながる学校を一緒に選ぶ。そうすることで、ニート化、ヤングホームレス化を防ぎ、彼らが市民として育つのを助けるのである。

何のために教育するのか、誰のための教育か？　それがあいまいになっているのが、日本の学校ではないか。もし、一人一人の子どもを大切に考え、その子の育ちを学校という場でしっかりと引き受けていこうと考えるならば、不安を抱えたり、授業内容がわからなかったりする子どもをそのまま学校に通わせ続けることができるだろうか？

自分を大切にされなかった子どもたちは、友だちも大切にできないだろうし、先生も大切にしないだろう。そのような子どもたちが、大人からみると、育てにくい子ども、になることは容易に想像がつくはずである。

子どもたちを尊ぶためにはどうしたらいいかという視点で、学校を眺めてみると、見直しの必要なことが次々と見えてくるに違いない。

13　社会の中で、子どもたちの尊厳はどれほどの価値を与えられているか

一般に社会の中ではどうだろうか。あらゆるところに課題があるといえるだろう。

日本人は、これまでの人類の歴史にない「豊かさ」を享受している。そして、豊か過ぎる物質的環境は、子どもたちに適正以上の刺激を与え、感覚遮断と感覚の枯渇の状況を生み出している。社会の仕組みは刺激の提供を止められず、それをよしとする（それによって育ってきて、それらを否定できない）世代が親となってきている。

自然は、長い間、子どもに寄り添い、子どもたちを守ってきたが、今は自然環境に出会えない子どもたちや自然に育てない子どもたちがたくさんいる。自然による調整機能が働かなくなって、子どもたちの発達が脅かされている。

たとえば、赤ちゃん用の瓶詰め離乳食や食品添加物の入ったお菓子が店に並び、母乳が汚染で安心して飲ませられない状況。一方、乳幼児が深夜まで起きているし、小学生も受験のために夜九時十時まで塾で勉強している状況。睡眠不足は脳の発達に影響を及ぼすことが指摘されている。

食や睡眠の保障は、子どもたちが健康で文化的な最低限度の生活を送るための基本事項ではないのだろうか。これらの影響が、育てにくい子どもたちを作っていないと言い切れるだろうか。

今の時代は、よちよち歩きの子どもでも、飛行機に乗って、ハワイに行くことが容易に出来る。ことばを学び始めたばかりの子どもでも、テレビを通して、親以外のしゃべるさまざまなことばを耳にする。子ども部屋には一度に遊べる以上のおもちゃがあふれ、さらにもっと興味を引くようにコマーシャルが追い討ちをかける。

こんな具合に、ヒトが五感で捉えられる以上の刺激が小さなころからひっきりなしに与えられ、子どもの身体

が普通に要求するものに沿わない状況の中で、自分の容量を超えた刺激をそらすヒトの自己防衛の機能は、もはや限界を超えているのではないか。小さな子どもたちがうつろな瞳で、これらの刺激をもうどうにかしてくれと感覚遮断しようとしているのではないかと思えるときがある。親の示す微妙な表情を読み取る高度で繊細な認識能力は、押し寄せる情報を前に戸惑いを隠せない。その一方で、そよ風を快く感じる感性は、密閉された都市空間の中で使い道をなくしている。年長になると、高音量の音刺激を受け続け、身体に自ら傷をつけ、より大きな刺激を得ることで自分の感覚を保とうとする。

実際、社会におけるヒトの育ちを考えるときには、このような生物としての五感のレベルにまで立ち帰って、一体ヒトの成長に何がおきているのかを考えなければ、現代社会の子育ての困難さの本質、を理解することは難しいのではないか。子どもたちはヒトとしてのもっと根本的な部分を、ヒトの作り出した社会の繁栄の陰で、脅かされ始めていると考えざるを得ない状況がどうも起きているのではないか。

このような子育てが広がっている状況は「人を人として尊ぶこと」という視点が生活の中から抜けてしまっているからこそ起きることだろう。経済活動の中で、製品販売や企業活動の、子どもたちの心身の健康への影響はどの程度意識されているのか。自然環境破壊が、長年抵抗なく繰り返されてきたように、子どもたちの成長への配慮なく、歯止めのない製品開発や新規事業が進んでいるのではないか。

これまでのように社会に任せていては子どもの育ちに不安がある現状の中で、親は子どもたちの破壊されかねない心身を守ることができるだろうか。

親による自衛が必要になり、そのために親の学習が必要になってきている。親は多様な情報、多様な選択肢の中から、子どもをどう育てるか、決定していかなくてはならない。しかし、これは社会的な子育て格差を生む。社会が誰にでもアクセス可能な情報提供の仕方を工夫しなければ、そして、一般論ではなく、その家族、その親子に必要な情報を個別に提供する工夫をしなければ、自分で確かな情報を得、子どもに適度な環境を与えられる親と、極端な情報に振り回され、迷い続ける親と、情報に関心すら持たない親との間で、子育ては分極化していく。子どもたちの育ちにくさを作ってきた社会が、一組一組の親子をきちんと尊ぶ社会に変わっていくこと、これから私たちはその方向に向かわなければならない。

14　これからの子育てに

とりわけ、弱い立場にある者を尊ぶ視点が、今、私たちには必要である。強い立場の意見が通りやすい社会で、一番小さく声の出ない子どもたちの視点は、代弁されることなく消えてしまいそうだ。子育ての責任を一身に負い、子どもの声が聞き取れずに悩んでいる母親たちを責めても仕方がない。社会の問題をカナリアのごとく受け止める子どもたちの声なき声をどう尊重するか、多忙な社会のゆがみを家庭で受け止めている母親たちの声をどう尊重するか、さらに、命を賭けて背広を着て毎日子どもの顔も見ずに働いて、それを使命と信じている父親の苦痛をどう理解するか。それらを子を持つものも持たないものも、しっかり考えていかないと、なぜ、親も子も社会も、皆ががんばっているのに、こんなに育てることが困難になってきてしまったかが、見えてこないように思う。

子どもを取り巻く自然環境の問題も、人間関係の問題も、あらゆる問題が生じてきているのは、本当に子どもにとってよい養育環境は何か、ということを、大人たちが「子を人として尊ぶ」という視点で、考えてこなかったからではないだろうか。

育てることの困難を打開する方策が、日本でこれからさまざまに展開されようとしている。親子のニーズ、社会のニーズを踏まえて、多様な方策が提案されるだろう。そこには、現在のような行政・当事者・NPO団体の参画はもちろんのこと、新しい市場として企業も参入してくることが予測されている。その際に、多様な提案から、その場限りの対応策ではなく、長い目で見たとき、真に子どもの成長・発達に資する方策をどのように選んでいくのか。

たとえば、両親の共働きをすすめ、子どもたちを皆、保育所で育てられる環境を整えるのか、あるいは、子どもが小さい間は両親ともに柔軟な働き方の選択ができ、子どもの育ちに合わせて働いていける社会を作っていくのか。そういうことを考えていく際にも、「子を尊んで育てる」という視点があると、少なくとも極端に妙な方向に行くことはなくなるだろう。

自分の尊厳を守り、他人の尊厳を守るために、あるいは、生活環境を安全にし、互いに対する思いやりをはぐくむために、経済的支援が進んだり、先進諸国で、学校教育の中に特別なプログラムを組み込む試みが進んだりし始めている。日本でも少しずつ始まってきた。それはそれとして必要な動きだろう。しかし一方で、日常生活の中で、家庭で、学校で、そして大きな社会の中で、大人たちが意識して、努力して、子どもたちを取り巻くこの社会環境を見直し、変化させていかなければ、複雑な人間の発達は、回復の方向に向かわないのではないか。育てることの困難は解消の方向に向かわないのではないか。

小さな一人、目の前のその一人のことを具体的に考え、大切に尊ぶ視点を持たずに、正論や一般論で対応しようとすると、結局は全体としてよい策は見つからないのではないか。

さて、出生率一・七八、世界一幸福な国民の国と言われるデンマークでは「子どもは神様の贈り物、年寄りは芸術の賜物」ということばがあるそうだ。その町で子どもと孫を育てられた澤度夏代ブラントさんは「愛されて育った子は、人を愛せる大人になる」「子どもが社会に愛されれば、その子は社会の大事な人材となる」と書いておられる。子を人として尊んで育てるということは、そういうことだと思う。

（1）よりよいコミュニケーションがとれるように、感情をマネージメントする技術を教える心理教育プログラム

文献

ERIC国際理解教育センター編『対立は悪くない』二〇〇〇

神谷信行『知って活かそう！著作権』日本評論社、二〇〇五

神山潤『夜更かしの科学――子どもの心と身体を壊すもの』中公新著ラクレ　中央公論新社、二〇〇五

澤度夏代ブラント『デンマークの子育て・人育ち――「人が資源」の福祉社会』大月書店、二〇〇五

武田信子『社会で子どもを育てる』平凡社新書、二〇〇二

古山明男『変えよう！日本の学校システム――教育に競争はいらない』平凡社、二〇〇六

マテリアルワールドプロジェクト『地球家族』TOTO出版、一九九四

山下柚実『五感喪失』文藝春秋、一九九九

リヒテルズ直子『オランダの教育』平凡社、二〇〇四

Bill Lee *Pragmatics of Community Organization*, Common Act Press, 1999.（武田信子・五味幸子訳『実践コミュニティワーク』学文社、二〇〇五）

Mary Gordon *Changing the world from Child by Child*, Thomas Allen Publishers, 2005

【付記】基本的に本稿は、子どもの人権について書いている。人権ということば及び概念をあまり使用していないのは、日本語で人権と言った場合に、権利のニュアンスが強くなりすぎて、自己中心的な主張、あるいは甘やかしと受け取られることが往々にしてあるので、それを避けるためである。

教育現場に見る「育てる」ことの困難

古屋敬子

1　はじめに

筆者は現在、三重県総合教育センターで、県内の幼稚園・保育園から高校にいたるまでの、児童・生徒およびその保護者等を対象とした教育相談の仕事に携わっている。ここ数年間で、教育相談を訪れる来談者数もますます増加してきており、相談内容自体もリストカットや摂食障害を伴うものなど、困難化・複雑化してきている。また、相談室での相談業務だけでなく、県内の各学校からの要請に応じて、教育相談に関する校内研修会や事例検討会へ赴いたり、緊急対応として各学校での教育相談活動を行ったりと、幅広い活動をさせてもらっている。このように充実した教育相談体制を整えている自治体は全国でもまだ珍しく、三重県での取り組みから全国に発信していけるものも多いのではないかと感じている。

筆者自身にとっても、保護者や子どもたちとの面接の他に、各地の学校へ赴いて直接先生方と話をする機会に恵まれ、今教育現場で何が起こっているのかを身近に感じてきた。学校現場での事例検討会に参加し始めた当初は、心理的な問題以前に家庭環境や生活の基盤自体を整えるような対応を考えねばならない子どもや、徒党を組んで学校内を引っ掻き回す子どもたちへの対応に心身ともに疲れ果てておられる先生方を目の前に、いったい心理臨床家として何ができるのだろうかと先生と共に無力感を感じることもあった。しかし、目の前にいる子どもに何とか関わろうと奮闘されている先生方に触発されながら、心理臨床の視点から何を伝えていけば、実際の現場で子どもたちへと生かされていくのかを模索してきた体験自体が、筆者にとって得がたい財産となっていると感じている。

今回、執筆の依頼を受け、学齢期にある子どもやその保護者からの相談に携わってきた心理臨床活動や、教育現場に赴く中で体験してきたことを言葉にしてまとめる機会をいただき、筆者なりの視点から教育現場で見えてきた「育てる」ことの困難について論じていきたい。

2 教育のもつ「育てる」機能

(1) 「教える」ことと「育てる」こと

教育現場での事例検討に参加させてもらうと、そこには相談室という非日常の世界ではなく、日常の生活の場である学校での子どもたちの姿に出会う。学校現場では、先生や同年齢の子どもたち同士の関わりの中で成長していく子どもたちの力を感じる一方で、先生方が目の前にしている子どもたちの中には、背景に複雑な家庭状況を抱えていたり、授業中に教室を飛び出してしまう子どもたち等、学校に来て何かを学ぶ以前のところで、つまずきを抱えているケースが増えてきているように感じる。また、教育現場でも「ADHD」や「軽度発達障害」という言葉がよく聞かれるようになったが、落ち着きが無く衝動的な行動特性をもち、これまでの指導方法だけでは対応しきれない子どもたちに対して、心理的な面からどのように理解し対応していったらよいのかと、校内研修に呼んでいただく学校も出てきている。

このような流れの中、教育現場では教科や知識を「教える」関わりだけでなく、子どもたちを「育てる」関わりがますます重要になってきているのではないかと改めて感じている。河合（一九九五）は「教育」がもつ「教える」側面と「育てる」という側面について、この両者の重要性を指摘した上で、どうしても「教える」ことに偏りがちな教育現場の中で、いかに「育てる」関わりを行っていくかが課題であることを述べている。この指摘から十数年経った今、現代の学校現場で起こっている様々な問題について対応を考えていくには、教育がもつこの「育てる」機能に焦点をあて、より発揮されていくような援助が重要なのではないかと考える。

(2) 「育てる」ということを考える――木を育て生かす知恵から

「育てる」関わりについて考えていくために、まず筆者が出会った本を紹介したい。その本は、法隆寺金堂や薬師寺の西塔などの復興を果たした宮大工である西岡の著書であり、木を育て生かすことを通して、人を「育てる」とはどういうことかを改めて考えさせられるものであった。その中から、「育てる」ことに関する部分を要約したい。

木には育った山の環境や生える場所によって様々な癖が生まれてくる。建物を建てる際には癖は一見扱いにくいものに見えるが、癖の強い木ほど命も強く、癖のない素直な木は弱い。なので癖は単になくせばいいというものではなく、一三〇〇年経っても歪まない法隆寺のような建物を建てるには、各々の木がもつ癖を見抜いて木組みをし、癖を生かすことが必要である。この木の「癖」にあたるのが、人間で言えば「個性」にあたると言えよう。現代の教育は、効率的に知識を「教える」ために、みんなを同じように扱って、この「癖」を削り取ってしまうが、真に自分に根づいた知恵や力を「育てる」ためには、この癖を見抜き、時間をかけてその芽を伸ばしていくことが大切であると西岡は述べている。

これを個人の内的世界のことと考えれば、心理療法についても考えさせられるものであるが、個人の中だけでなく、集団の中での個々人の育ちを見ていく時にも非常に有効な視点である。学校という場には、一人一人が異なる性質を持って異なる環境に生まれ、育っていこうとする子どもたちが集まり、各自がその環境との相互交流の中で育んだいろいろな癖を身につけてきている。なかなか先生の思うようには動いてくれない、癖の強い子は、一見扱いにくい子ではあるが、その子のもつ癖を見抜いて、日ごろのクラスでの活動や授業場面の中で生かしていくことで、その集団全体がより強く成長していくのではないだろうか。一人の子どもを見捨てない姿勢が、その子だけでなくクラスの他の子どもたちも救うことになるのである。そういった先生の姿勢が、クラス全体を「育てる」関わりの基礎となるのではないだろうか。

(3) 授業場面における「教える」態度と「育てる」態度

教育のもつ「育てる」関わりについて、ここでもう少し実際の授業場面に近い例から考えてみたい。次にあげる例は、筆者が教育相談に関する研修の中で、先生が子どもに「教える」時の態度と、教育相談の視点から子どもの世界を「理解しよう」と関わる時の態度の違いについて説明する際に使わせてもらっている例であり、村田（一九九九）からの要約である。ある小学校二年生の算数の授業の一場面で、紅茶カップとお皿とかプリンとスプーンとか、対になるものがいろいろとあって、セットにしていって何かが足りないとか余るとか見積もり算の考えで引き算を導入する時の一コマである。三角の旗が五本と四角の旗が三本描かれ、「この旗のちがいはいくつですか？」と先生が質問する（図1：なお、三角の旗と四角の旗は違う色で描かれている）。先生は数の違いだけを考えていて、想定していた正解は「2」なのだが、ある子どもが「3」と答えた。

ここで引き算を「教える」立場に立つと、教員はその子の答えにバッテンをつけ、「ちゃんと数えてごらん」と正しい引き算の方法を教えてしまい、その子が「3」という答えを出すまでに、一生懸命考えた過程は理解されないままに間違っていると言われてしまう。しかし、「教える」前に立ち止まって、「どうして3になったのか

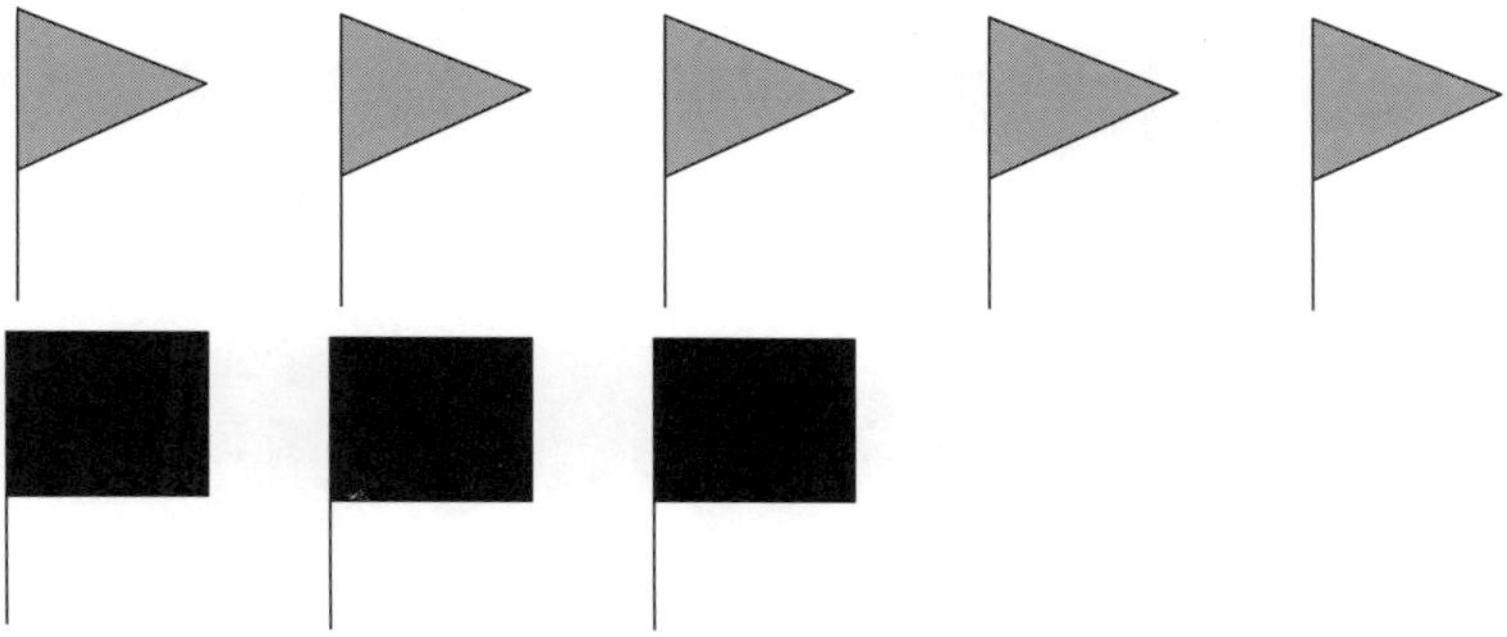

図1　見積もり算の例

な?」と聞いてみると、その子は「『ちがいはいくつ?』と聞かれたから、一つは形が違って、二つ目は色が違う。そして三つ目に数がちがうから、答えは3」と、その子なりの豊かな発想を教えてくれるかもしれない。村田は「小学校の一年生、二年生の子どもは、こういうものの考え方をするのですが、いくつかバツをもらったり『それは正しい答えじゃない』と言われることによって、少しずつ変わっていってしまいます。……中略……こういう『3』と答える子どもたちをもっと見つめて、この子を伸ばしていこうというふうな取り組みが、一方で必要です」と述べている。正しい引き算を教える一方で、なるほどこの子の答えももっともだと、理解してくれる先生がいることで、子どもたちの持つ発想の芽も伸びていくのではないだろうか。この後者の態度が「育てる」ことにつながっていくと考えられる。

このように子どもの個性を「育てる」関わりというのは、何もことさら特別な授業案を考えて取り組んでいくものではなく、普段の何気ない授業や日常生活の中に、その芽はたくさんあるのではないだろうか。しかし、「教える」ことに一生懸命になっていると、子どもの発する豊かな発想は「バッテン」をもらい、その答えの背後にあった子どもの個性や癖といった世界の広がりは削られていってしまうだろう。こちらの想定する正解を教える前に、少し立ち止まり、「3」という答えの背後にある子どもの世界に目を向ける姿勢が、「育てる」関わりの基本となるのではないかと考える。

子どもたちの中には、自分は良かれと思ってやっていることを周りから理解してもらえず、どんどん心が固く縮こまってしまっているように感じる子もいる。教育の中で「悪いことは悪い」と断固として叱る態度が大切であることは論をまたないが、一方で、その子の世界を内側から理解し寄り添うという姿勢が、その子の内なる可能性や個性の芽を「育てる」関わりにつながると考える。この両方の関わりがうまく機能していくことが、教育の中では大切であり、子どもたちの言動の背後にある世界を理解し、「育てる」関わりは今後ますます必要となってくるように感じる。この個人の中にある個性の芽を「育てる」関わりに関しては、心理臨床がその実践の中で培ってきたことでもあり、教育現場へと還元し、子どもたちの「育ち」に役立てていけるものではないかと考える。

3　衝動的な子どもたちをめぐって

(1)　子どもの「育ち」を取り巻く環境の変化

最近校内研修に赴くと、必ずといっていいほど話題に上ってくるのが、授業中に教室を飛び出したり、すぐカッとなって手が出るなど、いわゆる「ＡＤＨＤ（注意欠陥多動性障害）」ではないかと先生方が感じられるような、衝動的な行動を呈する子どもたちである。平成十九年度からの特別支援教育のスタートに向けて、各学校や地域でも特別支援教育の核となるコーディネーターの養成が行われているが、まだまだ学校現場では衝動的な行動を呈する子どもたちへの対応に苦慮されている現状がある。校内研修の場で取り上げられる子どもたちの中には、その子の持って生まれた素因だけでなく、置かれた環境や周囲との相互交流の中でそのような行動パターンを身につけざるを得なかった結果として「ＡＤＨＤ」のような症状を呈している子どもも多く含まれているように感じている。表面に現れる行動だけを見て、「ＡＤＨＤ」と一括りにして対応していこうとすると、その背後にある問題やその子が本来持っている能力や個性が省みられないままに、削り取られてしまいがちである。医療との連携や、学校で受け入れるための体制を整える一方で、その子の言動の背後にある世界に寄り添い、目の前の子どもに今、どんな援助が必要なのかを内側から理解していこうとする視点が、必要なのではないだろうか。

近年、愛着（アタッチメント）研究の中では、個人の情動制御のあり方と愛着パターンの関係についても注目されてきている。ボウルビィは、人が特定の区別された人物との間に築く情愛の絆を「愛着（アタッチメント）」とし、愛着は食欲や本能とは別個の〝心理的きずな〟であると考えた。その後の研究によって子どもが発する情動表出に対して養育者から応答してもらうという相互交流の積み重ねによって形成される愛着パターンが、後の個人の情動制御のスタイルにも影響を及ぼすことが示唆されている（Kobak and Sceery, 1988、坂上・菅沼、二〇〇一、など）。

また小森（二〇〇六）は、科学技術の進歩が子どもの心の育ちに与える影響について述べる中で、赤ちゃんのオシッコを全部吸い取ってしまう便利な紙おむつの登場によって、赤ちゃんはオシッコだけでは泣かなくなり、「自分はピンチです」と周りの大人に向かって表現する機会が極端に奪われるばかりか、自分が発したシグナルに対して大人が反応し、オムツを替えたり慈愛に満ちた声をかけられることで、赤ちゃん自身も安心していくことを体験する機会が奪われていることを指摘している。保護者からの相談の中でも、「ビデオを見せていたら何時間でも大人しく見ていたのでビデオにお守りをさせていた」という話を伺うこともしばしばある。養育者の方もテレビを見せていたら子どもは大人しいのでついついテレビを見せて過ごしてしまい、その結果として、テレビからの刺激を一方的に受け取る、一方向的なコミュニケーションのあり方に慣れてしまい、子どもが自分から他者に向かってシグナルを発する体験がかつてよりも少なくなってきているように感じる。個人の情動制御は、感情の高ぶりに伴って自らが発するシグナルを他者に受け止めてもらい、慈愛に満ちた言葉をかけられ次第に感情が落ち着いていくというような、他者から情動制御される体験を基盤として発達していくと考えられているが、時間と労力を削減する様々な便利なモノの登場によって、そういった体験の機会が、次第に減っていっているのではないだろうか。

このように科学技術の進歩によって子育てにかかる時間や負担が軽減されるが、その負の側面として大人と子どもの間の相互交流の機会はかつてより少なくなってきていることが考えられる。近年の育児を取り巻く環境の変化によって、自らの情動を他者から制御してもらう体験が希薄なまま育っていく子どもたちが増えつつあり、その負の側面は目に見えない形で心の領域に生じているのかもしれない。このような時代の流れも、現代の学校現場で衝動的な行動を呈する子どもの問題が大きく取り上げられる背景にあるのではなかろうか。

衝動的な子どもたちに関わっておられる先生方の話を聴いていると、まさに乳幼児期の子どもと養育者の関わりを学校の中で行っているようなイメージが浮かんでくることがしばしばある。例えば、教室では先生に暴言を吐き立ち歩く子が保健室に来ては、養護教諭に添い寝してもらって絵本を読んでほしいとせがんできたり、教室から飛び出しては先生に追いかけられるのを楽しむように逃げ回りながら、さながら先生に母親的、父親的な関わりを求めているかのように感じることもある。そのような関わりを通して、子どもの様子が次第に落ち着いていくような事例に接すると、学校で先生との関わりを通して、育ちなおしをしているかのように感じる。

しかし、学校にはたくさんの子どもたちがおり、乳幼児期に母親が子どもに没頭するような関わりを教育現場で行うことが出来るケースはごく限られているのが現実である。次に筆者が子ども担当のセラピストとして関わった事例を通して、学校や保護者と連携しながら心理臨床的な視点から、子どもたちの「育ち」の支援に何ができるのかを考えたい。

(2) 事例

【クライエント】A君　小学二年生の男子

【主訴】落ち着きがなく、周りの状況を考えられず、自分が思ったことはやりとげないと気がすまない。学校でも授業中に立ち歩いたり、みんなと一緒に集団行動がとれない（母親の申込票記載）。

【来談経緯】担任から当相談室を紹介されて、本人、母親、担任の三人でセンターを訪れる。

【面接経過】＊A君の言葉を「　」、セラピストの言葉は〈　〉で示す。

第一回（X年一月第四週）　A君はプレイルームを覗くと、「わぁ」と目を輝かせて玩具に突進していき、自己紹介をする間もなく遊びが始まっていく。トランポリンに乗ると、最初からためらいなく跳んでいったかと思うと、「あっ、砂場がある」と目に映った砂場に向かって急に飛び出していき、セラピストにぶつかりそうになったり、勢いあまって砂場に落っこちたりとA君の動きが急に展開するので、セラピストは予測がつかず、ついていくのがやっとであった。

テレビゲームやエアホッケーなどを始めるがうまくいかないとすぐに止めてしまい、次々に遊びが移っていく。その中で、A君はミニ四駆のコースをつなぎ合わせることに熱中する。「わ、坂がある」と、コースの中に立体交差する部品を見つけると、懸命に組み合わせようとするが難しく、セラピストも一緒に加わって試行錯誤しながら何とかコースが出来上がる。A君はすぐさま車を持ってきて、二車線あるコースのうちインコースに並べてスタートさせる。A君の車は立体交差までたどり着くと、交差の下を走ってしまい、A君は「あれ、違った。もう一回」と、坂の上からぐるっとコースを逆に辿っていき、再びインコースからスタートさせる。どうやら坂の上を走らせたいようなのだがうまくいかず、「違った。おかしいな」と何度もスタートからやり直す姿に、思わずセラピストも〈こっちからやってみたら？〉とアウトコースからスタートさせることを提案する。すると、A君はそれに素直に従って走らせ、見事に車は坂を上っていき、「やった！」と大喜び。「ここは勉強するところやって聞いてきたけど、遊びの勉強するところやな」〈ほんまやなぁ〉とA君はニコニコ顔。

終了時間が来てセラピストが終わりを告げると、「えっ、まだ遊ぶ」とトランポリンを必死で跳んだかと思うと、また他の遊びに移っていき、一向に区切りをつけそうにない気配。セラピストは終わろうと促すが区切れず、結局チャイムが鳴ってA君はようやく遊びをやめて退室する。

【外見・印象】ほっぺが赤くて血色もよく、元気な男の子という印象。何かに目がいくとダーっと進んでしまい、その瞬間、瞬間でやりたいことをして生きているという印象を受ける。また会話の中でも、A君は頭に思いついたことをそのまま話しているようで、セラピストは話の内容についていけない場面が多々ある。

【見立て】思ったことはやり遂げないと気がすまず、衝動的に行動することを主訴に連れてこられた小二男子。

【対応】隔週のペースでの母子並行面接。筆者が本人のセラピストとして関わり、母親と担任は別の担当者が面談した。

第二回（X年二月第二週）　部屋に入ると「ゲームしよう。前やったのあるかな」とたくさんあるゲームの中から、ちゃんと前回遊んだテレビゲームを選ぶ。

今回は時間を気にしながら次々に遊びを変えていく中で、工事現場の玩具に熱心に取り組む。「これはどこにするん？」〈どうするんかな？〉と箱の写真と見比べながら、ベルトコンベヤーや通路を設置して、工事用の資材に見立てられた丸い石が工事現場中を駆け巡る通り道を作っていく。A君は石がベルトコンベヤーに載せられて、一個ずつコトコトと上っては、頂上から坂を転がり降りていくのを熱心に見ている。セラピストは工事現場の中を自在に動いていく石の様子から、あたかも身体の隅々に血液が循環していくような連想が浮かぶ。

第三回（X年三月第一週）　A君はボールプール（直径二mほどのビニールプールにたくさんのボールが入っている遊具）に〝ザブーン〟と入ると、ガサゴソとボールの中へ潜り込んでいく。「見えないようにかけて」と言われ、セラピストはA君の身体全体を覆うようにボールをかけていく。〈見えなくなったよ〉と言うと、シーンとした時間が流れ、A君は一瞬間をおいてから、「わっ！」とボールの中から現れてセラピストを驚かせ、ケラケラと笑って喜ぶ。「今度、先生やって」とセラピストにも自分と同じことをさせて、ケラケラと笑って喜ぶ。

「そうだ！　かくれんぼしよう」とかくれんぼへと遊びが展開していく。じゃんけんで先にA君が隠れることになる。セラピストが〈どこかなぁ?〉と探している間、A君はじっと身を潜めている。少しトランポリンが動いたのに気づいたセラピストが〈あっ、動いた。見つけた〉と言うと、A君はトランポリンの下からニコニコとうれしそうに出てくる。今度はセラピストが玩具篭の陰に隠れていると、「あれ？　どこかな?」とボールプールや他の場所を探しながら、近づいてきて、「あっ、見つけた！　音がした」といたずらっぽく笑う。

第四回（X年三月第三週）　時間前にセラピストを廊下で呼び止めて「ねぇ、先生の車こっちにある?」〈どうして?〉「ランプの点いてる車がある。バッテリー上がっちゃうよ」と教えてくれる。最初はA君の言動を怪訝に感じていたセラピストだが、A君の意図が分かってくると頭の回転が早い子なんだなと感じる。

部屋に入るとまず「かくれんぼしよう」とかくれんぼの続きをする。セラピストが隠れる場所を探している間、A君は耳を澄ましてセラピストがどこら辺にいるかを音で感じ取り、体の向きがセラピストのいる方向へと向いている。セラピストはA君の感覚の鋭さを感じる。

「トランポリン、お姉さんも一緒に跳んで」と誘われてセラピストもトランポリンに上がって一緒に跳ぶ。「よーし、先に飛ぶから、後で飛んできて」とトランポリンの端から勢いをつけてボールプールへ飛び込む。セラピストの方を振り向くと、「いいで」と合図をくれ、セラピストが飛び込むのをプールの中で待っている。セラピストはA君にぶつからないか少し不安がよぎるが、A君の横の空間を目掛けて飛び込み、〈わあっ！〉と一緒にボールにまみれてニコニコと目を合わせる。「次は先にお姉さんが飛んで」と再びトランポリンを一緒に跳ぶと、先にセラピストがボールプールに飛び込む。A君は後を追うようにジャンプしてきて、セラピストの上に降ってくる。セラピストは慌ててA君を全身で受け止めると、「よし、もう一回！」と、セラピストに目がけて何度も飛び込んでくる。

第五回（X年四月第二週）　前回の続きで、トランポリンから、先にボールプールに飛び込んだセラピストめが

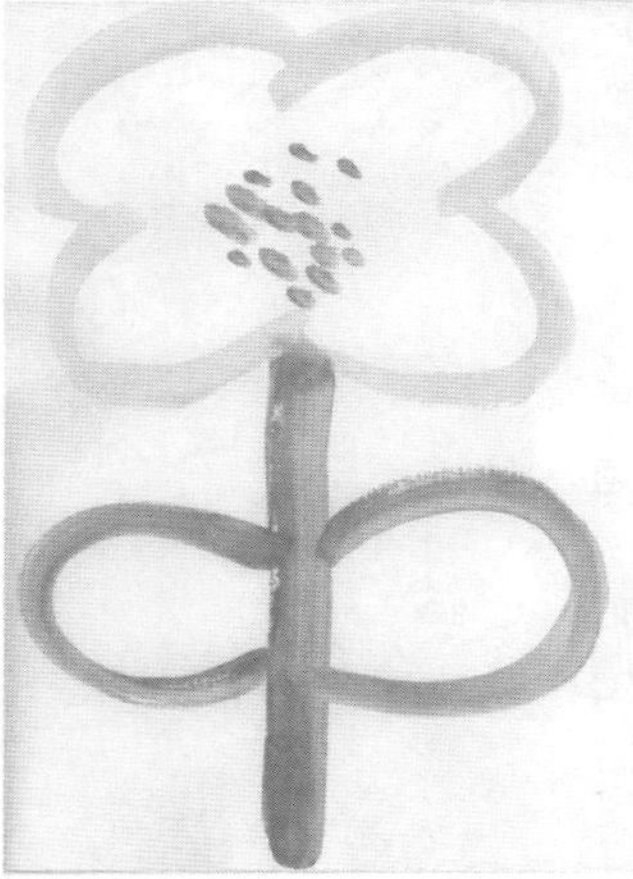

図２　ひまわりの絵（Th. の模写）

けてA君が飛び込み、セラピストが受け止める遊びを何度も繰り返す。

「これ何やろ?」と蛇腹状の伸びるトンネルをめいっぱい伸ばし、「おっ、すごい長いな」と驚いた表情。「後から来て」と先にA君がトンネルに入り、その後ろをセラピストが追う。A君はトンネルの真ん中あたりで止まると、体を回転させてトンネルごとグルッと回る。〈わぁぁ!〉とセラピストも一緒に回転。勢いよくゴロゴロと転がり続け、セラピストは目が回ってしまう。「よし、今度は……」とトンネルを百八十度くねらせて、U字型に曲がったトンネルを作り、「今度はお姉さんが先」と、セラピストがくぐっていった後をA君がくぐっていく。動きの速いA君はすぐに追いついて、後ろからセラピストのお尻にぶつかって「追突!」とセラピストを押し出すようにトンネルの外にでる。セラピストも息があがっているが、A君も髪の毛から汗が滴るくらい汗をかいてる。

「あんまり時間ないけど、絵描こう」と最後に絵の具を使って絵を描いていく。まずは緑色を筆にいっぱいつけて、下から上に向けてまっすぐに伸びる茎を描く。その途中あたりに、丸い葉を二つ描いて、茎の先に緑色で点々をつけると、その周りに黄色で花びらを描いていき「何か変だけどできた。ひまわり!」と、まっすぐに空に伸びるひまわりを描く（図2）。

母親担当より　最近、甘えるようになってきて赤ちゃんのようになる。相談室に行くと、家の中が不思議と落ち着いていて、まれに、兄弟に自分のものを分けてあげるなど、周りのことも考えて行動できる時もある。学年が上がって担任が変わるが、同じような雰囲気の先生でうまく引きついでくれたようである。

第六～七回（X年五～六月）　蛇腹トンネルをクランクのように角を作って曲げ、その中を通り抜ける遊びや、かくれんぼ遊びが続く。第七回では、「びっくり箱しよう」とボールプールの中に隠れたA君が、セラピストが歩いてくる足音を聞きつけて、「わっ！」といきなりボールの中から飛び出してきてセラピストを驚かせて喜ぶ。

第八〜十回（X年七月〜九月）　吸盤付の弾の出る鉄砲を見つけると、「これ結構おもしろい」とゾウの滑り台に向けて発射していく。ピタっと三発ともゾウにくっついて、まるで大きな獲物に向かって狩りをしているみたいに感じる。A君はこの射的遊びが気に入ったらしく、第九回では、狙う標的がぐっと小さくなり直径二十センチメートルほどのダーツの的に、第十回ではさらに小さくなって五センチメートルほど高さの人型の的を、机の上や床の上などプレイルームのいろいろな場所に自分で置いては狙っていく。この頃になると、だいぶ遊びが落ち着いてきてセラピストも見守りやすく感じる。

母親担当より　A君が母親に「お母さんは昔は怒ってばかりで嫌だったけど、今は好き」と言ったというエピソードが語られ、母親自身の関わり方もずいぶん変化してきたことが窺える。

第十一回〜第十五回（X年十月〜十一月）　第十一回から人生ゲームを数回にわたって行い、ゴールまでしっかりとやり抜く。途中でセラピストが所持金がなくなって困っていると、「これ使い（使って）」と自分もまだ所持金が少ない中からお金を貸してくれ、セラピストはA君の思いやりを感じる。また変身ロボットをみつけると、箱の写真と見比べながら、その変形を一生懸命行い、諦めずに試行錯誤して行くねばり強さが出てくる。うまくいかない所で、セラピストが手を貸そうとすると、パッと奪って「あっ、これはこうや！」と自分でやり方を発見していき、セラピストは手を出さずに見守ることの大切さを改めて教えられる。

第十六回（X年十一月第四週）　セラピストが少し離れたところから見ていた時に、A君は滑り台からトランポリンに飛び移ろうと、思いっきりジャンプする。トランポリンの上に左足は乗るが、残った右足首をトランポリンの枠で強打し、「痛い！」と大声を上げてトランポリンの上に転がりこむ。セラピストがあわてて駆け寄ると、顔をしかめて涙目になりつつ、転げまわりながら痛みをこらえる。〈痛かったなぁ。大丈夫？〉「痛い！」と怒りのこもった声が返ってくる。セラピストは、痛みが治まるまで転げまわるA君の傍らで見守る。少し落ち着いてくると、A君はトランポリンの上でそっと靴下を脱いで足首に触れて「痛い！」と声を上げる。〈どこが痛い？〉「足首」〈足首かぁ。痛かったなぁ〉。必死で痛みをこらえるA君に付き添う。

退室する時もまだ右足をかばっているA君にセラピストは手を貸そうかと聞くが、A君は近くの棚や跳び箱につかまって自力で伝い歩きをしていく。廊下でA君の様子を見た母親は、抱っこしていた妹を先に車に置いて戻ってこられ、A君は母親の腕にもたれかかるように歩いて帰っていく。

第十七回（X年十二月第二週）　勢いよくゾウの滑り台を反対側から駆け上ると、滑り台の頂上ではうって変わって慎重になり、一番高いゾウの耳の上にそっと上がって、真下のボールプールを見つめ少し怖そうな表情がにじみ出る。「跳べるかな……」と少し躊躇しつつ、セラピストの表情を窺うように見つめるA君。セラピストは心の中で〃大丈夫だよ〃と応えながら見つめかえし、滑り台をしっかりと押さえていると、A君は〃えいっ！〃と思い切ってボールの中に飛び込む。〈すごいな！〉A君はセラピストの方を見て得意そうに満面の笑みを浮かべる。「先生もやってみ（やってみて）」〈よしっ！〉と滑り台を駆け上がると、A君も続いて上ってくる。滑り台の天辺で、セラピストはバランスが崩れないかと心配しつつ恐る恐るゾウの耳に上がると、A君は反対側の耳に上りバランスをとってくれている。「怖い？」〈うん、怖いなぁ……〉と、下を見つめA君の心境を共に味わう。セラピストは心を落ち着けてから、思い切って飛び込むと、A君も一緒に喜んでくれる。

母親担当より　A君が一時間半、体育館で目立たずに座って話を聴くことができて、母親は「こんなことは初めてです」と感激される。家でも学校で友達がいじめられていたことを思い出して泣き出すなど、他者の気持ちを察することができるようになったことを感じさせるエピソードが出てくる。また、担任からも「社会見学で工場に行った時に、決まりを守って順番を待って質問できた」ことなど、学校でのA君の様子が随分変わってきたことが報告される。

その後、A君は同年代の友だちもできて、毎日友だちと遊ぶことが楽しく友人関係も広がっているようであり、セラピストは面接の終了も近いことを意識し始める。

【考察】

A君の症状をめぐって――自己の体験を抱える「器」づくり

母親による主訴の記入に「落ち着きがなく、周りの状況を考えられず、自分が思ったことはやりとげないと気がすまない」とあるが、初回のA君の様子はまさにその通りであった。A君はプレイルームに入るなり、目に映る魅力的な玩具たちへとためらいなく向かっていき遊び始めるが、少し遊んではまた別の玩具へと移り、遊びがどれも途中のまま置いていかれ、セラピストも置き去りにされるような感覚が残った。またA君は遊びの最中も、色々と話してくれているのだが、ポンポンと話題が飛んでいきセラピストはなかなか話の流れが掴めないまま取り残されるが、A君の方はセラピストの反応はおかまいなしに話し続けていった。セラピストはこのような初回の様子から、遊びや言葉が断片のままプレイルームに散らばっているような印象を受けていた。スターン（一九八九）は「自己感」の発達理論の中で、生後二～六ヶ月に生じる中核的自己感の中心的な課題として、一貫した身体的自己の感覚をもち、自分の意思と情動をもって自分の体を動かしているという感覚を獲得することをあげているが、この頃のA君の印象としては、落ち着いて自分の行動や思考をまとめるような、核として自分がまだしっかりと定まってないかのようであった。

そんなA君が、熱中して取り組んだのがミニ四駆のコースをつなぎ合わせていくという作業であった。セラピストはこの作業に、一瞬、一瞬を生きているようなA君の体験をつなげていくイメージが重なり、その中を走る車はまるでA君の自己像のようでもあった。また、第二回の工事現場の遊びで、二人で試行錯誤しながら創った「石」の通路も、A君の心の水路を共に創っていく作業のように感じていた。この時期のA君の遊びに付き添うセラピストの関わりについては、ビオン（Bion, 1962）の「器」の概念を連想する。ビオンは部分的対象関係にある乳児が自らの感情を自らのものにしていく際に、母が果たす機能を「器」という概念によって示したが、A君の散らばっていく体験を受け止め寄り添うセラピストの存在は、まさに「器」としての機能を果たしていたのではないだろうか。

一方で、時間枠や部屋の枠という面接の枠組みも、A君の体験を収めていく「器」として大切な役割を果たしていたと考える。思いつくまま、欲求のままに、遊んでいたA君にとって、時間枠という所で制限を加えられる体験は、自らの衝動を収めていく「器」を育んでいくきっかけになったのではないだろうか。筆者は、多動性・衝動性の高さを主訴に訪れる子どもとの面接では、この時間や場所などの枠をめぐってのやり取りが非常に大きな意味を持ってくるケースが多いように感じている。A君の場合も、面接の構造自体が「器」となって時間的展望の感覚を獲得していくことは大きな変化と言えよう。A君は次第に時計を気にし始め、彼なりに五〇分の面接時間を見通しを立てて遊ぶようになっていった。

●セラピストとの関係の持ち方の変化から

第三回辺りから、A君の方からセラピストを驚かせたり、セラピストの反応を見て楽しむようになるなど、少しずつA君との間に双方向的な関わりが生じ始め、セラピストはようやく他者として存在を認められ始めたように感じていた。

ボールプールの中に姿を消してから、突然現れてセラピストを驚かせて喜ぶA君の姿は、目の前からいなくなったものが再び現れることを楽しむ、イナイイナイバァ遊びを自分から積極的に楽しんでいるような連想が浮かんだ。またこの回から始まるかくれんぼ遊びでも、A君は他者から自分の存在を見つけてもらい、また自分も他者の存在を見つけるという作業を繰り返していった。このような遊びを通じて、A君は自分のコントロールの下に対象を発見・獲得すること、またそれらを失うことを楽しみながら、自己の存在や他者の存在を確かなものにしていったと考えられる。また、ただ見つけるだけでなく、「ここかな?」と別のところを探してみたり、音を手がかりに隠れ場所を探るなど、「見つけ—見つけられる」やり取りの中で、見つけられるまでのドキドキ感や、見つかった時の喜びを楽しむようになり、二人の間に情緒的なやり取りが生じ始める。

また、A君がトランポリンを跳びながらボールプールにいるセラピスト目掛けて勢いよく飛び込み、セラピストが受け止めるという遊びは、セラピストの方も心身ともにエネルギーを要するものであった。まさに全身全霊をかけて、A君をまるごと受け止める作業を行っていたように思う。セラピストは身体のレベルからA君を受け止める「器」としての機能を果たしつつ、温かく柔らかく受け止めてくれる「ぬくもり」のような、情緒的な「器」としても求められているように感じた。このようにしてA君はセラピストとの関係性の中で、身体的な自己のまとまりを確かめていくと同時に、自分の出したシグナルをしっかりと受け止めてもらう体験を通して情緒的な面でもまとまりを獲得していったと考える。

第五回では、A君と一緒に入った蛇腹のトンネルの中で、セラピストはまるで母親の胎内にいるようなイメージを体験する。「追突!」とセラピストを押し出すようにしてトンネルから出る場面では、産道を通って出てくるような、新たなA君の誕生を連想し、その後に描かれたひまわりの絵からは、太陽に向かってまっすぐに成長するA君の勢いを感じるようであった。これまでのA君とのプレイセラピーも、毎回エネルギーがいるものであったが、この第五回に費やしたエネルギーは相当なもので、セラピーの後は疲労感のために物が手につかないほどであった。第六〜七回でも同じようなテーマが繰り返されるが、セラピストはこの頃から遊びの質がぐっと変わり始めたように感じていた。後で振り返ると、この第五回で行われた生まれなおしを連想するような遊びは、A君のセラピーの流れの中で、大きく舞台が変わるような転換点であったのではないかと考えられる。伊藤(二〇〇一)は「セラピストとの直接的な結合が求められる心理治療関係に生じている転移を〈水平転移〉、象徴的な次元への介入が可能になった転移を〈垂直転移〉とし、「治療過程に生じた、〈水平転移〉から〈垂直転移〉への移行は治療の重要な転換点であり、この移行を可能にするのが、この交点における「発話者としての〈私〉」

の生成である」と述べているが、まさにこの第五回では、A君にとって様々な感情や行動を起こす主体としての〈私〉が誕生するような転換が起こったのではないかと考える。

その後の第八回の射的ゲームでは、それまであちこちに拡散していたA君のエネルギーが、A君という主体から焦点を絞って発せられていくことを練習しているように感じていた。回を追うごとに狙う的は小さくなり、また的を置く場所もA君が調整していくように変化していった。A君はより焦点を絞って、自らの衝動をコントロールしていくことを遊びを通じて象徴的に行っていたと考える。

また第十一回からは、A君は人生ゲームを最初から終りまでしっかりとやっていく。その中でセラピストがお金がなくなって困っていると、ずっとお金を貸してくれる場面からは、周りの状況を考えられず自分が思ったことはやりとげないと気がすまなかったA君の中に、他者の気持ちを察し、思いやりを持てる心が育っていることを実感した。

第十六回では、A君はトランポリンに飛び移る際にくるぶしを強打する。痛みに転げまわるA君の傍らで、セラピストは声をかけながら痛みが治まるまで見守るのだが、痛みは不安や怒りなどの様々な情動をA君の中に引き起こし、傍らにいるセラピストもかなり揺さぶられながらも、A君の高ぶった感情が収まるまで、共に過ごしていった。この時、A君はまさに他者からの関わりを基盤に、自らの情動を制御していく作業を行っていったと考えられる。また、いったん、プレイルームの中では治まっていたかに見えた痛みが、廊下で母親の顔を見た途端にぶり返し、A君が片足を引きずり始める姿は印象的であった。母親もそのメッセージを受け取り、ずっとA君を優先して受け止めてくれる自然なやり取りからは、A君にとっても心地よい安全感を母親との関係の中で回復できる体験であったように感じた。

続く第十七回では、滑り台の上からボールプールに飛び込む前に、不安そうな表情を浮かべつつセラピストの顔を見るということが起こる。セラピストが「大丈夫やで」という表情で見つめ返すと、A君はその表情を頼り

人文書院
刊行案内

2025.10

渋紙色

食権力の現代史
——ナチス「飢餓計画」とその水脈

藤原辰史著

なぜ、権力は飢えさせるのか？

史上最大の殺人計画「飢餓計画（フンガープラン）」ソ連の住民3000万人の餓死を目標としたこのナチスの計画は、どこから来てどこへ向かったのか。飢餓を終えられない現代社会の根源を探る画期的歴史論考。

購入はこちら

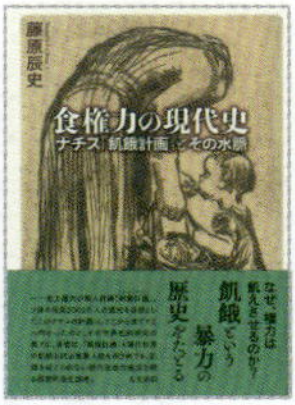

四六判並製322頁　定価2970円

リプロダクティブ・ジャスティス
——交差性から読み解く性と生殖・再生産の歴史

ロレッタ・ロス／リッキー・ソリンジャー著
申琪榮／高橋麻美 監訳

不正義が交差する現代社会にあらがう

生殖と家族形成を取り巻く構造的抑圧から生まれたこの社会運動は、いかにして不平等を可視化し是正することができるのか。待望の解説書。

購入はこちら

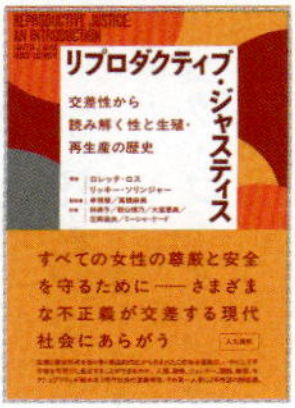

四六判並製324頁　定価3960円

人文書院ホームページで直接ご注文が可能です。スマートフォンで各QRコードを読み込んでください。注文方法は右記QRコードでご確認ください。**決済可能方法：クレジットカード／PayPay／楽天ペイ／代金引換**

〒612-8447 京都市伏見区竹田西内畑町９　TEL 075-603-1344
http://www.jimbunshoin.co.jp/　【X】@jimbunshoin（価格は10％税込

新　刊

脱領域の読書
―あるロシア研究者の知的遍歴

塩川伸明著

知的遍歴をたどる読書録

長年ソ連・ロシア研究に携わってきた著者が自らの学問的基盤を振り返り、その知的遍歴をたどる読書録。

学問論／歴史学と政治学／文学と政治／ジェンダーとケア／歴史の中の個人

購入はこちら

四六判並製310頁　定価3520円

未来への負債
―世代間倫理の哲学

キルステン・マイヤー著
御子柴善之監訳

世代間倫理の基礎を考える

なぜ未来への責任が発生するのか、それは何によって正当化され、一体どこまで負うべきものなのか。世代間にわたる倫理の問題を哲学的に考え抜いた、今後の議論の基礎となる一冊。

購入はこちら

四六判上製248頁　定価4180円

魂の文化史
―19世紀末から現代におけるヨーロッパと北米の言説

コク・フォン・シュトゥックラート著
熊谷哲哉訳

知の言説と「魂」のゆくえ

古典ロマン主義からオカルティズム、ハリー・ポッターまで―ヨーロッパとアメリカを往還する「魂」の軌跡を精緻に辿る、壮大で唯一無二の系譜学。

購入はこちら

四六判上製444頁　定価6600円

新刊

映画研究ユーザーズガイド
——21世紀の「映画」とは何か

北野圭介著

映画研究の最前線

視覚文化のドラスティックなうねりのなか、世界で、日本で、めまぐるしく進展する研究の最新成果をとらえ、使えるツールとしての提示を試みる。

購入はこちら

四六判並製230頁　定価2640円

カントと二一世紀の平和論

日本カント協会 編

平和論としてのカント哲学

カント生誕から三百年、二一世紀の世界を見据え、カントの永遠平和論を論じつつ平和を考える。カント哲学全体を平和論として読み解く可能性をも切り拓く意欲的論文集。

購入はこちら

四六判上製276頁　定価4180円

戦争映画の誕生
——帝国日本の映像文化史

大月功雄著

映画はいかにして戦争のリアルに迫るのか

柴田常吉、村田実、岩崎昶、板垣鷹穂、亀井文夫、円谷英二、今村太平など映画監督と批評家を中心に、文学や写真とも異なる映画という新技術をもって、彼らがいかにして戦争を表現しようとしたのか、詳細な資料調査をもとに丹念に描き出した力作。

購入はこちら

A5判上製280頁　定価7150円

新　刊

マルクス哲学入門
——動乱の時代の批判的社会哲学

ミヒャエル・クヴァンテ著
桐原隆弘／後藤弘志／硲智樹訳

重鎮による本格的入門書

マルクスの思想を「善き生」への一貫した哲学的倫理構想として読む。複雑なマルクス主義論争をくぐり抜け、社会への批判性と革命性を保持しつつマルクスの著作の深部に到達する画期的読解。

購入はこちら

四六判並製240頁　定価3080円

顔を失った兵士たち
——第一次世界大戦中のある形成外科医の闘い

リンジー・フィッツハリス著
西川美樹訳　北村陽子解説

戦闘で顔が壊れた兵士たち

手足を失った兵士は英雄となったが、顔を失った兵士は、醜い外見に寛容でなかった社会にとって怪物となった。塹壕の殺戮からの長くつらい回復過程と形成外科の創生期に奮闘した医師の実話。

購入はこちら

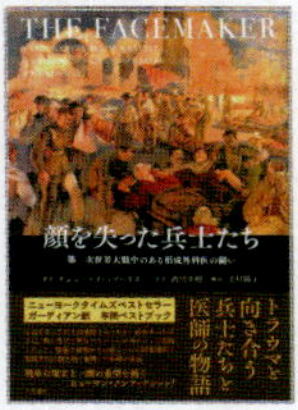

四六判並製324頁　定価4180円

お土産の文化人類学
——地域性と真正性をめぐって

鈴木美香子著

身近な謎に丹念な調査で挑む

「東京ばな奈」は、なぜ東京土産の定番になれたのか？　そして、なぜ菓子土産は日本中にあふれかえるようになったのか？　調査点数1073点、身近な謎に丹念な調査で挑む画期的研究。

購入はこちら

四六判並製200頁　定価2640円

に思い切ってプールに飛び込んだ。その様子から自分の興味の赴くままに行動してきたA君が、行動する前にいったん立ち止まり、他者からの応答を確認してから、行動に移すというように、自らの行動をしっかりとコントロールできる力が芽生えてきていることが感じられた。

◉母親および担任との面接の意義について

本事例では担任とともに保護者、本人が来談し、保護者面接とともに担任へのコンサルテーションも母親面接者が行うという形態で面接が行われていった。A君が来談に至るまでには、学校では担任をはじめとした先生方が、真摯にA君と保護者に関わってこられていたようである。A君との面接過程を振り返ると、あまりにその展開が速いように感じられたが、その背景には、来談にいたるまでの学校での関わりを通して、A君自身や彼を取り巻く環境の側にも、心理療法を開始する土壌が整っていたことが考えられる。

当初、母親はA君が「また、何かしないか」という不安から、A君が何かをやろうとするその芽を摘み取るように先回りして注意してしまい、A君との間には葛藤が積み重なっていた。しかし、母親面接の中で、A君の行動の背後にある意味を汲み取っていくことで、母親自身もA君なりの行動の意図が分かり始めると、どっしりと見守れるようになっていく。その変化は第九回の母親面接で語られたエピソードが物語っているようであった。

一方担任とは、学校での行動や友人関係の変化を情報共有しながら、その行動の変化に潜んでいる意味を深め、学校でのA君への関わりのヒントにしてもらった。その過程で、A君の個性でもある「何でも手で触って確かめないと気がすまない、好奇心の強さ」を発見していった。A君が周りの子どもたちとトラブルを起こしそうになる時には、一方的に叱るだけでなく、A君の意図も汲み取り、周囲の子どもたちにも伝えていってもらうことで、クラスの中でもA君が受け入れられる土壌が作られていった。こうして、クラスの中でA君の個性がうまく発揮されるような環境を整えてもらえたことで、A君も友達同士の中で成長していったと考えられる。

このように面接の中でA君の行動の背後にある意味を汲み取っていく視点を共に模索していくことで、母親・

担任ともに彼のもつ個性を見出し、その個性を生かし育てる関わりを育んでいったと考えられる。

本事例では、本人への遊戯療法を通して、A君は行動や情動の主体となる自己の核を作っていくプロセスを歩むと同時に、保護者や担任がA君の心の世界を理解していく過程が進むことによって、A君の内的な変化がうまく日常生活へ受け入れられていったと考えられる。

4　おわりに

今回は学校現場で衝動的な行動を呈する子どもたちをめぐって論じてきたが、これらは筆者自身の教育臨床の活動の中で、心理臨床の視点が学校現場へと生かされる方向性を模索してきた体験をまとめさせてもらったものである。筆者自身は学校現場での研修会等に参加しても、徐々に肩の力が抜けてきて、自分らしさを失わずその場に合わせて心が動くようになってくると、不思議と場の雰囲気も柔らかくなり、先生方に伝わるものも変わってきたように感じている今日この頃である。日々学校生活の中でも、先生自身が持つ心の自由さは、子どもたちを「育てる」関わりには大切なように感じる。先生自身の個性を生かしたあり方が子どもたちに伝わる時、子どもたちの個性が発揮されて、互いに成長していく場が育まれていくのではないだろうか。筆者自身も教育現場で多くの人々との出会いの中で、育てられている途上である。

最後に、今回の事例の掲載を承諾してくださったA君とそのご家族、またこれまで出会ってきた多くの人々に心から感謝したい。

文献

Bion, W. R., 1962, *Learning From Experience*, William Heinemann Medical Books

ボウルビィ・J（一九七六）黒田実郎他訳『母子関係の理論I――愛着行動』岩崎学術出版社（Bowlby, J., 1969, *Attachment and Loss, vol. 1: Attachment*, London, Hogarth Press）

伊藤良子（二〇〇一）『心理治療と転移――発話者としての〈私〉の生成』誠信書房

河合隼雄（一九九五）『臨床教育学入門』岩波書店

Kobak, R. R., & Sceery,A., 1988, Attachment in late Adolescence: Working models, Affect regulation, and perception of self and others. *Child Development*, 59, pp. 135-146

小森陽一（二〇〇六）「一八歳のあなたへ」四日市西高等学校講演録（未公刊）

久保田まり（一九九五）『アタッチメントの研究』川島書店

村田喬子（一九九九）「いま、小学校で起きていること」『創造の世界』第百十二号、一六八―一八五頁、小学館

西岡常一（一九九三）『木のいのち　木のこころ〈天〉』草思社

坂上裕子・菅沼真樹（二〇〇一）「愛着と情動制御―対人様式としての愛着と個別情動に対する意識的態度との関連―」『教育心理学研究　第四十九巻』一五六―一六六頁

坂上裕子（二〇〇五）「情動制御システムとしてのアタッチメント」（数井みゆき・遠藤利彦編著）『アタッチメント――生涯にわたる絆』ミネルヴァ書房

スターン・D・N（一九八九）神庭靖子・神庭重信訳『乳児の対人世界―理論編―』岩崎学術出版社（Stern, D. N., 1985, *The Interpersonal World of the Infant: A View from Psychoanalysis and Developmental psychology*. Basic Books）

子育て世代を支える言葉
――「子育ては難しい」という意識の発生をめぐって

穂苅千恵

1　子育ては困難になったのか

本書のタイトル『育てることの困難』は、育てる行為を「乳幼児の子育てに限らず、子どもが巣立つまでの親と子の営み、ないしは世代の引継ぎという意味で広く捉え、わが国で生じている今日的な困難を学際的に分析する」[1]（傍点筆者）という企画趣旨を反映しているという。この十年とりわけ二十一世紀に入ってからというもの、確かに「現代は子育ての困難な時代である」とか「子育てが難しい世の中になった」という表現は日本社会において日常化している。

しかし、近代科学の発展と社会状況の変化とともに家事労働が戦前とは比較できないほど軽減されたことに加えて、避妊法の普及などによって妊娠・出産の重荷から男性も女性もある程度は解放され、二十世紀前半までにはなかった自由な時間を手に入れたのも事実である。それにもかかわらず、私たちは今「子育ては困難になった」と感じるのである。考えてみれば、そもそも日本の世論において子育てが「困難」と切り離され、「楽しさ」や「喜び」と結びつけて論じられることを自明とした時代はあったのであろうか。近年私たちはそのような疑問を抱くこともなければ、「子育て」と「困難」という言葉がまるで慣用句のようにセットで使われることに馴染んでさえいる。

本稿では、臨床心理学的視座から「子育ては困難になった」という集合的意識に注目しつつ、その発生を事例(2)として描き出すことによって「育てること」をめぐる心理学的リアリティへのアプローチを試みる。事例の記述や考察にあたっては、「子育て」と「困難」という言葉を結びつける意識、すなわち二つの言葉を結びつけようとする心の動きに焦点があてられる。私たちの意識は、なぜ「子育て」と「困難」を結びつけるのだろうか。この二つの言葉を結びつけているのは、三十代から五十代の子育て現役世代や子育てを終えた世代、すなわち日本の成人意識である。そこで、事例の記述にあたっては、親が子どもとの実際の関わりのなかで「子育ては難しい」と感じるに至る過程を中心に描写していく。子育て世代が「子育て」と「困難（難しさ）」を結びつけて意識化することから、心理学的には何が実現されるのであろうか。

2　親子の暮らしに現れる「難しさ」

子どもが誕生し、乳幼児期・児童期そして思春期へと成長して義務教育である中学校を卒業するまでの過程は、親の立場から見れば、妊娠・出産を含めて約十六年という歳月を「育てること」に生きる時期である。子育ての渦中にある人々は日々の暮らしのふとした時に「子育ては難しいなぁ」と感じながら、わが子への対応を試行錯誤している。

まず最初に紹介する事例Aでは、どの親子にも起こりそうな日常場面を詳述しながら「育てること」の困難が立ち現れる状況を捉えてみよう。

【事例A　少女のアイロンデビュー】

梓ちゃんは、好奇心旺盛で人懐っこい小学四年生。ある日母親が外出先から帰ってみると、居間にアイロン台とアイロンが出ている。二歳上の兄と留守番していた梓ちゃんは、どうやら母親が出がけに取り込んで積み上げておいた洗濯物を見つけて、自分でアイロンをかけてみようと思いついたようである。

アイロンの使い方をまだ教えていない母親は、火傷をしないかと内心ひやひやしながら梓ちゃんのアイロンかけをそっと見守った。アイロンのスイッチの入れ方、洗濯物へのアイロンのあて方は、母親とほぼ同じようにこなせている。それは、母親にとって予想外の出来事であった。彼女がこちらに気づいたので、母親は「いつのまに覚えたの⁉　アイロンかけ出来るのね」と言った。すると、梓ちゃんははにかんだ表情を見せたものの、何も言わずに次の洗濯物をアイロン台にのせて作業を続けた。いつもの梓ちゃんを思うと「そうよ、すごいでしょ！」と得意満面に返答しそうな場面であるが、この日の彼女は違った。

そこへ二つ年上の兄がやって来て、妹がアイロンをかけていることに気づくと「梓がアイロンかけている⁉　結局お母さんがやりなおすことになるから、無駄なことはやめとけよ‼」と言い出した。母親はあわてて「何を言ってるの！　ちゃんとできているでしょう」と言葉をはさんだが、梓ちゃんはうつむいて固まっている。母親はとっさに「梓、気にしなくていいよ。お兄ちゃんはすぐそういう言い方するんだから‼」と言った。すると梓ちゃんは「気にしてなんかないっ‼」と声をあらげ、その場から走って自分の部屋にこもってしまった。走り去る娘を母親はすぐに追いかけたが、バタンという扉の閉まる音が聞こえたところで足を止めた。「こういう時はしばらくそっとしておいた方がいい。」母親はいつもより少し早いが、夕飯の仕度を始めることにした。

母親は台所に立ちながら、自室に一人でいる娘のことばかり考えていた。「積みあがった衣類を見て、自分からアイロンをかけてくれた。教えていないのに、あの子はちゃんと出来ていた。私が思っている以上に梓は成長していて……。嬉しいけど、何か微妙。だからお兄ちゃんの一言はこたえた。気持ちの柔らかいところを不意に刺されたみたいな衝撃で、腹が立つよりも身体に力が入らなくなるようで。とっさに『気にしなくていいよ』と言ったけど、あの子を受け止めてはあげられなかった。むしろ否定してしまった感じ。あの時、どう言えばよかったのだろう。あれはあれで仕方ないの⁉　うーん、難しいな子育てって。」母親は何とも重たい気分のまま、今夜の主菜のハンバーグにチーズを入れることを思いついた。チーズは、娘も息子も好物なのである。

一方の兄はと言うと、自分の一言に端を発した妹と母のやりとりにあっけにとられ、気づくと居間にひとり立っていた。けだるい気分で自室に戻ると、ふと目に入った携帯用のゲーム機を手にしてベッドにひっくり返った。アイロンをかける妹とそれを見ている母の姿を見たあの時…。するりと口から出た言葉の真意をはかりかねたまま、兄はゲーム機を傍らに放り投げて天井をながめていた。

事例Aは、母親が外出先から帰宅して普段とは違う娘の行動に気づくところから始まり、親子が自宅のそれぞれに馴染みの場所で思索にふけるまでのエピソードである。前半は娘（妹）に対する息子（兄）のぶしつけな発言、後半は母親の励ましの言葉によって、親子関係は当人達の思いもよらぬ展開を見せる。この二つの展開を軸におきながら、事例Aにおいて「育てること」の困難という意識が親に出現する過程を検討してみよう。

独りでいる体験

母の留守中に、梓ちゃんは誰かに頼まれたわけでもないのに自分からアイロンかけにとりくんだ。しかも、アイロンかけはまだ母親に教わったことがないという。十歳位の少女が普段は母親がしている作業を母の不在中にしてみようと思い立つ時、その心中はいろいろである。たとえば、子どもは親が落胆したり不快に思う行為に及んでしまったことへの代償として、親が喜ぶように立ち居振舞うことはよく知られている。しかしながら子どもが親の期待に応えるかのような言動をとる場合、その全てが代償行為とは限らない。親の日常行為を自分が行うことによって（親への同一化）、子どもは親の不在に対する不安に耐え、その寂しさを自ら引き受けることもできる。とは言っても、子どもの興味・関心が外の世界に向かって動きだす時、彼らはいつも親や大人の反応を意識して環境に適応しているのであろうか。

なるほど今回のアイロンデビューが母親不在時に生じたことを重視すれば、母親がいない不安への防衛反応として少女が新たな行動に挑戦したと理解することに無理はない。ただし、ここで考えておかなければならないのは、十歳の少女は母親不在の心細さを何かに置き換えずには存在していられないのか、あるいは独りでいる体験を楽しむことは有り得ないのかという問題である。小児科医であり精神分析家でもあるウィニコット（Winnicott, D. W.）は、「独りでいられる能力」という論文のなかで[3]「精神分析の文献においては、独りでいられる能力についてよりも、独りでいることの恐怖や独りでいたいという願望について書いた論文が多い」と指摘したうえで、「独りでいられる能力がもつ積極的な側面についての議論が始まっていなければならない」と述べている。親が不在であっても再会が約束されていることを理解できる年齢の子どもは、慣れ親しんだ場所に独りでいる時に何をしそうか想像して欲しい。普段の生活と同じ遊びを繰り返す場合もあるが、親の目が行き届かない状況を生かして普段とは違うことに挑戦する場合もあるだろう。

母親不在の自宅にいる十歳程度の子どもが心細くなるとまだまだ母親が恋しくなる可能性は、十分に考慮されなくてはならない。と同時に、独りでいる体験が刺激となって、親がいる所では活性化しにくかった潜在能力が発現して子どもが内的成長をとげる可能性も想定されるべきである[4]。子どもは純粋な好奇心から未知の事物に触ったり、未体験の作業に挑戦する創造的活動力を持っている。つまり、梓ちゃんのアイロンデビューは、十歳の少女の好奇心がもたらしたアイロンかけという未体験作業への挑戦であったと理解することも可能なのである。

母親はそれなりにアイロンをかけている娘の姿を見て驚く。これは、母親が当時、まだ娘にはアイロンを使うだけの能力はないと判断していたからである。母親の心の中では、娘はアイロンを扱うほど成長した存在でもなければ、自分の仕事（家事）を分担出来る存在でもなかったのである。しかし、実際の娘は見様見真似でアイロンかけを習得するほど、母親の想像以上に知的情緒的に発達していた。その娘が母親に褒められても普段のように得意気な様子を見せなかったことも、「私にはもうアイロンがけは出来て当然」と思う程に少女の自尊感情が高まっていたことを連想させる。

不可侵性への目覚め

さて一方、兄はなぜ「結局お母さんがやりなおすことになるから、無駄なことはやめとけよ!!」とまで妹を打ちのめす台詞を吐いて、妹の現実能力の低さを強調したのだろうか。兄も妹がアイロンをかけていることに気づいた時は母親と同じように驚いたと思われるが、彼はそのあたりの素朴な感情はまったく言語化しない。驚きの素直な表明自体、兄には不本意なのかもしれない。妹が家事の手伝いを自主的にし始めたことが年長の兄に焦りと羞恥心をもたらしたとすれば、妹の無能さに言及した兄の暴言は優位性を確保しようという自己防衛と捉えることもできる。あるいは、妹のアイロンかけお手伝いをきっかけに、自分にも家事分担の期待が向けられることを恐れて、兄は妹の新たな挑戦を揶揄したとも考えられる。

一〇七頁で指摘したようにこの兄の暴言は事例Aに大きな展開をもたらすひとつの契機となっているが、母・妹・兄という親子関係に展開した心理学的リアリティについて言及しておく。硬直した妹を見た母親は兄の暴言をその性格に起因させることで娘を慰めようとしたが、兄の感情コントロールが崩れた直接の引き金は母と妹の姿を見たことである。初めて母親の仕事を自発的に手伝った娘（妹）とそれに心動かされている母親の間には、言葉を交わさなくとも通じ合う、普段とは異質な雰囲気が流れていたと推測される。

アイロンかけがこの家では母親つまり女性の担当作業であるならば、娘は自分の意思でアイロンをかけることによって母親と同じ「女性としての自分」を体験したと考えることができる。そこでは「女性性」が身体と共に機能し、母と娘はそれを共有することができる。兄の場合その「女性性」は身体をもたない次元から発現するという意味で、この「母―娘」世界には立ち入ることができない。それは兄にとって意思や努力では克服できない不可侵性の目覚めを意味したのではないだろうか。(5) 思春期の入り口にいる小六の兄は、母と妹だけが参入できる世界があることにはとても馴染めまい。つまり、母と妹の間に普段の親子関係とは異質な、女性としての同一性に開かれた雰囲気が流れていることを察知したことで、兄は思わず暴言に及んだと理解してよいだろう。兄が破壊したかったのは妹の好奇心や自立への意欲というよりも、母と妹が体現し自らも感じ取った不可侵性にあったのである。

関わりの制止

「母―娘（妹）」世界を見ることによって、兄は自分が立ち入れないものを心理的に体験した。思春期の入り口にいる子どもにとって不可侵性を自分の外の世界に見る経験は、性衝動のコントロールや男性性・女性性の分化といった思春期の心理社会的発達を促進する機会となる。厳密に言えば、不可侵性を外の世界に見る体験の質が、思春期の子どもの情緒的成熟に多大な影響を与える。そのような意味では、妹への暴言を吐いた直後に兄がどのような感情を抱いたかという点が重要である。不可侵性への破壊的反応に及んだ後は、「言わなければよかった」という後悔、なぜ言ったのか分からない怖さ、自分が抑えきれなかったことへの苛立ちなどを感じる人が多い。そして、このような気持ちを抱えながら、その後の家族や友人との関係にどのように生かすか試行錯誤することを通して、思春期そして青年期へと続く男性の人格形成が展開していくのである。

小四の妹は発達心理学的には前思春期にいる。この時期の子どもの情緒的発達は、サリヴァン（Sullivan, H. S.）が〝チャムシップ chumship〟(6) という言葉で指摘した同世代の同性友人との親密な関係を軸として促進されることが多い。その親密さの基盤には互いの共通点や類似性があり、「同じであること」から心理的安定が生まれる。この時期にある娘とその母は、個人差はあるものの、日常生活の中で不意に二人の関係を確かめ合うことがある。その場合親子という「唯一性」と同性という「同一性」が共存するので、その一体感は強く、時には排他的でさえある。事例Aで兄の暴言を刺激した母—娘の世界にも、この時期の母—娘の極端な親密さがあったと考えられる。そこへ、兄の暴言が侵入したために、娘は母との同一性の感覚を十分に得ることも、自らの好奇心から自立への自信をそれなりに獲得することも中途半端な状態にさらされたのであろう。

兄と妹の間に立たされた母は、兄の暴言に硬直している娘の痛みに共感する。母の心は、自分と妹のつながりの強さに衝撃を受けている兄の動揺には向かわなかった。だからこそ母は兄を問題視することで妹を励まそうとするのだが、母の言葉に娘はさらに傷つき「気にしてなんかないっ!!」と声をあらげることで母親との会話を中断し、自室でひとりになることを選択した。母の「気にしなくていいよ」という助言よりも、暴言とはいえ兄が「結局お母さんがやりなおすことになる」と指摘したことの方が、アイロンかけ初心者の少女にとっては現実味があったのかもしれない。いずれにせよ、それまで同一性で強く結ばれていた母と娘の関係は、兄の一言とそれに対する母親の反応によって崩れた。少女は母に無邪気に依存する以前の自分に戻ることはできず、かと言って未だ「自立した存在」として母に対峙するまでには成長していない自分を支えるために、母や兄との会話を中断して、これ以上自尊感情を損なわずにすむように独りになることを選んだと考えられる。

結果的に、しばらく自室にこもってひとりになることを選んだという対応については、兄も妹も同じであった。兄が「無駄なことはやめとけよ!!」、妹が「気になんかしていないっ!!」とそれぞれ吐き捨てるように言った直後は、二人とも気まずい気持ちになったであろう。だからと言って、誰かに慰めてもらうことでこの気まずい気持ちから解放されるとは限らないことも、十歳前後の子どもたちには分かっている。そのような状況の中で兄と妹がとった行動は、親子でさらに言葉で話し合って感情を伝え合おうとするのではなく、親子の対話を中断させ、親子の関わりを一時的に制止することであった。

母親は自立心を発揮した娘の成長を知って喜びつつ、兄に傷つけられた娘を守ろうとして言葉をかけた結果、自分がさらに娘を傷つけることになる。しかし、よかれと思ってかけた言葉に悪意はなく、それが結果として娘を不快にさせた場合、母親自身の心も痛むのである。そして、娘が自室に立ち去って親子の対話を回避しようとすると、いったん追いかけ始めた母親も直感的にすぐに「独りにした方がいい」と思いなおす。娘と息子だけでなく、それを受けて母親も対話による関係回復への努力をひとまず棚上げして、関わりの制止を優先させたのである。

事例Aのように親子関係がこじれた時、親子の対話をいったん中断し、しばらくそれぞれが別の空間で独りになって過ごすことは、子育てにおいてどのような意味をもつのであろうか。事例Aのその後についてはいろいろ考えられるが、関わりの制止によって親子関係に心理的緩衝地帯が生まれ、親と子それぞれが自分の気持ちと発言のズレについて考え、語られなかった相手の気持ちを想像しているうちに、お互いのこじれた気持ちがゆるむことはないだろうか。

たとえば、事例Aの最後で母親は「あの子を受け止めてはあげられなかった」と重たい気分になっている。この重さは、母親が子どもにとっての成長促進的環境であり続ける限界に直面し、理想的な親イメージと自分の違いを実感しながら「子どもの魔術的操作」から徐々に解放されてきたことを意味している。こうした子どもの気持ちを受け止められない重さが必ずしも成長抑止的なものではないことは、ウィニコットが子どもの成長促進的母親の特徴を〝ほどよい good enough〟(7)と表現したことにも示唆されている。ウィニコットは、乳幼児期に限らず健全な情緒発達を促す親子関係においては〝ほどよさ〟がさまざまな場面に見られ、親子がほどよい程度の〝脱錯覚 disillusion〟を繰り返しながら、子どもは母親や自分をとりまく環境に万能性を求めなくなることを論じている。この過程は、理想的な母親であり続けようとする生理的心理的努力から自分を解放していく母親の内的過程に裏打ちされて初めて成立するものである。

このように事例Aをみていくと、育ちの場として親子関係が機能するということは、分かりあったり、気持ちが一致した感じがするだけでは十分とは言えないことが分かる。子育ての難しさは、子どもの気持ちを共感的に理解して受け止めることにのみあるのではなく、子どもそして親自身の年齢に応じた気持ちや考えの主体的な動きが顕在化した場合に関わりの制止を仲介させながら、親子関係をひとりひとりが生き抜いていくことにあるとも言えるのだ。

3 「難しさ」を語りたくなるとき

さて、事例Aのその後はどのようになったであろうか。展開はいろいろ考えられる。その後の展開としてどこの家庭にも見られそうな一例をあげてみよう。

事例Aのその後

兄・妹・母親の三人は、そのまま自宅の別々の場所で過ごす。やがて夕食の時間になり、いつも通り母親の「ご飯できたわよ」という声かけで皆が食卓につどう。食事中、普段より皆口数は少ないが、たわいもない話題がぽつぽつと出て対話がおこる。しかし、三人の会話はどこかぎこちない。それは、行き違いがなかったかのように努めて明るく話そうとしているためで、笑いにもいささか無理がある。三人ともその無理を察知し、わだかまりはまだ残っていることに気づいてはいるが、会話はたわいもない内容に終始する。

食事を終えた兄が立ち上がり、ソファーへ移動しようとする。妹の席の横を通ると、すれ違いざまに「さっきはごめん」と妹に声をかける。唐突だが素直な兄の謝罪の言葉に妹も驚いて「えっ、う、うん」としか返せないが、兄妹のわだかまりはひとまず薄らぐ。その様子を見ていた母はホッと胸をなでおろす。母親は兄に説教をしたい気持ちもあったが、「今夜は何も言わないでおこう」と決める。

就寝時間になり、兄も妹もいつも通りそれぞれの部屋で布団に入った。深夜になって父親が帰宅する。「夫も仕事で疲れているだろう」とは思うが、母親は子どもたちとの今日の出来事を話したくなる。母・妹・兄関係は一段落していたが、母親の心中では何かがひっかかっていたのである。兄の暴言で傷ついた娘を支えようと思ってかけた言葉が、娘を追い詰めたこと。つまり、結果的には親として娘の気持ちを受け止められなかったことに、母親も傷ついていた。

事例Aに取り上げたような家族のエピソード、すなわち親子の気持ちの行き違いが起こった後に、しばらくそれぞれが心の揺れを抱えて個別に過ごし、何気ない用事をきっかけに普段の生活に戻る。このような展開は、日本の家族では頻繁にみられるのではないだろうか。

察し合う関係から

事例Aのその後として、食事の後に兄がさりげなく妹に詫びる例を紹介した。それ以外の展開として、親子の気持ちの行き違いが起こった後しばらくしてからも、暴言を吐いた当事者による謝罪がなく、気持ちの行き違いについて言葉はまったくかわされない場合も考えられる。何もなかったかのように親子が日常生活を続けている例では、気持ちの行き違いについて言葉を交わすと再び言い争いになるという相互理解が暗黙に成立していることもあれば、相手の気持ちを「悪かったと思っているだろう」と察し合うのみで対話をせずに関係回復に至っていることもある。

さらに、母親が「ご飯できたわよ」と声をかけても妹は食卓に現れず、自室への引きこもりが長時間に及ぶこともある。このような展開は、子どもが思春期以降になり、心理的自立という発達課題のピークを迎えた親子間に生じやすい。その時、親の対応としては娘の心が落ち着くまで待つか、どうにか娘と話し合おうとするかのいずれかである。また、家族関係や子どもの年齢・性格によっては、数日あるいは数週間という時間を経て、当事者の誰かが「あの時は」という始まりでエピソードをめぐる気持ちを言語化し話し合いがもたれることもある。

このように展開の方向はさまざまに想定できるが、ここでは気持ちの行き違いを体験した親（事例Aでは母親）の心の動きに注目してみたい。親は心身健康であれば、親子の行き違いが修復されることを望み、それに向けて努力をする。その際、子どもが自分の気持ちや考えを言葉で表現することが少なければ少ないほど、また子どもの気持ちを理解するヒントを親が見つけられない場合ほど、親の困惑や不安は増大する。親自身に前思春期と呼ばれる時期を生きてきた経験があるにもかかわらず、わが子の心境を言葉によって確認できない状況は親の心を揺さぶる。事例Aで言えば、娘や息子に対して言葉での説明を求めず親としての見守り役に徹した分、母の心は傷ついたまま取り残され揺れていた。

支えられる関係へ

親の心が揺れても、実際のところは前述した子どもとの察し合う関係を支えとして、親は不安に耐えながら通常の生活を送っている。しかし、この心の揺れの中にいる親は時に、誰かに一連のエピソードや今の心境を話したくなることがある。それは、親自身が他者に聞いてもらいたい、自分の気持ちを受け止めてもらいたいと思うからである。事例Aの母親も、深夜に帰宅した夫の疲労を思い遣りつつ、夫に話を聞いて欲しい気持ちを持っていた。

親が子どもの気持ちを受け止められなかったときに味わう気まずさは、親の心にうごめく自分の気持ちを受け止めてもらえなかった落胆・戸惑い、そして子どもとのつながりへの漠然とした不安の複合である。親という立場を生きるとき、人は「子育ては難しい」と意識化することによって、その立場に身を置いたまま自分の苦痛や不安を感じ、同時にその心の揺れを自ら抱えている。そして、「子育ては難しい」という気持ちと意識が時に親を他者への語りに誘い、独りでは耐え難い心の揺れを共に抱え合う関係に自分を開放する機会を産み出す。このように人は子育てを通して、子どもの成長を支える立場から自らが支えられる体験に導かれ、疲れ傷ついた個人を生きる機会に開かれるのである。

二〇〇六年度に筆者らは、子育て環境に関する意識調査[9]を行った。そこでは、子育ての「難しさ」を語る相手として実母をあげた養育者は多かった。事例Aのその後としても、母親が深夜帰宅した夫にエピソードを話すことは控え、後日実母に電話をいれるという展開も十分起こり得るだろう。子育てをしている人は親としての現在の体験を自分の親に語りながら、子としての自分を生きることになる。聞き役をしている親の方は、自分が親として現役であった当事の体験を思い出しながら、わが子がかつての自分と同じ立場で苦労をしている様子にふれる。そして、わが子の成長や歳月の流れを感慨深く感じたり、親業をしているわが子に再び親として熱く助言したくなったりするのであろう。いずれにせよ、子どもとの間に起こった行き違いから生まれた「子育ては難しい」という意識によって、子育てをしている人は自分の親との対話の機会を得、二つの世代は親子という立場の違いを超えて「子育て」という一致点でつながるのである。

筆者が以前、子育てについて自由に語るグループワークにおいて事例Aのエピソードを紹介したところ、次のような意見があった。「母親が兄から妹をかばおうとしたことが、妹の自尊心を傷つける結果になっている。兄の発言で傷ついた娘の気持ちを支えたいのであれば、娘に対して『つらかったね』、『そんなふうに言われたら嫌だよね』あるいは『一生懸命アイロンかけたのにね』といったような、娘さんの体験にそった気持ちを返すといいのではないか。母親が気づいている以上に、小四の娘には個としての自信あるいは誇りが生まれているようなので。」この母親の発言を聞きながら、筆者は子育て相談に対する専門家の回答の典型を見たように感じて、苦笑しながら自分もパターン化した親子関係への発想に陥ってはいないかと自問自答した。その一方で、参加メンバーの親達はこの意見を聞きながら何度も頷いて「その通り」とばかりに賛同し、「そうなのよね。こちらの気持ちを押し付けるのではなくて、子どもの気持ちを受け止めるような言葉が大切なのよね」あるいは「母親は子どもの気持ちをささえることが仕事だと思いました」といった感想を語った。このグループワークから筆者は、臨床心理士が講師になる会に集まる親は専門家の子育て論に親和しやすく、それに同一化することで心を支えていることを実感した。

子育てや子どもの成長に関する専門性という視点から考えれば、「子育ては難しい」という意識によって自らを支えているのは子育てをしている人だけではなく、心理学も同様と言えるのかもしれない。ましてや対人援助という実践の学である臨床心理学に、「子育て」と「難しい」のつながりを当たり前のこととして受け入れやすい素地があることは言うまでもない。

4 「難しさ」の相談

前節では、子育て困難を聴くことから成立する専門性自体に「子育て」と「難しさ」のつながりを無条件に受け入れやすい傾向があることに言及したが、本稿は専門家の陥りやすい問題やその自己愛について扱うわけではない。

筆者が前節のグループワークで専門家の回答の典型と感じた母親の意見のように、親子の対話がすすむこともある。子どもの気持ちを親が感知し、理解した内容を言葉で子どもに返すことで、子どもの気持ちが和み親子の間に和やかな空気が流れる状況は、子どもの年齢を問わず多くの家庭で日常的に生じている。ただ、そこで親が返す言葉は、日本の場合は前節のグループワークに見られたような明確な言葉よりも、「そうなんだ」とか「やったね」というような指示語や曖昧な表現が選ばれやすい。それに声の調子や間合い、あるいは表情や雰囲気などの非言語が加わることで、親子のコミュニケーションはそれなりに成立していることが多い。つまり、親子関係は曖昧な言葉を使いながら、さまざまな非言語的表現を駆使して組み立てられるコミュニケーションであり、その複雑かつ繊細な意識の集合を生きることを意味すると考えられる。

人間の成長過程において、このようなコミュニケーションの質が活性化する時期がある。年齢としては、個人差があるので幅をもたせて言えば一歳後半から三歳手前、言葉の発達がもっとも顕著に見られる年齢の子どものコミュニケーションである。この時期の子どもは親に何かを訴えているのか、ただ機嫌が悪いのか分かりにくいことも多く、親は子育ての難しさを感じやすい。子どもにとっても欲求を満たしたい気持ちは強いものの、その表現が十分には出来ず、苛立ったり極端に甘えてみたり、心理的に不安定になりやすい。

先述した二〇〇六年度の筆者らの調査では、育児の相談先として親や友人が専門家よりもはるかに多かった。その一方で、インターネットの子育てサイトや新聞・雑誌にある育児相談コーナーへの投稿が途絶える様子はない。子どもの年齢が低いと外出の負担が大きいことも影響して、専門家に直接会って相談することは稀でありながら、匿名性が守られた関係においては「相談」という対人関係のスタイルをとって子育ての「難しさ」を語ろうと思う親は少なくないようである。

ここで、インターネットや紙面上によくある幼児の子育てをめぐる相談例をひとつあげてみよう。

【事例B　幼児の泣き叫び】

大輔くんは二歳半になったばかりの男の子。これまではぐずり泣きや夜泣きが多い子ではなかったが、最近自分で思うようにならないと大泣きする。店の中でも人前でも泣き叫ぶので、両親も祖父母もほとほと困っている。

言葉で叱り続けるのも、口をおさえるのも、とにかく本人の希望をかなえるという対応もどれも決め手にかける。親としては、どのように子どもに対応すればいいか困りはてている。

このような相談に対して、小児科医、子育て経験者、保育士、心理士などの専門家による回答には次のようなものが多い。[10]「赤ちゃんも二歳を過ぎると、自分なりの楽しさ、不愉快さなどの喜怒哀楽の気持ちが育ってきます。けれども、それを表現する力はまだついていません。本人自身気持ちは動くものの、相手に伝わるような表現はまだ出来ません。声や表情をいろいろ変えたり、身体を動かして表現しようとはしますが、周囲の人に伝わることもあれば、そうでないこともあります。それに対しては『そうか、××がうまくできなかったのね』『ムカムカしたのね』など、子どもの気持ちを表現する言い方を工夫してみましょう。時には身体をさする、頭をなでる、抱きしめるといった身体接触も、子どもに『言いたいことが通じた』という安心感をもたらすことがあります。具体例を選択肢として与えて、選ばせることもよいでしょう。そして泣き叫びが弱くなってきた頃から、子どもに『何をしたかったのかな？』と話しかけながら、言葉の発生を促していくとよいようです。」

この回答は、この年齢では頻繁に大泣きする子が多いことを親に伝え、子どもが自分の気持ちを言葉で意識する力を身につけるための援助という子育ての目標を与えるものである。それによって、子育ての難しさに圧倒されて、自分の心理的安定を子どもとの間であらためて確保しようとする親側の反応を防ぎ、幼児にとっての発達促進的環境を整えることが期待されている。これは子育て相談の回答としては適切ではあるが、子育ての「難しさ」を相談したい親に訴えかける力は弱い。なぜなら、このような時期の子どもを育てている親は、分かり合うことによって子どもとの気持ちの一致を体験できない居心地の悪さや、自分が子どもの気持ちを受け止められなくても子どもは無事成長するのかという不安が減ることを願っているからである。

確かに言葉で返すという受け止め方は重要である。言葉による受け止めと同じように、子育てをする側には言葉以前のものや言葉にならないものにも開かれた意識が求められる。(11) 言葉を用いるにせよ言葉以外のコミュニケーションを生かすにせよ、人は子育ての「難しさ」を感じると、子どもの気持ちを「受け止める」という方向をめざす。子育て世代にとって「気持ちを受け止める」という対人関係の構えは、まさに子どもの成長を支える強力な手法であり、子育てのスローガンでさえある。

事例Bのように、どの子どもの発達過程にも起こりうる「育てる困難」に心身健康な親が直面した場合は、これまで述べてきたように自ら心の揺れを抱え、親・友人・配偶者あるいは匿名性が保持される子育て相談の相手に時々不安や疑問を語りながら、子どもの健全な成長を支える環境を整えることができる。しかし、専門機関に来談される親子の場合は、気持ちを「受け止める」方向への努力だけでは不十分なことも多い。そのような状況にある親は、察し合う関係や日常の人間関係に支えられる体験だけでは親自身の心の揺れを抱えきれず、自らの苦痛を「子育ては難しい」あるいは「子どもと付き合うのは大変」という形で意識化する繰り返しの渦中にあって身動きがとれなくなっている。

5　おわりに

子育ての苦労が親を人間として成長させるという考え方は、社会的に広く認識されている。子育ての負担がその認識の範疇におさまっている限りは、子育てをしている人の心の揺れは「子育てにつきもの」である苦労として夫婦・両親・友人との対話の中に抱えられる。

心理療法場面を訪れる人々の中には、子育ての負担がこの常識的範疇におさまりきれず、専門家を聞き手として自分語りを繰り返しながら自らの心理的変容に開かれるケースがある。その心理的体験には、通常は考えられない異世界の出来事としか位置づけられない質のことも含まれる。しかし、一般に言うところの子育てとその本質が異なるわけではなく、むしろ「育てること」の本質が心理的体験として開示されていると筆者は考えている。心理療法場面に展開する「育てることの困難」の変容については、機会をあらためて取り上げたいと思う。

現在子育てまっさかりの世代はもちろん、これから子育てをする世代に至っても、日本人はまだしばらく「子育ては難しい」と意識するスタイルで生きていくことを選ぶであろう。そして、子ども関連用品の開発、出産や子育てへの助成金増額、学童保育や託児所の質的向上、職業体験型テーマパークやニート援助のNPO法人といった子どもと就労をつなげる設備や制度の充実など、子育ての負担を軽くする、つまり「育てること」と「困難」のつながりを減らすような社会的取り組みは多方面で継続することになるだろう。

本稿では、「子育ては難しい」と感じる意識のあり方は「育てること」の難しさを減らし、喜びや楽しみとつなげていくことを必要としているのみではないことを示唆したつもりである。いわんや筆者は、子育てが難しく苦労するものであるから親の犠牲は不可欠であると主張しているわけではない。

私たちは子育てから得るものが多々あり、そこに心の安らぎがあることも知りながら、社会的には「育てること」を「難しさ」とつなげて意識する傾向にある。「子育ては難しい」と感じる私たちの意識は、この言葉に子育て世代が壮年期から初老期を生きる過程を支える力があることに気づいているのであろう。私たちは「子育ては難しい」という意識のあり方に助けられながら、子どもと自分を支えて「育てること」を生きているのである。

（1）本書「まえがき」参照。

（2）本稿で紹介した事例はすべて、子どもを対象とした公共施設に勤務する職員、インターネットや誌面に子育て相談を投稿する人々、病院やカウンセリングセンターなどの心理療法専門機関を訪れた人々との臨床経験をもとに、筆者が新たに構成したものである。

（3） Winnicott, D. W. 'The Capacity to be Alone,' in *The Maturational Process and the Facilitating Enviroment*, London, 1969.

（4）「子どもの内的成長と孤独」については、エリース・ボールディング著『子どもが孤独でいる時間』（松岡享子訳、こぐま社、一九八八年）に掲載された例が参考になる。「人間には孤独でいるときにしか起こらないある種の内的成長がある」という著者の主張はクェーカー教徒としての信仰に支えられたものではあるが、日本語版が二十六回もの増刷をかさねていることから宗派を超えて日本人の心にうったえる内容であると考えられる。

（5） Berry, P. 'The Untouched,' in Echo's Subtle Body, Spring, Dallas, 1982.

（6） Sullivan, H. S. *Clinical Studies in Psychiatry*, New York: W. W. Norton & Company, 1956.（中井久夫・山口隆訳『現代精神医学の概念』みすず書房、一九七六）

（7） Winnicott, D. W. Collected Papers: Through Paeditrics to Psycho-Analysis, Tavistock Publications, 1958.（北山修監訳『児童分析から精神分析へ』岩崎学術出版社、一九九〇）

（8）前思春期とは発達心理学的に言えば、女性の十〜十二歳頃、男性の十〜十四歳頃を指す。一一〇頁で述べたchumshipに開かれる対人関係をもつ時期である。

（9）甲南大学人間科学研究所第二期子育て研究会編、二〇〇七、「〔第二回〕子育て環境と子どもに対する意識調査報告書」参照。

（10）松田道雄『私は二歳』岩波新書、一九七九など。

（11）大久保もえ子「言葉のない幼児とのプレイセラピー」『臨床心理学特集　母と子――周産期と乳幼児期への心理援助』第六巻第六号、二〇〇六、七七三―七七八頁、金剛出版

文献

相良敦子『お母さんの敏感期』文藝春秋、一九九四

橋本やよい『母親の心理療法』日本評論社、二〇〇〇

Sameroff, A. & Emde, R. N., *Relationship Disturbances in Early Childhood; A Deveropmental Approach*, Basic books, Inc, 1989.（A・J・ザメロフ他『早期関係性障害――乳幼児の成り立ちとその変遷を探る』小此木啓吾監修、井上果子他訳、岩崎学術出版社、二〇〇三）

Storr, A. *Solitude; The School of Genius*, Andre Deutsch, 1988.（『孤独』吉野要監修、三上晋之助訳、創元社、一九九九）

多田孝志『対話力を育てる「共創型対話」が拓く地球時代のコミュニケーション』教育出版社、二〇〇六
山田禎一『親子の間の取り方——子どものこころの叫びにこたえる』かんき出版、二〇〇六

「若者」を育てることの困難

斎藤　環

1　「若者」は劣化したか？

筆者は小児科や発達心理学の専門家ではないので、本論では「育てる」というテーマが抱える問題を、主として思春期以降に限定して考えてみたい。

思春期、青年期の延長はいまや空前の規模で進行しつつあり、その意味で現代は、もっとも「子育て」に該当する期間が長期化した時代になりつつあるとすら言いうるだろう。長期化が困難と同じことを意味するかどうかはともかく、子育てにおける親の意志や選択が、かつてないほど大きな意味を持ちつつあると言うことはできるかもしれない。

筆者は精神科臨床医としては、いわゆる「ひきこもり」問題を中心として、思春期・青年期の事例を数多く扱っている。まずは、そうした立場から若者のおかれている現状を簡単に述べておきたい。ただし、これはいわゆる「若者論」ではない。

若者論と呼ばれる議論のほとんどは、今の若者の価値観が、論ずる「大人」世代のそれと、どれほど隔たっているかにまず焦点を当てようとする。それはしばしば、当の対象である若者の匿名性を隠れ蓑にした若者差別にすぎない。

それぞれの論者が何を望むかはともかく、この種の若者論は、当の若者の変化などではなく、若者を嘆かわしく思う大人の側の連帯感情しかもたらさない。この連帯感は、その根底に、一種のルサンチマンに根ざした羨望をひそませているという点において、しばしば「いじめ」に似たものになる。

しかし筆者の考えでは、もし本当に価値観が異なっているのであれば、もはやいかなる対話も困難なものとなってしまい、そこには有効な処方箋はありえない。若者について語りたいのであれば、まず価値判断からの自由を、可能な限り確保する必要がある。

その意味からも、若者がいかに特殊な部族《トライブ》であるかを、これみよがしに語るべきではない。筆者の議論は、若者個人の主体にいかなる特異性も認めない。本論は若者という存在に固有の特殊性は原理的にありえないという前提のもと、現代の若者集団が置かれている特異な状況について検討し、記述することを第一の目的とするものである。

2 「青少年の凶悪化」という虚構

若者論の混乱は、しばしばメディアの側の印象操作に根ざしている。いや、実際にはおそらく「操作」と言いうるほど明確な意図はそこにはない。たとえば「キレやすい若者」ないし「青少年の凶悪化」というイメージは、そういうイメージへの大衆的欲望と、そうした欲望の所在をあてこんだメディアとの共同作業によって創作されたフィクションと言ってよい。類似のフィクションとしては「心の闇」や「ひきこもりは犯罪者予備軍」などがあるが、いずれも事実としての検証に耐えるような言葉ではない。むしろ問題は、「キレやすい若者」に対するわれわれの側の欲望にこそあるのではないだろうか。

それでは、若者は本当に凶悪化しているのだろうか？　その一方で聞かれる嘆きは、依然として若者の無気力化、意欲や希望のなさ、コミュニケーション能力の低下、といったものである。筆者の考えでは、これらの傾向と「凶悪化」はけっして相容れることはない。青少年問題の対策を考える上で、いま起こりつつある変化の性質を正しく理解しておくことは当然の前提である。まずはデモグラフィックな視点から、いま青少年に起こりつつあることを検証しておく必要がある。

平成一四年度犯罪白書の統計が示す通り[1]、若者の犯罪率は長期的には明らかに減少傾向にある。たとえば殺人による青少年の検挙数は、この一〇年ほどは、戦後最大のピークであった昭和三五年の四分の一程度の水準で推移している。強盗犯の検挙数は近年上昇傾向に転じているようにもみえるが、これは一説には、「強盗」の判断基準が拡大され、万引きで店員を振り払うような行為まで「強盗」にカウントするようになったためとのことである。土井隆義が指摘するように[2]、かつては非行の典型だった「逸脱キャリア型」、すなわち非行集団に所属する少年が非行を重ねながら犯罪傾向を強めていくタイプは減少しつつある。もしそれが事実であるならば、青少年の凶悪化はやはりフィクションと言わざるを得ない。言うまでもないが、フィクションであるから軽視してよいという意味では全くない。

犯罪における国際比較でも、同様の指摘は多い。たとえば長谷川真理子は「日本の若者は世界一、人を殺さない」（二〇〇三年四月四日付『朝日新聞』朝刊）ことを指摘している。通常、殺人者の出現率が最も高いのが二〇歳代の若者であるのがほぼ全世界に共通する傾向で、日本においても一九七〇年代まではそうした傾向がみられた。しかし一九八〇年代以降は、この割合は低下し、現在では上位三位にも入っていない（二〇〇二年の統計では、三〇代、五〇代、四〇代の順になっている）。もちろん日本の若者も非行や薬物依存などの問題を抱えてはいるが、全般的に反社会傾向が急速に強まっているとは言えない。また、欧米では大きな社会問題となっている若年ホームレスについても、日本では数が少なく、ほとんど問題にされることはない。

3 非社会化傾向

変わって、近年さかんに指摘されるようになったのは、青少年の無気力傾向、あるいは非社会的な問題行動群である。

若者の非社会性が問題視されはじめた時期は、おそらく一九七〇年代まで遡る。全共闘世代による政治の季節が幻滅とともに過ぎ去ったあと、若者は急速に無気力化し、「三無主義」ないし「シラケ世代」などと呼ばれるようになった。以来、おどろくべきことに、この傾向に対する反動は一度も起こっていない。シニシズムに根ざした無気力感は、いまだに若者における気分の主調と言ってよい。

二〇〇三年二月二二日に『読売新聞』が発表した「全国青少年アンケート調査」の結果には、今の若い世代特有の気分が如実に反映されていて興味深い。

中学生以上の未成年者五〇〇〇人を対象に実施された調査だが、回答の実に七五%が「日本の将来は暗い」と考え、同じく七五%が「努力しても成功するとは限らない」としている。しかしその一方で、「親の老後の面倒はみるべき」との回答は八二%と高くなっている。また、将来については出世志向よりも「好きな仕事（六九%）」や「幸せな家庭（六二%）」を重視し、経済的にも「ほどほどに暮らせればいい（四九%）」と考える若者が多い。この結果を見る限り、やはり若者全体の気分として、反社会性が主調とは言えない。むしろ若者の多くが、内向的でかつ保守的な方向に向かいつつあるとみるべきではないだろうか。

若者の非社会化傾向を示すもうひとつの傍証が、若者に与えられたさまざまなキーワードであり、レッテルである。これまで、さまざまなレッテルが若者のために作られてきたが、そのほとんどが非社会的な若者を批判するための言葉であることには、あらためて驚かされる。

その端緒ともいうべき問題が「登校拒否」である。これは用語としては不正確なものであり、「不登校」が正式名称なのだが、レッテルとしてはいまだに「登校拒否」も現役である。不登校の子どもについては、一九五〇年代からその報告がみられるが、当初は「学校恐怖症」などと呼ばれ、精神疾患として治療の対象とされていた。しかし、その後も不登校人口は増加し続け、もはや誰にでも起こりうる問題として、名称も価値判断を含まない「不登校」として定着した。文部科学省も「ゆとり教育」やスクールカウンセラーの導入など、さまざまな対策を講じたが、増加傾向は緩和されなかった。二〇〇二年以降にようやく減少傾向に転じたものの、ピーク時の二〇〇一年には一三万九〇〇〇人にも及んだ。減少の背景にも、少子化や学校週五日制などの影響があり、必ずしも本質的な意味での減少とは言えないとみる論者もいる。後述する社会的ひきこもりの問題は、そのかなりの部分が不登校からの延長線上で生じている[3][4]が、非社会化の端緒として、不登校問題は依然として重要な位置を占めている。

一九八〇年代に入り、子ども向けの文化と考えられていたアニメやコミック、ゲームなどの趣味に没頭し続ける青少年が急速に増加し、「おたく」と呼ばれるようになった。社会性に乏しくペドファイル（小児性愛者）が多いなどの偏見にさらされた時期もあったが、こうしたライフスタイルはいまや欧米の若者にも広範囲に拡散しつつある。むしろ現在は、ソフトウェアを大量消費する層として景気の動向を左右し、あるいは日本が世界に誇りうる輸出文化の担い手として肯定的評価も受け始めている。[5] 株式会社野村総合研究所が二〇〇四年八月に発表した調査結果によれば、おたく人口は二八五万人と推計されている。急速に浸透と拡散を遂げつつある「おたく」だが、かつてほどではないとはいえ、若者の非社会性を象徴する言葉のひとつとして、批判的文脈で用いられることも依然として少なくない。おたくがフィクションの中の異性に憧れ、あるいは愛でる感情を「萌え」と言うが、この言葉に示されているように、おたくの非社会性については、主として性愛の側面について問題視されることが多い。

一九八〇年代後半には、定職に就こうとせずに非正規雇用の「アルバイト」を転々とする若者の増加が指摘されるようになった。彼らは一九八七年に「フリーター」と命名された。その定義は「一五〜三四歳の若年(ただし、学生と主婦を除く)のうち、パート・アルバイト(派遣等を含む)及び働く意志のある無職の人」である。フリーター人口も急速に増加しつつあり、一九八二年には五〇万人だった数が、内閣府が二〇〇三年に発表した推計によれば、予備軍も含めた広義のフリーターは四一七万人に達したとされる。フリーター増加の要因としては、若者の転職や失業への抵抗感が薄れ、企業の側も不況のため、正社員よりも労働コストの低いフリーターを雇用する傾向が強まったためと考えられている。

一九九七年に、社会学者の山田昌弘は「パラサイト・シングル」という言葉を提唱した。[6] その定義は「学卒後もなお親と同居し、基礎的生活条件を親に依存している未婚者」である。近年非婚率の上昇とともに、三〇代に至っても独身のまま親元で過ごすライフスタイルが珍しいものではなくなりつつある。三〇過ぎの独身女性に対しては、近年「負け犬」などといった命名も定着した。[7] 二〇〇〇年の総務省「国勢調査」によれば、親族と同居する二〇代・三〇代の未婚者は、男性が約六五一万二〇〇〇人、女性が約五六八万六〇〇〇人、合計で約一二一九万八〇〇〇人に上る。こうした傾向についても、性急な価値判断はひかえるべきではあるが、広い意味で青少年の非社会傾向の現れと考えることが可能である。

「社会的ひきこもり」は、一九九〇年代から急速に社会問題化した現象である。[3][4] ただし、筆者の経験からの推測では、この問題は一九七〇年代後半から徐々に事例が蓄積していたものが、近年になって急速に認識が進んだに過ぎない。「六ヶ月以上社会参加がなく、精神障害を第一の原因としない」若者を指すと定義されている。社会的ひきこもりの若者は精神障害ではないが、ほとんど外出もせず何年間にもわたって自室に閉じこもり続けた結果、対人恐怖や被害妄想、あるいは強迫症状やうつ状態といった精神症状が二次的に生じてくることがあり、そうした場合は精神科での治療が必要になる。ひきこもり状態に至る契機として、受験や就労の失敗、あるいは対人関係の問題など、なんらかの挫折体験が関与する場合もあるが、明瞭なきっかけを欠く場合も少なくない。現時点では不登校と同様に「どのような家庭のどのような子どもにも『ひきこもり』は起こりうる」とするのが妥当であろう。

現時点でこうした若者がどれほどの規模で存在するかは、さまざまな制約から調査が困難であるが、岡山大学の川上憲人らによる調査研究(8)では、無作為抽出された一般住民一六〇〇名を対象として訪問アンケート調査を行い、日本全国でおよそ四一万世帯に社会的ひきこもり状態の若者がいると推計されている。

また、国立精神・神経センター精神保健研究所の伊藤順一郎らの研究調査(9)によれば、平成一四年一月から一二月間の全国の保健所・精神保健福祉センターにおけるひきこもりに関する相談は一万四〇〇〇件あり、相談内容の内訳としては下記のようになった。すなわち、本人の平均年齢は二六・七歳で三〇歳以上が三二・三%、性別は男性が七六・四%、小・中学校いずれかの不登校経験者は三三・五%、などである。

伊藤らの研究班は、上記の調査結果に基づき、「一〇代・二〇代を中心とした『ひきこもり』をめぐる地域精神保健活動のガイドライン」を作成し、各都道府県・指定都市等に対し、業務参考資料として配付した。これ以降、各自治体の精神保健福祉センターと保健所が、ひきこもり問題の相談窓口として位置づけられるようになった。また、札幌市や横浜市、田辺市、神戸市、京都市など、多くの自治体が独自に地元の民間NPO団体などと連携し、ひきこもり問題に対して取り組みはじめている。

二〇〇四年以降に広く知られるようになったもう一つの若者問題である「日本版NEET(10)(NEET=Not in Education, Employment or Training)」もまた、社会的ひきこもりときわめて近い問題である。イギリス由来の言葉ではあるが、日本版を作るにさいして、年齢層や除外項目などに大幅な変更が加えられた。紹介者の一人である小杉礼子（「労働政策研究・研修機構」副統括研究員）の定義によれば、「仕事をせず、失業者として求職活動もしていない非労働力のうち、一五～三四歳で卒業者かつ未婚で、通学や家事を行っていない者」ということになる。内閣府の統計によれば、わが国のNEET人口は八五万人とのことで、増加傾向にあるとされている。[11] しかし一方で、NEET人口は増えておらず、過度の問題視は若者差別につながるとして批判する論者もいる。[12]

ただし、家族以外の対人関係を全く断ち切ってしまう社会的ひきこもりの若者に比べ、ニートの若者は対人関係は維持されていることもあり、最低限の社会性が保たれていることも多い。ただし、ニートの若者たちも高年齢化して三〇代に至ると、周囲の仲間が就労や結婚してしまい、徐々に対人関係を失ってひきこもり化していく可能性を持っている。ニートに至る重要な契機の一つに職場での対人関係があることを考えるなら、ニートに対してもなんらかのメンタル面でのサポートやケアが必要になってくる可能性はある。

非社会化と言うよりは弱者化する若者を示す最新のキーワードは「ワーキング・プア」である。[13] メディア主導で広がった言葉であり、公式の定義はない。一般には派遣・アルバイトなどの非正規雇用者で、正社員並みに働いても生活保護水準以下の収入しか得られない貧困層を指す。山田昌弘は彼らを生み出した格差社会が小泉内閣以前から進行していたニューエコノミーの産物であり、その結果、労働生産性が高い仕事（正社員）と低い仕事（バイト、派遣）との間に移行困難な分断が生じたと指摘する。[14] 筆者の推定では、ワーキング・プア―ニート―ひきこもりの三者は相互に移行するような概念であり、そうだとすれば、若者の非社会性が若者個人の気質の変化によってもたらされたのではなく、むしろ政策や経済状況といった構造的な要因によってもたらされている可能性が強く示唆されるであろう。

4　成熟困難の一般的要因

以上みてきたように、現在の若者がかかえる成熟の問題は、主に非社会性として表現されている。

ところで筆者には、かねてから「社会の成熟度と個人の成熟度は反比例する」という持論がある。一般に成熟社会においては、個人のモラトリアム期間が著しく延長されるため、成熟度は必然的に低下する。経済的豊かさは「就労」や「家族」の生存上の必要性を緩和し、地縁や血縁の希薄化は個人が何かを犠牲にしてまで「関係」に接続する意義を失わせる。要するに「義理人情」の地盤沈下、である。

しかしそもそも「近代化」とは、子どもを労働から解放する過程であった、とも言える。経済的なインフラが豊かになるとともに少子化が進み、「子どもであること」の価値は相対的に高まっていった。子どもから大人に至るまでの期間としての思春期・青年期は、まずモラトリアム期間としての学生時代にあたり、この期間はみるみる長期化した。このプロセスを精神科医のT・S・サズは、次のように表現する。「『大人』というのは、子供時代と老年期との間で、限りなく短縮し続ける期間だ。なぜなら近代社会は、この期間を最小にすることを目的としているのだから。」[15] 先に示した社会の成熟度と個人の成熟度の関係は、これに近いことをより単純化した命題として示したものである。

もちろん、成熟困難の背景にあるのは、必ずしも労働問題のみではない。一般に成熟社会においては、個人のモラトリアム期間が著しく延長され、成熟度は必然的に低下するのである。これに関連する要因は複数ある。義理人情の地盤沈下についてはすでに述べた。これに限らず、共同体意識で支えられていたさまざまな価値観がゆらぎはじめるのも、近代化以降の傾向である。「殺人の禁忌」「就労の義務」「大人と子どもの区別」など、かつては自明であるがゆえに問い直されることもなかった諸価値が徹底した懐疑にさらされ、根拠の曖昧なものから順に廃れていく。「成人式」などの通過儀礼が真っ先に形骸化し、結婚式からは「仲人」が消えつつあることは周知の通りだ。共同体の価値観を徐々に内面化・自明化していく過程もまた「大人になること」であるならば、ここにも現代の若者にとっての困難が横たわっていることになる。

価値観はまた、アイデンティティ（自己同一性）を支える重要な柱だ。アイデンティティとはさまざまなカテゴリーにおいて自己定位を可能にするナビゲート感覚を指すが、ここで比喩的に言えば「GPS」に座標を提供するのが、安定した価値観とその基礎をあたえる共同体なのである。それらが弱体化すれば自己定位が困難になり、アイデンティティ拡散が起こるのはほぼ必然のなりゆきである。

もちろん以上の変化は、日本だけに起きていることではない。そもそも近代化された成熟社会とは、ある種の（「すべての」ではない）未成熟さに対して寛容な社会のことだ。だから未成熟な若者が増加したとしても、そのまま若者の不適応が増大するということにはならない。

しかし若者のすべてが適応可能であるような社会もまた、残念ながら存在しない。かりに若者集団の適応度についての正規分布が作成可能であるとして、分布曲線の両端には、きわめて高い適応度を示す若者と、極端な不適応にあえぐ若者が析出することはどうしても避けられない。それがまさに、時代や流行を超えて不可避であるがゆえに、場当たり的ではない若者対策が求められるのである。例えば筆者が専門とする「ひきこもり」はたしかに日本に多いが、欧米では日本にはほとんどいないヤングホームレスが急増中である。要するに、未成熟や不適応の問題はどこにでも存在し、異なるのはその形式のみ、という推定が可能になる。

だとすれば問題は、さしあたり以下の三点になる。①不適応の型がどのようなものであるか。②その型を維持させている社会的・家族的・個人的要因はなんであるか。③不適応状態がさらなる犯罪や事件などといった問題領域にまで波及しないためにはなにができるか。

たとえば筆者の「ひきこもり」論は、ほぼ常にこのような問題構制をとってきた。具体的には、日本における「ひきこもり」が欧米のヤングホームレスに相当するという推測にもとづき、問題は不適応の量的側面ではなく形式的側面にあることを指摘した。あるいは対策を考えるに際しては、すべての「ひきこもり」をなくすことを考えるよりは、ひきこもり状況から家庭内暴力や一家心中などに至ってしまうような極端な暴走を予防し、改善を望む当事者が情報や支援から隔絶されないためのシステム構築を主張してきた。「ひきこもり」を巡っては、批判よりも受容を、予防よりも対応を優先させるべきである。これは倫理的要請であると同時に、効率的な支援を継続していくためにも必要な考え方である。この点は「ひきこもり」に限らず、非社会性の問題領域のほとんどに該当すると筆者は考えている。

5　家族の変質

若者の非社会性という変質が事実であるとして、その最大の要因のひとつに「家族の変質」を挙げたとしても異論は少ないであろう。すくなくとも、前頭葉や遺伝子の劣化、あるいは環境ホルモンといった、疑似科学的な説明よりは、その構造的な因果関係をめぐって、議論と検証を行いやすい視点であると思われる。

ここではまず、韓国と日本との比較において、とりわけ家族の変質における共通点について検討することから始めてみよう。「国民性」において、かなり大きな隔たりがあると想定されがちな日本人と韓国人ではあるが、対人恐怖や「ひきこもり」といった問題の側から見ていくと、その心性において韓国人と日本人は、意外なほど隣接した関係にあることに気付かされる。

ここでは、日本と韓国が、いずれも「儒教文化圏」であることに注目してみたい。日韓の「ひきこもり」問題に関わりをもってきた筆者の、とりあえずの印象は、儒教文化圏における家族のありようが、たとえばキリスト教圏におけるそれとは構造的に異なっているのではないか、というものだ[16]。

もちろん日本と韓国とでは、社会文化的背景もかなり異なっている。韓国の若者には一九歳から二年間の兵役が義務づけられているし、共同体や血縁の絆も日本より遙かに強い。インターネットの浸透度も日本以上である。しかしそれらの多くは、言ってみれば程度の差でしかないようにもみえる。その一方で、若者文化に限っても、日本と共通点が多いのも事実だ。具体的には、いわゆる「おたく」文化などのサブカルチャー的な側面での類似がある。サムソン社会精神健康研究所の李時炯（イ・シヒョン）氏によれば、韓国でも日本の「ひきこもり」に類似した現象として「ウェットリ（独りぼっち）」と呼ばれる若者が急増中であるという。また、子が親に対して振るうタイプの「家庭内暴力」も、従来は日本固有と考えられてきたが、韓国でも珍しくなくなったという[16]。

日本と韓国とでは、社会的なインフラに大きな隔たりがある。にもかかわらず、こうした共通点があるとすれば、それは何によるのだろうか。最も大きな要因としては、家族を含む対人関係の文化に共通点が多いということがあげられるのではないか。

なかでも最大の共通点は、韓国も日本も、母子関係を基軸として家族が成立しているという点であろう。これは一般に、両親の夫婦関係が基礎にあるとされる欧米型の家族との最大の違いである。ひきこもり家庭に限らず、わが国の子育ての特徴として、母親が過保護・過干渉、父親が家庭に無関心という組み合わせがしばしば指摘される。少なくとも臨床家なら、こうした家族がいかにありふれたステレオタイプであるかについて、全面的な同意が得られるだろう。こうした家族形態は、戦後の高度成長期を通じて徐々に形成されてきたと考えることができる[17]。その背景には、社会的インフラの整備にともないなかば必然的に進行した、少子化と核家族化という二大要因が存在する。

こうした変化を背景として、家族観の関係性のあり方も大きく変質していったのである。このあたりの経緯については、精神科医や社会学者の議論よりも、文学者の視点のほうが事態を構造的に捉えやすい。かつて江藤淳は、戦後文壇に登場した安岡章太郎、小島信夫ら、いわゆる「第三の新人」たちが、いずれも母―息子の、情緒的かつ幼児的な世界を維持していることを見出した[18]。江藤はその背景として、近代日本における「母」の影響力の増大が、「父」のイメージの希薄化とともに起こったことを指摘する。

なぜ父の影が薄くなったのか。近代日本の社会階層システムにおいては、教育（＝学歴）と出世が密接に結びつくからである。このシステムの中で多くの母親は、出世と縁のない父親を恥じつつ、わが子の出世を待望して教育に力を入れるようになっていく。いわゆる「教育ママ」の出現である。かくして家庭における父親の疎外と母子密着は、ほぼ表裏一体の現象として定着していった。さらにわが国では、六〇年代以降急速に広がった「専業主婦」という立場が、こうした母子密着傾向をいっそう促進したであろう。

上野千鶴子は、江藤の指摘に加えて、母子密着の起こる条件を次のように述べている[19]。すなわち、生産労働から離れた母の基盤の不安定さ、核家族の孤立、父の疎外などといった、近代家族の諸条件である。ここから連想されるのは、夫に失望し、わが子の存在だけが生き甲斐となった母親のイメージである。このイメージには、ほとんどの人がなんらかの既視感を覚えるのではないだろうか。

こうした母子密着型の文化にあっては、家族病理もまた、母子関係を中心に生じやすくなるだろう。例えば近親相姦である。欧米では父と娘の間で起こりやすいが、日本では母と息子という組み合わせが圧倒的に多いことは、良く知られた事実である。家庭内暴力についても、欧米では父が妻や子に暴力を振るうパターンが一般的だが、日本では子どもが親に対して振るうタイプのものが依然として多くを占めている。

さきに上野が「近代家族の諸条件」として述べたことは、韓国にもほぼ同じ構図として適用可能と思われる。最近の韓国は英語ブームで、裕福な家庭では、子どもをアメリカやカナダに早期留学させる家庭が増えているという[16]。このとき母親も子どもに付き添って渡航するため、家には父親が一人残される。このような父親は「雁パパ」と呼ばれる。海外で暮らす妻子に仕送りすべく、ひとり母国に留まって働き続ける父親を、配偶者を失った独り雁になぞらえているのだ。これは日本における「単身赴任」に近い現象であり、母子密着と父親疎外の典型的パターンなのである。

6 「自立」イメージの差異

先ほど触れた「儒教文化圏」との関連で言えば、「自立」や「成熟」のイメージが、欧米とは異なるという点も重要である。おそらく欧米における「自立」のモデルは「家出」であろう。合衆国がひとつの典型であるような「自立」を至上の価値とする文化圏では、成人年齢に達した子どもは親元から離れ、「自立した個人」として振る舞うことを要求される。もっとも欧米圏といっても多様であり、アメリカがこの種の強い自立観のひとつの極であるとみなすなら、たとえばイタリアは緩やかなほうの極であろうと考えられる。ちなみに、ヨーロッパでひきこもり問題への関心が最も高い国がイタリアである。いずれにせよ、成人して以降も両親と同居を続けることが、恥とは言わぬまでも特異な眼で見られてしまうという状況は、いまだ欧米では一般的である。

みてきたように、欧米における自立イメージが「家出型」であるとすれば、日本や韓国などの「儒教文化圏」におけるそれは、「親孝行型」というべきものである。すくなくとも、この文化圏における「自立」とは、必ずしも個人が家から出ていくことを意味していない。それは、さきに触れた「パラサイト・シングル」が、いまや一二〇〇万人を超えるという現状からもあきらかだ。むしろ成人後も家に留まり、両親の生活を支えながら生きていく「孝」の姿こそ、この文化圏における望ましい成熟のあり方なのだ。

やはり儒教文化圏である中国の家族観に象徴的な言葉がある。例えば「四世同堂」は四世代が同居するという理想的家族のあり方だし、「養児防老」は老後の安心のために子どもを育てるという、これもあらまほしい家族の姿を示す言葉である。ここから儒教文化が一種の「同居文化」であることがうかがえる。[17]

かつて三人以上の子を持つ家庭が珍しくなかった時代には、同居と親孝行が期待されるのは長男だけで、その他の子どもは家から出されるのが慣例だった。しかし、経済成長と少子化、さらに戦後民主主義教育のもと、すべての子どもは平等に、つまり「長男並み」に大切にされる風潮が一般化した。その結果、成人して以降のモラトリアム期間も曖昧な形で同居が続くことが一般化したのではないだろうか。それでも「人並みに」就職や結婚というコースをたどれれば問題化することはないが、すべてがうまくいくとは限らない。うまくいかなければ、どうなるか。就労しないニートとして親元で生活するか、ひきこもってしまうしかない。筆者は、こうした同居文化における特異な「不適応」の形態が、「社会的ひきこもり」をはじめとするさまざまな非社会的問題なのではないかと考えている。

この種の「不適応」の位置づけが難しいのは、それが相対的な価値基準によるものでしかないことによる。「ひきこもり」や「NEET」が問題視されるのは、あくまでも就労・就学・結婚・独立を良いものとみなす価値観が前提である。先にも述べたように、そうした価値観はいまや自明のものとは言えない。それゆえ、この自明性を重視しないものがあえて積極的に非社会的ライフスタイルを選択している場合には、その状態を問題視したり病理化したりする視点そのものが無効となる。もっとも、実際のひきこもりやニートの若者たちは、むしろこの種の自明性に縛られていることが多く、状況はかなり複雑である。

念のために付け加えておけば、筆者は欧米型の自立のあり方が素晴らしい、などと言いたいわけではまったくない。家出型自立は、もし失敗すれば自殺、あるいは若年ホームレス、あるいは薬物依存や犯罪などの反社会行動に結びつく可能性が高い。いっぽう日本の若者は、冒頭で検証してきたように、国際的にみても、きわめて反社会傾向が低い集団である。日本の若者の非社会性は、むしろ社会防衛のためのコストを抑制するという意味では、間接的に社会に貢献しているとすら言いうるのだ。

7　カーニヴァル化とデータベース

ここまで筆者は、非社会化する若者をとりまく社会文化的な状況について述べてきた。若者の心のありようが変質したとすれば、以上述べてきたような状況的変化が、その変質の主要な要因であると筆者は考えている。言い換えるなら、筆者は、社会状況とは無関係に若者の脳や心が変質したとは考えない。変質があり得るとしても、それはあくまでも状況の変化に対する反応として、二次的に生じたものとみなす。

それでは、若者の心のありようは、どのように変質したと考えるべきだろうか。非社会傾向につながる心理とは、どのようなものだろうか。筆者はここで、可能な限り価値判断と、さらに言えば病理的判断から距離を取りつつ、若者の心に起こった変質について記述を試みたい。

筆者は著書『「負けた」教の信者たち』において、かつて次のように書いた。(16)「一人の勝者もいない戦場で、ひたすら敗走を続ける若者たち。筆者はそんなイメージを抱いてしまうが、いささかロマンチックすぎるだろうか。しかしどうしても疑問は残る。彼らが事実関係のいかんにかかわらず「負け」のイメージに固執するのは、いったい何故なのか」と。

現在の若者の多くが、戦う以前から自らを「負け組」要員に数え入れ、その「身分」は将来にわたって変わることはないと確信しているように筆者には思われた。この、徹底した変化と成長への不信、いわば「確固たる自信のなさ」とでも言うべき意識は、何に由来するだろうか。筆者は彼らが負けたと思いこむことにおいて、自らのプライドを温存していること、現状を否定することで、より高い理念の側にプライドを確保しているのではないかという仮定に立って、それを、かりに「自傷的自己愛」と呼んだ。

とりわけ変化（＝成長）の不可能性を考えるに際しては、「テンプレート」という言葉がキーワードとなる。社会学者の鈴木謙介は、若い世代の希望のなさが、あらゆる希望がテンプレート化してしまったためにもたらされたと指摘する。[20]

鈴木は私との対談において、今の若者の多くにとって、サラリーマンになるにせよアーティストとして成功するにせよ、そこに至るまでの努力や方法や物語のすべてが、ことごとくテンプレート化してしまっており、それはテンプレートに過ぎないがゆえに欲望の対象となりにくいのだと指摘する。

この「テンプレート」という言葉は、「免疫」あるいは「既視感」といった比喩に置き換えたほうがわかりやすいかもしれない。若者の無気力さは、目標に至るまでに高い壁が立ちはだかっていて、なりたいものに努力してもなれないがゆえの無気力ではない、といったことだ。むしろ、どんな努力をすればどんな結果になるかが最初から見えてしまい、その気になりさえすればすぐにでもその努力を開始できるようなインフラも十分に整備されている状態こそが、若者たちを抑圧しているのではないか。彼らはそうした悩みが、上の世代からは「贅沢な悩み」などと言われかねないことまで、先刻承知なのである。

この対談では、いまや「経験」や「身体性」すらも、変化（＝成長）の契機たり得なくなりつつある「若者」の状況が繰り返し指摘されている。農作業や奉仕活動、あるいは過酷な肉体トレーニングといった生身の体験も、もはや若者の変化や成長をもたらさないということ。この種の「体験主義」が無効になりつつあることは、現場の支援者たちの実感としても耳にする機会が多い。若者にとってそうした方法論は、それを通じて自分たちにどんな変化が期待されているかということまで、最初から織り込み済みなのである。こうした傾向は、「ひきこもり」や、部分的にはニートの若者に関わる機会のある筆者の臨床においても切実な問題である。

しかし、体験主義への過大な期待は、いつの世も根強いものがある。二〇〇七年一月政府の教育再生会議が、高校での社会奉仕活動を必修化する方針を固めた。この「奉仕活動の義務化」については、森内閣の教育改革国民会議がかつて提唱したが実現しなかったという経緯がある。しかし再生会議で同じ議論が蒸し返され、安倍首相の公約でもあったこともあって、その導入が再検討されつつあるのだ。

こうした一連の動きについては、理詰めの批判よりも、事実によって反証すれば事足りる。たとえば徴兵制によってすべての若い男性に兵役が義務づけられている韓国ですら、日本に追随するかのように、青年のひきこもりが増加しつつあるという。兵役のような究極の体験主義をもってしても、非社会性の拡大に歯止めがかけられないという実例である。

この種の「かわらなさ」に関連して、鈴木は著書『カーニヴァル化する社会』で次のような説明を試みる。[21] 鈴木が前提とするのは、現代の自己モデルが反省的な自己イメージから再帰的な自己イメージへと変質しつつあるという指摘である。

「反省」とは、超越論的な審級において自己イメージを確保することであり、従来の精神分析的な自己モデルがこれにあたる。いっぽう、再帰的な自己イメージは、こうした超越論的審級を必要とせず、それ自体として無根拠に、つまり再帰的に自足しようとする。ここで自己イメージを支えるものが、大きく分けて二つある。すなわち、その都度なされる（自分自身の）データベースへの問い合わせか、「私が私であること」を瞬間的に肯定してくれる再帰的カーニヴァルである。ネット書店の『アマゾン』に登録すると、個人の購入履歴がデータベース化され、その個人データにもとづいた別の商品の「おすすめ」が自動的に決まる。比喩的に言えば、真の「私」や「欲望」は、無限遠の彼方に設定されたデータベースが勝手に決めてくれる、ということになる。

鈴木がジークムント・バウマン[22]から引用した概念である「カーニヴァル化」とは、一貫した共同体性が流動化をこうむった帰結として、瞬間的で持続性のないカーニヴァル的な共同性こそが、集団への帰属感を支えることになる、というものだ。この種のカーニヴァルとして鈴木があげるのは、二〇〇二年のサッカー・ワールドカップや、インターネット上の巨大匿名掲示板である2ちゃんねる発の「マトリックスオフ」「折り鶴オフ」などのイベントである。いずれも大きな物語が喪失された後の、小さな物語たちのヴァリエーションと考えることができよう。

「世界を把握する視座が欠落し、自己像が分断されていくと、その後に残るのは、一種の『宿命論』とでも呼ぶべき事態だ」と鈴木は言う。ラカンによれば、主体は本質的に欠如を抱え込んだ存在である。この欠如こそが、超越論的な審級において、主体の変化を媒介するだろう。もしかりに超越論的な審級が機能しなくなれば、自己は自己イメージを唯一のよりどころにするほかはなくなり、それが「変わらないこと」への諦め、というよりは積極的な固執をもたらしたとしても不思議ではない。これは東浩紀の指摘する「動物化」にも通ずる事態であり、(23)現状への否定や批判はおろか幸福や不幸といった差異の存在も所与のものとして諦める姿勢に通ずる。これが筆者の指摘する「負けた」教をもたらし、分断（種々の「格差」）はますます進行する。

東浩紀による「データベース的動物」という概念を発展的に継承したとも言える鈴木の議論は、むろん現代の若者全体を包括的に説明し尽くすようなものではない。しかし、ある種の若者の気分を確実に代弁し、いま起きつつある変化を図式的に理解しやすくするような説得性があるのも事実だ。ちなみに以上の議論を精神分析的にみれば、神経症モデルから境界例・解離性障害モデルへの移行、と言い換えることも不可能ではない。とりわけデータベース化した自己モードの複数性を強調するうえでは、比喩的な説明概念としても「解離」は有効だろう。

ただし、この種の議論に一定の限界があることは、はっきりと指摘しておく必要がある。少なくとも筆者は、人間の主体における超越論的な審級、ラカン的に言えば「象徴界」の機能不全、という説明を受け入れるわけにはいかない。臨床場面で統合失調症と神経症との区別が有効である限り、筆者はこの立場に固執する。もしかりに超越論的審級が本当に喪失されたなら、あらゆる主体は分裂病（統合失調症）化するほかはないからだ。それゆえ統合失調症が消滅するか、あるいは発症率が激増するか、いずれかの「現実」が起こらない限り、筆者はこの種の議論に、過渡的な比喩以上の正当性を認めない。

ここで生じている事態は、むしろ「幻想破り」とでも言うべき事態ではないだろうか。「社会」も「共同体」も「人間の成長可能性」も、ラカンに言わせれば一種の幻想ということになる。ここで「動物化」や「データベース」といった別種の幻想がはからずも暴いたものは、共同体の幻想性や、人間の成長不可能性という、一つの真理の次元ではなかっただろうか。

ネットワークやデータベースは、今後あたかも、もう一つの無意識のような作用をになう可能性が考えられる。ここで無意識とは、主体の外側で主体の代わりに考え、決定を行うような審級の総称である。本来の無意識にくわえ、新たに仮構された擬似的な無意識が追加されることで、何が起こるか。無意識の二重化によって、おそらく事態は混乱よりもむしろ、過度な単純化に向かってしまうのではないか。たとえば、本来の無意識の作用が、データベース的なものと取り違えられることで想像化され、外傷的なものの反復は抑制されるだろう。その代わり、あらゆる体験や記憶が、ことごとく想像的テンプレートに回収されることになる。

これは遡れば、家族の変質にもその遠因を求めることができるだろう。精神分析はエディプス・コンプレックスの容器として、子どもから「人間」への変化、すなわち去勢を媒介することが、家族の重要な機能であるとみなす。しかし今や、望ましい家族のありようもまた、再帰的かつデータベース的に決定づけられる。それは言ってみれば、メタ・エディプス的な機能を社会が果たすことを意味している。メタ・エディプスの介入は、去勢が本質的にはらむ外傷性を緩和するかわりに、文字どおりテンプレート化され、相互性を欠いた「子育て」を要請することになるだろう。

8　成熟へ向けた提言

以上の論点を整理すると、概ね次のようなストーリーになる。

まず、先進諸国における近代化が、社会的インフラを成熟させた結果、若者のモラトリアム期間は延長され、成熟度は急速に低下した。加えて社会の「リスク化」「二極化」などの傾向は、とりわけ九〇年代以降の雇用状況の悪化などとあいまって、若者の相対的な弱者化に結びついた。以上にくわえて、日本や韓国においては、世俗化・形式化された儒教文化の伝統が大きな影響を及ぼした。親孝行の伝統は単なる同居文化として形骸化し、結果的に子どもが成人以降も家に留まり続けることを可能にした。未成熟なまま弱者化した若者たちが、結婚や就労などといった「社会参加」の前で立ちすくみ、ほぼなりゆきだけで親元に留まり続けた帰結が、ニートやひきこもりといった、もろもろの非社会化現象である。まだ仮説段階ではあるが、若者における動物化とカーニヴァル化が、非社会傾向や弱者としての自意識を固定化し、成長や変化を抑制している可能性もある。ならば、この現象に対して「処方箋」はあるだろうか。

筆者は「ひきこもり」と同様に、非社会的であることが一義的に問題であるとは考えない。もちろん社会問題としての側面をことごとく退けるわけではないが、予防・解決されるべき困った問題という視点だけでは、むしろ解決そのものが困難になると考えている。政治や社会の側に対策としてなしうることがあるとすれば、まずは状況の継続的な分析と、解決を求める人への受け皿を提供することではないだろうか。少なくとも国策レベルで「予防」を考えることに、筆者は同意できない。そもそも予防とは、その対象が好ましくないという判断を前提にしている。また、かりに予防策を講じようにも、さきにも述べたような「奉仕活動の義務化」といった愚にもつかないアイディアがせいぜいでは仕方がない。

非社会性の問題に限らないが、この種の深刻ではあるが緊急度の低い問題については、予防よりも対応を考える方が効率的である。一律の予防は効果が不確実な上にコストがかかりすぎる。あくまで事後的に、必要に応じて適切な対応を考え、それを実行しうるような受け皿を整備するほうが、必要最低限のコストで済み、しかも一定の効果が期待できる。ちなみに筆者は、たとえ事後的であっても信頼するに足る対応の受け皿が存在することは、それ自体が予防的な効果を持ちうると考えている。

それでも非社会性を予防したいと考えるなら、それは国策としてではなく、それぞれの家族単位でなされることが望ましい。具体的には、子を持つ親の一人一人がわが子の自立のために積極的に取り組むことである。子どもが成人して以降も「同居」や「密着」を続けることは、それが長期化するとともに、容易に共依存的なもたれ合いに変質していく。子に適切な「親離れ」を求めるには、まず親自身が、それに先だって「子離れ」を意識する必要がある。具体的には、思春期早期の段階から、少なくとも三〇年以上の長期的なタイムスパンで、まず親自身のライフプランを構築し、そのプランの中に子離れのためのタイムスケジュールを設定しておくことが望ましい。高等教育にどの程度の時間とコストをかけるのか。何歳まで子の面倒を見るのか。同居しつつ就労した場合、食費などは家に入れさせるのか。あと何年間同居を続けるのか。親が病に倒れた時に、子に介護を求めるのか否か。相続の問題はどうするのか。

ほとんどの家族は、これらのきわめて重要な問題について、場当たり的な対応に終始しているような印象がある。わが子が非社会的な方向に向かうことを避けたいと考えるなら、子どもの自立を促すような環境と関係の枠組みを考え、ふだんからそれを意識しながら子どもにも接していく必要がある。ここでは親が問題を回避せず、責任を伴う選択をあえて重ねていく「姿勢」のほうが重要である。子どもは親から伝えられたメッセージや言葉よりも、親の姿勢からより多く学ぶであろうからだ。少なくとも思春期以降において、「育てる」こととはそのまま親自身の「姿勢」を伝えることを意味するのである。

精神分析的にみるなら、成熟とは去勢の過程そのものと考えられる。去勢によって奪われるものは「万能感」である。ならば「万能感」の喪失とは、「あきらめ」や「分際」を知ることを意味するのだろうか。おそらくそうではない。万能感は常に想像的な感覚であり、その喪失は「自由」をもたらす。それゆえ、筆者が考える成熟のひとつの定義は「去勢によって自由になること」である。

去勢という契機において成熟を可能にするトポスこそが、家族の原器としてのエディプス三角である。この関係性を通じて、家族は子どもにさまざまな「欲望」を与え、また、欲望と同じ手続きで「規範」を、あるいは「価値観」を与えることが可能である。洗脳と説得以外のやり方で、つまり「教育」というやり方で、価値観を形成する手段はほかにないとすら筆者は考える。

「育てること」の困難を克服すること、とりわけ思春期や青年期以降のそれを可能にするためには、多くの家族がなんらかの支援を必要としているように思われる。本来、子育てとは、親が子どもを一方的に教育する、筆者の言い方では去勢する過程ではない。とりわけ思春期以降の子育ては、親子関係の双方向において、去勢的契機が介在する。平たく言えば、子育てを通じて親も学習し、変化するような柔軟性が求められる。

それが完璧になされることは多くの場合期待できず、またその不完全性ゆえに、子が親に見切りをつけて自立へ向かうということもあるだろう。しかし、思春期以降の親子関係の失敗が、ここで述べた多くの非社会性の根元にあるとしたらどうだろう。

おりしも安倍首相直属の教育再生会議が第一次報告の素案をまとめたが、ここには家族のあるべき姿として、いくつかの提言が盛り込まれている。例えば「家族の日」を創設し、「両親が子供に読み聞かせをしたり、子守歌を歌ったりする」ことや、「家族一緒に夕食を取る」ことなどが望ましいとされている。こうした、政府による「あるべき家族イメージ」は、それが基本的には根拠の薄い予防的発想でしかないがために、実際的な有効性はおよそ期待できそうにない。むしろ「美しい家族」や「あるべき家族」という発想は、家族支援においては有害無益なものでしかないように思われる。

先にも述べた通り、筆者が現時点で重視するのは、問題の「予防」よりも、それが起きてしまった場合の「対応」のほうである。少なくとも「ひきこもり」などの非社会性にかかわる問題について、確実な予防策は存在しない。また、対応においてしばしば有効なのは、それぞれの家庭でなされる独自の工夫でありアイディアである。「あるべき家族」という発想からは、こうした独自性は出てこない。

精神分析にそくして考えるなら、「育てることの困難」は、常に事後的にしか見えてこない問題である。しかし「望ましい家族像」もまた、時代とともに変遷する可能性を考えるなら、あえて事後性にとどまることにも積極的な価値があるのではないか。その意味からも筆者は、予防よりも対応に重点をおいた、家族支援のためのインフラ整備のほうを強く待望したい。

(1) 法務省法務総合研究所ほか編「犯罪白書〈平成一四年版〉暴力的色彩の強い犯罪の現状と動向」財務省印刷局、二〇〇二
(2) 土井隆義『非行少年の消滅——個性神話と少年犯罪』信山社出版、二〇〇三
(3) 斎藤環『社会的ひきこもり』PHP研究所、一九九八
(4) 斎藤環『ひきこもり救出マニュアル』PHP研究所、二〇〇二
(5) 斎藤環『戦闘美少女の精神分析』太田出版、二〇〇〇
(6) 山田昌弘『パラサイト・シングルの時代』ちくま新書、一九九九
(7) 酒井順子『負け犬の遠吠え』講談社文庫、二〇〇六
(8) 三宅由子、立森久照、竹島正、川上憲人「地域疫学調査による「ひきこもり」の実態調査」平成一四年度厚生労働科学研究費補助金（厚生労働科学特別研究事業）「心の健康問題と対策基盤の実態に関する研究（主任研究者：川上憲人）」総

括・分担研究報告書、一四一—一五一頁、二〇〇三
(9) 伊藤順一郎、吉田光爾、小林清香ほか「「社会的ひきこもり」に関する相談・援助状況実態調査報告」厚生労働科学研究事業「地域精神保健活動における介入のあり方に関する研究」(主任研究者:伊藤順一郎)報告書「一〇代・二〇代を中心とした「ひきこもり」をめぐる地域精神保健活動のガイドライン—精神保健福祉センター・保健所・市町村でどのように対応するか・援助するか—」付録、二〇〇三(http://www.mhlw.go.jp/topics/2003/07/tp0728-1.htm」に掲載)
(10) 玄田有史、曲沼美恵『ニート——フリーターでもなく失業者でもなく』幻冬舎、二〇〇四
(11) 小杉礼子編『フリーターとニート』勁草書房、二〇〇五
(12) 本田由紀、内藤朝雄、後藤和智『「ニート」って言うな!』光文社、二〇〇六
(13) 門倉貴史『ワーキングプア——いくら働いても報われない時代が来る』宝島社新書、二〇〇六
(14) 山田昌弘「『希望格差』から『希望平等社会』へ」『文藝春秋』二〇〇六年一〇月号
(15) Thomas S. Szasz: *The second sin.* Routledge & Kegan, London, 1974.
(16) 斎藤環『「負けた」教の信者たち』中央公論新社、二〇〇五
(17) 斎藤環『ひきこもり文化論』紀伊國屋書店、二〇〇三
(18) 江藤淳『成熟と喪失——〝母〟の崩壊』講談社、一九九三
(19) 上野千鶴子「「成熟と喪失」から三十年」江藤淳『成熟と喪失』講談社、一九九三
(20) 鈴木謙介、斎藤環「対談 インターネット・カーニヴァル」『大航海』No.五六、二〇〇五
(21) 鈴木謙介『カーニヴァル化する社会』講談社現代新書、二〇〇五
(22) ジークムント・バウマン著、森田典正訳『リキッド・モダニティ』大月書店、二〇〇一
(23) 東浩紀『動物化するポストモダン』講談社現代新書、二〇〇一

内向きの若者たち——産み育てる人になることの困難

内藤あかね

1　はじめに

日本では少子高齢化が深刻だと叫ばれて久しい。子どもが生まれてこない社会である。しかし、自分の身辺に目を転じてみると、筆者が大学生だった二十余年前、「将来結婚する気はまったくない」、「子どもはいらない」と公言する女性は稀で、「卒業したら何かはするけれど、いつかは結婚したいし、子どももほしい」、「たとえ結婚しなくても子どもはほしいな」といった、出産を念頭においたライフコースを周囲のほとんどの人が思い描いていた。当時はバブル期に入る直前で、働く意欲のある大卒女性に職はあったが、まだ男女雇用均等法施行前でもあり、労働条件は女性にとって今よりもずっと不平等なものだった。キャリア志向の強い人もいたが、結婚や出産を機に仕事をやめるだろうと考えていた人の方が多かったろう。そのような意識をもつ友人知人が多かったせいもあり、当時から危険視されていた日本の出生率低下の問題に筆者はあまり関心をもっていなかった。

今の日本経済の状況や環境問題、年間自殺者三万人（未遂者や統計に出ない数字を含めるともっと多いそうだ）という事実などを考えると、結婚や子育てどころか生きること自体に希望をもちにくい社会なのかもしれない。それでも多くの若者の「恋愛」や「結婚」への関心、「番《つが》うこと」への関心は失われていないのではないか。大学付属の相談室でカウンセリングの仕事をしていると、統計的調査の裏打ちはなくとも、実感として伝わってくるものがある。十代、二十代の人と話していれば、相談の主訴であろうとなかろうと、このテーマは何らかの形で触れられることが多い。もちろんそれは、現実に進行中の恋愛や失恋の悩みだけでなく、恋愛や結婚に対する憧れや、それらが自分には不可能なのかという不安によって語られることもある。表立って語られることは少ないが、彼らの話は性の問題を含んでいるので、「性愛」への関心と言った方が適切かもしれない。いずれにせよ性愛的に結ばれ関係を維持することをめぐる今日的な困難さが浮上していると筆者は考えている。

実際に、国立社会保障・人口問題研究所の「第一三回出生動向基本調査」(二〇〇五)の内、一八歳から四九歳の独身男女を対象にした「結婚と出産に関する全国調査」の三四歳までの対象者の回答を分析した報告書を見る限り、男性で八七%、女性で九〇%が「いずれは結婚するつもり」と答えている。結婚するつもりの非婚者数は、同じ調査で緩やかな減少傾向を示していたが、女性で前回(二〇〇二)、男性で第一一回(一九九七)の数字より上昇しているくらいである。また同調査では、女性の挙げる結婚の利点については、「自分の子どもや家族がもてるから」という回答が急上昇している(結婚しなくても子どもは産み育てられるが、日本では結婚制度の外で子どもを持つことへの社会的抵抗が欧米社会に比して強い。「できちゃった結婚」が多いのはその表れであろう)。日本は子どもを持ちたくても持てない社会という言い方の方が正確だと思われる。社会学者の山田昌弘は実証研究の結果、少子化が「若者が結婚できない」状況に起因すると言う。そして、若者が結婚できない主たる要因を複合的に捉え、日本社会に浸透しつつある経済格差の問題、女性の「経済力のある男性と結婚したい」という期待と成人男性の平均年収が減少している現実とのずれの問題、古い家族モデルに合わせた現代に合わない社会保障制度の問題などがあるとしている。少子化現象とセットで論じられることの多い破綻寸前の社会保障制度が遅々として改善されない現状を見ても、日本の若者がパートナーとともに安定した家庭を築き、子どもを育てられるという希望や展望をもちにくいのではなかろうか。

山田の一連の指摘は社会改革につながる提言であるだけでなく、これから仕事に就き、恋愛、結婚、子育てをする世代に対しての現実的な助言となっていて学ぶところが大きい。しかし、こうしたマクロな視点とは異なり、筆者が若者の話を聞いたり、講義のときに学生に尋ねたりして感じることは、自分が生まれてきたことにまつわる物語を親から聞いていないとか、妊娠や出産や子どもの養育について、知識もその性愛的な側面も身近な大人たちから教えられていないということである。このことは、筆者のような世代にもあてはまる問題ではないかと思われるが、性愛的な欲望や関心はあっても、それを行動に結び付け、実を結ばせていく英知が伝えられていないことが、若者の子どもを産まないという選択につながっているとは言えないだろうか。リプロダクティブ・ヘルスの専門家である疫学者の三砂ちづる（二〇〇四）は、こう述べている。

人間はもともとは、相手を持って生殖活動に励む、ということに基礎があるのでしょう。子どもを産むことやからだに向き合うことによって、女性の人生はレベルアップして、より広い視野を持っていろいろなことができるようになるわけで、やはりそれが喜びであり楽しいから、みなにそういうことをしてほしいと思う、というのが本質だと思います。とにかく相手を持ったり、子どもを産んだりすることは、女性のからだにとって必要なことなんだ、と。必要で楽しいことだからやるんだ、というメッセージを伝えずに、いつまでたっても、「妊娠出産子育てはマイナスなこともあるけれども、それをカバーすることを行政が設けますから産んでください」ということばかりでは、誰もやっぱり子育てしたいと思いません（一五〇―一五一頁）。

三砂は、こうした問題を（特に行政が）採り上げていくと、現在の近代産業社会のあり方と軋轢を生むだろうから、真剣に取り扱われないのではないかとも示唆している。確かに、効率と生産性を重視する産業社会では、男女の別なく同じように働くことが求められており、女性の身体と生殖能力に配慮した労働環境や社会保障制度を構築するのならば、労働のあり方を抜本的に見直す必要がある。現在の少子化は、やがて労働力不足をもたらすと予想されるため、これからの女性は、今以上に職に就く割合が増えると思われる。産むことを望む女性が、番《つが》い家庭を築く希望をもつ若者たちが、本質的な生の体験をできるように育てていくには、大人はどんなことができるのか、社会的なレベルでもパーソナルなレベルでも考えていく必要があると筆者は考える。

子育てはすぐれて性愛的な営みだと言える。本稿ではまず、妊娠・出産・子育ての基本となる性愛関係の構築という観点から最近の青年たちのコミュニケーションや対人関係のあり方の問題点を考察する。そこには独特の不自由さがあり、彼らの性愛関係の成就や維持に妨げとなりやすい要素が見て取れる。次に、性愛とは不可分の身体の問題を採り上げてみたい。最後に、山田や三砂の提言を参考に、今、大人たちが次世代の産み育てる若者にできることについて考えたい。

2　対人関係の問題

友達になることの困難

大学に入学すると、高校までの学校教育において共同体的な過ごし方をしてきた学生たちは、自分の机もなく講義はほとんど選択制という条件下で、新たに人間関係を自力でつくっていく試練が与えられる。学生相談室を訪れる大学生の話を聞いていると、入学してからうまく友人関係をつくれないと、大変居心地の悪い思いをすることがわかる。気の合う友人と出会えず、自分と違うタイプのグループや合わない人と無理にくっついてしまうと、違和感に耐えられなくなってくる。この辺りの感覚は非常に繊細で、ノリやファッション（見た目）や異性に対する態度などの差異が気になる要素のように捉えられている。筆者の印象では、特に女性にとってこの問題は深刻である。大学生なのだから、空き時間は本を読むなり、外に食事に出るなり、いくらでもすることがありそうに思われ、「無理に気の合わない人と一緒にいないで、しばらく一人でいてはどうですか？」と何度か女子学生に尋ねたことがあるが、いずれもそれではつらいという返事であった。寂しいとかつまらないというより、一人では間がもたない、あるいは「友達がいない人」という認知を同じ学科の人からされることが怖いらしいのである。ある女子学生は、一人で昼食をとっている姿など決して見られたくないと言っていた。友達がいない人＝弱者という印象を与えることは、彼らにとってもっとも避けたいことなのだろう。

在学中に専攻コースのクラスやクラブ・サークルなどで友達をつくり、自分の居場所を見出す学生も多いが、中には、学外での人間関係の方が支えとなり、アルバイト仲間や高校までの友人関係との時間を大切にする人もいる。一般に女子学生が学内の仲間関係を強く希求するのに対し、男子学生は孤独でも友人ができなければ諦めてしまう傾向が強いと思われる。いずれにせよ、相談室に来談する学生は、必ずしも他人とかかわることを極端に苦手とする人ばかりではなく、むしろ他人とコミュニケーションできるにもかかわらず、新しい友達関係をつくることに難しさを感じている人たちが多いという印象である。宮台（一九九〇）の言うところの「島宇宙化」の問題であり、自分に合う島宇宙を見出せず、居場所が見つからないということなのかもしれない。

学校教育と閉じたコミュニケーション

発達的に見て、小学校高学年以降の子どもたちが学級内に同性のサブグループを形成し、自分のグループ仲間と行動を共にすることが多くなるのはノーマルである。こうしたグループの集団的力動については、グループ内の「掟」を守り、同質であることが重視される傾向がある。そしてグループ内の小さな差異やコミュニケーション・ギャップに敏感になりやすい。日本の教育システムの特徴は、この時期の子どもたちをさらに学級、学校というより大きな枠組みの共同体の中で、厳格なルールの下、集団適応をきわめて重視した指導を行うことと、一日のうち、学校で過ごす時間が長いということである。特に中学校はこの傾向が強い。このことは、閉じた空間、時間の中でいつも同じメンバーが顔を合わせるということであり、気の合う者同士だったら連帯を帯びやすいが、集団の中に軋轢が生じた場合にはその閉鎖性ゆえにストレスが高じやすい環境といえる。こうした教育を受けた日本の若者は、学級やグループという同調圧力の強い集団の中で場の空気を読み、適切に応答する訓練を自ずとされるのである。それができなかったり、場の空気を乱すような自己主張を展開しすぎると浮いてしまい、友達が作れなかったり、仲間はずれにされたり、いじめられてしまう危険性があることを青年たちは十分知っている。学校的価値から見て逸脱した青年であっても、同じようなタイプの青年と仲間になれば、仲間内での共通性を大事にする（たとえば、「ヤンキー」はヤンキー仲間の中では適応的に振舞うだろう）。そして、こうした環境に不適応を起こしたり、いじめ被害に遭ったりすると、対人関係への苦手意識も強化され、コミュニケーションを回避して退却する人も出てくる。

グループで群れ、その中での付き合いを大事にする人間関係の持ち方自体は、発達の過程で必要なことだと考えられる。このことについてはたとえば、ハリー・スタック・サリヴァンの、同性の仲間付き合いを体験してから親密な人間関係をつくれるようになるという考え方が有名である。しかし、筆者が気になるのは、若者の体験するコミュニケーションが、ヨコの人間関係を基盤とした様式にあまりにも偏っている点と、集団内で適応的に振舞うことに教育の方向が集中する一方、主体的な自己主張・自己表現の機会が限定されているという点である。中学・高校の部活動でタテ関係の付き合いを学ぶ機会があるという反論もあろうが、大学生の部活動さえ、いまだに前近代的な上下関係の厳しいルールに支配されているところが多い中、年長者を受け入れながら自らを主張するようなリベラルなコミュニケーションの学びの機会になるのか、疑問である。先に挙げた大学生の入学時の悩みなどは、それまでの家庭を含む学校内外の教育で多様なコミュニケーションにさらされる経験をしていれば、それほど深刻にならないと思うのだが。

不安定な仲間関係

仲間集団での付き合いは、心地よい連帯感に包まれているときは楽しいものである。しかし、内部の人間関係が不安定なときは、メンバーに多大なストレスを与えかねない。筆者がかつて面接をした中学生に、非常に友達の多い少女がいて、彼女の悩み方には今日的な人間関係のとり方の難しさが如実に表れていて教えられたという経験がある。ここでは仮に彼女をAさんと呼ぶ。Aさんには小学校時代からの仲間と中学校でできた仲間がいたが、中学の仲間内では、話術の巧みな彼女は盛り上げキャラを演じていた。彼女の悩みの一つは、当時入っていたグループが学級の中でメジャーでなく、また自分にしっくり合わない気がしていたことであった。対人関係に繊細な彼女は、積極的にコミュニケーションをとればとるほど、相手の反応や、自分のとった言動が場にふさわしいものだったかを気にするようになった。次第に心身ともに失調気味になり、気分が抑うつ的になる一方で、盛り上げキャラを演じることが辛くなり、自分はどういう人間なのかがわからなくなって混乱し、学校を休むようになった。普段の陽気な様子からは考えられない状況に学友たちは「早く明るく元気になって」と声をかけたが、そのことが彼女の混乱をいっそう深くしていった。

Aさんの行動の一つの問題点は、場に過剰適応してしまうことであった。自分が盛り上げないとグループがつまらなくなることをさかんに気にしていた彼女は、いまひとつ馴染めないでいるグループの安定を考えるあまり、感情に反した行動をとっていた。友達なら自分の苦しい気持ちを打ち明けて、もう少し楽に付き合えるよう配慮してもらえばよいと筆者などは思ったが、実際に彼女が相談したのは、グループ外の学友と小学校からの仲間だった。

森（二〇〇五）は、小学生の学級に子どもなりの掟に従った役割分担があることとキャラ的人間関係の違いを論じ、後者は「メンバー同士楽しく過ごすための役割分担・分業」であり、「仲間同士がいる場を盛り上げるための配役がキャラ」と定義している（八九頁）。若者がキャラを立てて場を盛り上げるのは、それがマナーだという認識があるからだ。そして、森（二〇〇五）は、「キャラ的人間関係は利益社会化を表す」（八九頁）と言い、現代日本社会における「家族や仲間集団といった、個々人の人格の形成や安定にとって重要な集団が利益社会的性質を増してきて」いる傾向と密接なかかわりをもつ（八九頁）と主張する。すなわち、キャラ的人間関係による仲間は、メンバー個人の目的を達成するための手段という性質の強い集団であり、メンバー同士のつながりは、全人格的ではなく、部分的だというのである。そして、現代の家族がそうなってきている以上に友人の仲間集団は、『楽しさの共有』『思い出づくり』を目的・利益とする集団」（一〇五頁）であり、友人の仲間集団はそれ以外の「紐帯」をもたないという（一〇五頁）。Aさんの例を森の考え方を援用して見てみると、彼女には教室の中に安全な居場所を確保するために所属するグループが安定していることが必須で、かつ面白い人という他人からの認知を望んでいたことが、過剰に盛り上げキャラを演じたことにつながったと考えられる。そうでもしなければ仲間関係を保てない、結びつきの弱いグループだったのであろう。しかし、自分の苦しみをグループ内の友人に話すことは、弱味を見せることになるし、キャラに合わないことであり、打ち明けられた相手にも「重い」ことなので、グループ外の仲間関係を頼ることになったのだ。筆者が面接した当時は、この現代的な付き合いの作法がよくわかっておらず、「悩みを話せないほど信頼のおけない友人なら、無理して付き合うこともなかろう」くらいに思ったこともあったが、Aさんにとっては生存を賭けるほど重大な危機だったのだ。

携帯電話の影響

携帯電話という新しいコミュニケーション・ツールの普及は、人々の生活スタイル、人間関係とコミュニケーションのあり方を大幅に変えた。その変化について、ここで網羅的に見ることはしない。筆者が注目している点は、携帯の登場によって、これまでは学校や遊び場などを離れれば物理的に離れることのできた友人や仲間と、いつでもどこでもつながるようになったことである。携帯電話および携帯メールは、親しい友人間の交流をいっそう密にする一方で、心理的距離をとりにくい状況を生み出した。携帯でのコミュニケーションに何時間も費やして他にしたいことができなくなったり、生活のリズムが乱されたり、返事が来る来ないに一喜一憂するなどして心理的失調につながるケースもある。前述のAさんも一時的に携帯依存のような状態になり、深夜まで友人とメールを続け、メールが来れば内容を懐疑し、来なければ見捨てられたと失望することを繰り返した。Aさんの場合、親の介入もあって、携帯の使用を制限して落ち着きを取り戻したが、筆者は携帯の負の作用をまざまざと見せられたと感じた。

さらに、本来人と人をつなぐはずの携帯電話が、信頼関係の構築の妨げとなる場合もある。最近、心理相談の最中にも携帯のチェックを行うクライエントが増えているが、大学生だけでなく、子どものことで相談に来る母親などは必ずと言っていいほど行っているのには驚かされる。ここにいて対話しているカウンセラーより、一時間後に会う友人や子どもに意識が向けられているのだ。森（二〇〇五）は、「ケータイが仲間関係を不安定にするわけ」という章で、携帯電話のもつ秘密作用と裏切り作用について考察し、別の箇所で、現代日本は戦時中・戦後から高度成長期までのように明確な「敵」がいないために、凝集力や求心力が各集団に働きにくく、逆に遠心力が働きかけやすいと言い、その一例に携帯電話の作用を挙げている。森（二〇〇五）はこう述べている。

「ケータイ」をはじめとするパーソナルな電子通信メディアの発達・普及は、一方でいま・ここにいない人同士を簡単につなぎますが、他方でいま・ここにいる人同士の関係を切ります。

仲間で集っていても、恋人と過ごしていても、お互い携帯でそこにいない人とコミュニケートしている。そんな風景が珍しくない昨今、それがお互いに許容できる者同士でしか付き合えないという状況になってきている。

内向きな若者のコミュニケーション

ここでいったん、若者の対人関係のあり方についてまとめてみたいと思う。若者に限らず、現代人の交友関係は、情報端末、特に携帯の普及によって、格段に広がりうるようになった。一昔前であれば、接触が少ないと滞ってしまうようなつながりの薄い交友関係さえ、今では短いメールを時折交わすだけで維持できるのである。一方で、親しい仲間同士のコミュニケーションも携帯の存在によって空間を飛び越えてつながれるようになり、緊密になった。ただし携帯の電源を入れている限り、コミュニケーション・チャンスが侵入的に付いて回ってくる。今ここにいる相手を飛び越えて、今ここにいない人とつながることは、今ここにいる人との関係を不安定にしかねない。また、携帯には森（二〇〇五）がまとめているように独特の秘密作用・裏切り作用がある。自分の眼前で携帯で話している友人は誰と連絡しているのか？ どんな関係をもっているのか？ という疑念を起こさせたり、自分以外に親密な関係を結んでいる人がいるのか？ と想像したり、今、自分が話している相手は本当のところどこにいるのか？ といった秘密を醸し出す。携帯をもっているということは、いつでもつながれる状態でいることだが、誰からも連絡がなければ期待を裏切られることになる。相手の携帯に電話をしても出てこない場合、自分からの電話に出ないことを相手が選択したのではないか？ といぶかしむ。これらの作用もまた、若者の人間関係を不安定にしかねない。

キャラ的人間関係が示すように、仲間集団の利益社会化が進んでいる。若者は、仲間や友人を目的に合わせて選択的に使い分ける。そのことは必ずしも表層的な付き合いしかしないことを意味するのではないが（三浦、二〇〇一）、部分的・一面的な付き合いになりがちであり、特定の仲間同士や、特定の個人との間に全面的に親密な関係を結ぶという従来の付き合い方から変化が見られる。

コミュニケーションへの意識と機会は高まっても、人間関係の種類が豊富になるとは限らない。若者たちは、同質性の高い集団の中での同調的なコミュニケーションに慣れる一方で、小さな差異やずれを自己にとって不快なものと捉えるようになり、異質な人種との交流が難しくなりがちに見える。共通の趣味（青年期以降であれば共通の性愛の志向性も含むとも言えよう）をもつ気の合う仲間集団の中で戯れているのは楽しいが、それ以外との集団との間で関係が結びにくくなっているようである。

概観すると、今の若者は他人への希望や期待を、かなわなかったときのリスク（すなわちおのれが傷ついたり関係が悪化、破綻すること）を考慮し分散をするため友達や仲間を使い分けて付き合うという作法に慣れている様子が見えてくる。しかし、たとえば恋愛関係になると、相手に期待を集中させて、全面的に親密になりたいというような欲求が生じることもあるだろう。実際、学生相談室での恋愛相談には、好きな相手に強い感情を向けてしまってよいのかどうか？　相手を束縛したいという欲望は迷惑ではないのか？　といった葛藤を語る人がいる。年配の人間から見れば当然のような行為に対しても、こうした細かい気の遣い方をするのである。

またキャラ的人間関係のように一見楽しいだけの関係に見えても、ノリのよさを保ち、盛り上がるために、メンバーの反応を見ながら、細かい計算を瞬時にして立ち回る能力が要求される。こういう場合も若者たちは並々ならぬ気の遣い方をしているのである。

今の若者は、自分の内側の集団や個人との人間関係には、非常に複雑な気の遣い方をするあまり、外側の集団や人々には無関心だったり、同質性を重視する半面、異質なものは受け入れられないという態度を示しがちのように見える。こうした内向きの眼差しの人たちが、性愛関係を求め、家庭を築いたり、子どもを育てたりしたいと思った場合、どのような困難が予想されるだろうか？　自分と同じような人としか付き合えないという現象につながらないだろうか。また森（二〇〇五）が呼ぶところの「マナー神経症」という葛藤状態で、生き生きとした性愛関係を、持続させることができるだろうか？　結婚とは異質な文化的背景と人格をもった人間同士が番《つが》い、協調して、新しい文化をつくり上げていくプロセスだと考えるとすれば、小さな差異が大きな障壁になってしまう感覚で、安定した家庭が築けるだろうか？　また子どもという未知の存在を受け入れ育むことができるだろうか？　筆者は、今の若者の人間関係を否定的に見ているのではないが、もし彼らが家庭をもったり子どもを育てることを望む場合には、彼らの内向きなコミュニケーション指向はネガティブに働く可能性が大きいと危惧する。

3　人格のあり方——自己愛をめぐって

これまでは、主に友人関係について眺めてきたが、ここでは個人の人格のあり方から見た対人関係を考えてみたい。筆者が、近年相談室で出会ったある大学生に非常に教えられたことがあった。彼を仮にBさんと呼ぶとすると、Bさんが来談した当初の悩みは、大学で友人ができないことであった。が、面接を開始してしばらくすると、彼には多岐に渡る悩みがあり、そのすべては恋人ができることで一挙に解決するというファンタジーを抱いていることがわかった。彼は、自分が信頼できて、かつ自分を全面的に受け入れてくれる女性が存在すれば、自信がもてるようになり、生活が変わるというのである。筆者はBさんの気持ちはわかると思ったし、親密な友人関係を体験したことのない彼にそういう女性が現れれば、確かに自信につながると思った。女性と出会い信頼を築くためには地道なコミュニケーションを重ねる必要があるという筆者の言葉に、Bさんは関心を示すどころか不快感さえ示した。彼は突然そういう人が現れることを望んでいたのだった。対異性にかんして、彼には講義で一緒になる女子学生たちから熱い眼差しを感じるというナルシシスティックなときと、自分のように駄目な男を好きなってくれる女性がいるのだろうかと自信喪失気味になるときの落差が非常に激しいことも特徴的だった。友人をさらに、同性の男子学生をライバル視し、彼とは対照的なノリの軽い遊びに熱心な学生を軽蔑していた。友人をほしいと思う一方で、このように侮蔑的な眼差しで同性を見ていることから、Bさんが誰かと親密になることは非常に難しいだろうと筆者は感じた。実際、カウンセリングという地道な対話の積み重ねの過程でもBさんと筆者の間で信頼関係を築くことは困難で、彼の卒業までには何度も中断の危機があった。

Bさんを理解するのに、筆者は人格障害という診断モデルを参照せざるを得なかった。メンタルヘルスの世界では、人格障害圏のクライエントの増加が指摘されている。人格障害の診断についてはここでは触れないが、このテーマでの著作が多い岡田（二〇〇四）は、「自分への執着」、「傷つきやすさ」、「両極端な思考」、「人を本当に愛することの困難」といった諸特徴から考えて、「人格障害は自己愛の障害といえるのである」（三五頁）と帰結し、さらに米国の精神分析医コフートの早期の母子関係をベースにしたナルシシズム論に依拠して、そのメカニズムを説明している。Bさんがこれら人格障害の諸特徴を帯びていたことは明らかだった。幼児的な万能感に支配されたやや傲慢とも見られる態度をとるかと思うと、非常に脆い一面を見せる。人格障害の下位分類の中でも自己愛性人格障害の色彩を帯びた態度が見られたのだった。

岡田は自己愛性人格障害の事例としてサルトルの名を挙げ、彼の自伝『言葉』にある、父親の不在によってエディプス・コンプレックスが存在しえなかったという言説を参照している。そして自己愛性障害の成因の一つは、エディプス・コンプレックス発生以前の前エディプス期への固着であると規定し、現代日本の（家庭の）父親不在が、「人々の自己愛性を助長しているプロセスは否定できない」（七二頁）と述べ、さらに「今日の社会は『エディプスなき社会』なのである」（七三頁）としている。Bさんは、高度成長期の日本にありがちな仕事熱心で家庭のことは妻に任せきりの会社員の父親と教育熱心な母親という両親に育てられた。しかも両親の夫婦としての関係は長く冷え切っていた。精神分析的な見方をするなら、父親が父の役割を果たさず、盲目的な愛情を母親から注がれたBさんは、母の期待に応えることを常に意識しながら生きてきた過程で、英雄的な父親イメージに同一化し、誇大的な理想を現実的なものにしていくこと（すなわち、去勢されること）に失敗していたのだと思われる。しかし、カウンセリングの過程で、Bさんは次第に抑うつ的になり、一時はひきこもり気味になりながらも等身大の自己イメージを受け入れるようになっていった。それは自分の弱さを引き受けることでもあり、Bさんにとって勇気のいるつらい道のりであった。

筆者がここでBさんの事例を挙げたのは、彼の特殊性を示したかったからではなく、むしろ、彼の言動に見られる自分への強いこだわりや他人からの些細な指摘に過剰反応する傷つきやすさ、他人を信頼することの困難さが、もっと薄まった形で多くの若者に認められると思うからである。こういった特徴を一言に還元するなら、それは自分が大切ということである。そしておのれの欲望の充足こそが最大の関心事なのだ。

自己愛の傷つきを抱えた人格障害者の増加の時代的背景を、岡田（二〇〇四）は米国の歴史学者クリストファー・ラッシュや小此木の理論を挙げてこう説明している。

一九八一年に刊行された『自己愛人間』において、小此木は現代社会と自己愛人間について論じ、国家やイデオロギーという幻想に失望し、アイデンティティを失った人々が、唯一拠り所にしたのが、「自己愛」であるとした。つまり、政治的理想に敗れた者たちにとって自己愛だけが信じられるものになったのである。そして、小此木は、かつての社会では、個々人を超えた自我理想の達成により「社会化」を成し遂げていたのに対し、現代社会は、幼児的な自己愛を、そのまま満たす仕組みを作り上げていると考えた。そうした社会を、小此木は「自己愛社会」と呼んだ。自己愛社会は、幼児的な万能感を満たすために「操作性」「幻想性」を発達させる。アイデンティティと感動を失った自己愛人間は、作られた「操作性」と「幻想性」の中で守られ、自らの幼い自己愛を保つのである。

小此木が指摘した自己愛的な精神構造は、この二十年余りの間に、さらに徹底したものとなっていると言える。そしてこの自己愛的な精神構造、社会構造が、人格障害を生み出す格好の培養装置として働くのである。

（筆者による中略）

いかにメディアやテクノロジーが、操作性や幻想性を発達させ、幼い自己愛を守ろうとしたところで、些細な現実での躓きが、その幻想を打ち砕いてしまう危険から逃れられるはずもない。ことに、一方には競争社会という冷酷な現実があり、その中で勝ち抜くことに失敗すれば、自己愛はたちまち深刻な危機に陥るのである。さらに、この十年余りの間に日本社会に起こっている事態は、この国の人々が、未来に対して抱いていた誇大な幻想を失うという二重の危機である。それが、自己愛社会を根底から揺さぶっているのである。

八十年代初めから九十年代にかけて、ナルシシズムを、さらに幅広いスペクトラムで捉えようとする動きが徐々に活発になる。小此木が『自己愛人間』で扱った肥大したナルシシズムという側面だけでなく、ナルシシズムの別の形態、たとえば境界性人格障害に見られるような負の自己愛性も、ナルシシズムの枠の中で包括的に扱われるようになった。

こうした流れは、現実の社会が、小此木の述べているような「自己愛社会」として機能せず、多くのドロップアウツを生んでいる事態に、対応しているともいえるだろう。人々にとっては、自己愛さえも危うくなり、確かなものでなくなっているのである（一七二―一七四頁）。

ここで示されている負の自己愛性も、カウンセリングに来談する今の若者の訴えによくあるものだろう。自分のここが駄目、あそこが駄目、自分が嫌いという表現で示されるような偏った自己認識に固執して、行動や生活自体が不自由なものになってしまう。万能感に支配された自己愛性は、破綻しなければ何かを成し遂げる原動力になることもあるが、負の自己愛性は、自分を否定する形で発現するため、消極的な行動に結びつきやすいのである。自己愛性にしても負の自己愛性にしても、歪んだ自己愛が人と人との関係構築に障害となりやすいことは言うまでもない。Bさんの恋愛観が自己中心的で現実性を欠いていたように、歪んだ自己愛の持ち主は、性愛的な関係を維持することが難しい。岡田（二〇〇四）は、自己愛の傷つきを抱えた人は、子どもが相手であっても、自分の思うとおりにならないと、自分の安全やプライドを脅かす存在として捉えがちで、育児困難に陥る人が多いと指摘する（一三〇頁）。そもそも子どもは親とは別の存在、思い通りになるものではない。そうした境界を踏まえた上で子どもを育てなければならないことを理解するこころのゆとりが親には必要になるし、思い通りにならない子どもと関わることで、親の側に人格的成長がもたらされる可能性がでてくるのだ。

4　身体の問題

カウンセリングではクライエントとカウンセラーが主に言語による対話を行う。しかし、そこで行われるコミュニケーションは、決して音声だけによるものではない。お互いの声質、顔の表情、体の見た目、身振り手振りなど、非言語的な要素を介したコミュニケーションも同時に行われていて、カウンセラーはクライエントの言葉の内容を追うだけでなく、それらにも注意を払っているものである。相談室を訪れる女性の訴えの中には、身体の問題がからんでいることがよくある。摂食障害のように、主訴そのものが身体的である場合もある。そうでなくても女性だと、話の合間に生理不順やPMS（月経前症候群）の話題が上ることもしばしばある。セックスの話題が上るときは、たいてい何か不本意な形で行われている場合が多い。こうした訴えをする女性の身体からは、生き生きとした感じが伝わってこない。痛々しさや寂しさが感じられ、マッサージでもしてあげたくなる気持ちに駆られるときもある。しかし、彼女たちが実際に必要としているのは、身近にいる本当は親密でいたい相手からの身体を介したいたわりや抱擁なのだ。その相手とは母親であったり、恋人であったりする。

臨床心理学の領域で考えていると、親密な関係というと、抽象的に捉えてしまいがちだが、実際はもっと身体的なものではなかろうか。文化人類学者の波平恵美子（二〇〇五）は伝統社会であった頃の日本についてこう述べている。

赤ん坊は母乳を授乳される時、しっかりと母親の身体に抱かれているだけでなく、自動車のなかった時代または家屋が乳幼児とってそれほど安全でも快適でもなかった時代、多くの時間は母親や年長の兄弟姉妹の背中におぶわれていた。背中で、自分とは異なる人の体温や筋肉の、骨の動きをしっかりと感じ取って成長したのである。「親密な関係」とはすなわち密着した身体と身体との関係であり、その体験から、人は自分であることは「自分の身体であること」「他の人の身体と自分の身体は違うこと」の認識、さらに、親密な人と身体が密着していることとの安心感を育んでいたと推測できる。（四七―四八頁）。

三砂も、コントロヴァーシャルな著作、『オニババ化する女たち　女性の身体性を取り戻す』（二〇〇四）において、人間には根源的に「ふれてもらいたい」、「抱きとめてもらいたい」という欲求があり、それは自らの身体性を確認することになっていたと言う。そして、かつての日本の文化にはそれを満たす仕組みがあった（たとえば、公衆浴場や縁側、産婆による取り上げなど）のに、それらは失われ、人々は自分の身体性を確認する機会を失い、しっかりとふれられて「受けとめられている」と感じる経験をもてなくなっていると警告する（二三〇頁）。そして、今の日本で『受けとめられ体験』を作りなおすひとつの重要な場がお産だろう」（二三一頁）と述べている。三砂はお産の現場を数多く見聞きしてきた研究者として、助産師の役割を重視し、妊婦がしっかりと受けとめられたと実感し、「安心感を土台に、自分がしっかり自分のからだの変革に向き合った、という気持ちが残れば、そこに核のようなものができて」くるという（一〇八頁）。出産を補助する人の果たす役割が、機能的なものにとどまらないことは日本の習俗からも窺える。日本で自宅分娩が行われていた頃の「トリアゲバアサン」は、赤ん坊が誕生し、「この世の人」になったことに立ち会う存在であり、トリアゲた人とトリアゲられた人との間柄は一生涯続く重要な関係と見られていたという（波平、二〇〇五、八四頁）。実際にそのような経験をした目撃した女性たちが若者に語り継ぐことこそ、最も彼女たちにリアリティをもってお産のもつ意味、受けとめられ体験の重要さを伝える方法であるし、そうした語り継ぐ行為を通した緩やかな連帯は、若者が番《つが》い子を産み育てようという気持ちをもつことを支える可能性があるのではなかろうか。

5 おわりに

ここまでは、現代の若者の対人関係や人格のあり方、身体のあり方の特徴を考察し、番《つが》い家庭をもち子育てをする希望をもつ若者にどういった困難さがありうるかを概観し、年長者は彼らに何をできるかについて見てきた。最後に、山田が「親子リストラというシナリオ」（二〇〇一）という小論の中で展開する提言に触れたい。

成人し、稼ぎのある未婚の子どもをパラサイトさせるような日本の親は、自分が若い頃に味わった苦労を子どもにさせたくない、子どもの苦労を取り除き、楽にさせるのが親のつとめと尽くす。しかし、早くから子の自立を親が促す欧米の親子関係に比して、日本人の親子は遊びや食事などの共同行動をする率が低く、親子間の抱擁やキスなどの身体的コミュニケーションも早い時期に終わってしまう。成人後も、米国の親子のコミュニケーションの密接さに比べると、日本人親子のコミュニケーションは希薄になるという。その違いの背景に、戦後日本に普及した親子間の愛情観があると山田は指摘する。親子の愛情は相互依存に基づいており、モノやお金やサービスによって表現されると考えられた。そして親は自分ができなかったことを子どもたちにはさせてやりたいと習い事をさせたり、高等教育に進学させたりする。山田は、日本の親が子どもにはいい思いをさせたいという感情が、自分たちの人生の否定であり、自分が思うように生きられていない不満を一見夢を託すという形で子どもに身代わりさせているだけではないかという。こうした相互依存は決して日本の伝統ではなく、パラサイトの許容は直接他人に迷惑をかける行為でなくとも、回りまわっては結婚に踏み出せない人や大量のフリーターを生む温床になっていると指摘する。そして、「子どもを苦労に耐えうる自立した人間に育てることが親のつとめ。成人したら経済的に独立させる、そして自立した同士で、コミュニケーションによって愛情を感じ合うという親子関係の方が、社会的にも生産的であり、楽しいと思えるのは私だけだろうか」（二三八―二三九頁）と言い、そのような形で親子の再編が進むことを望むと結んでいる。ここで、山田は苦労に耐えうる力をつけ、経済的独立を果たした子どもと親がコミュニケーションによってつながることを理想としている。本稿で見てきた現代の若者像は、ある一面では高度なコミュニケーション能力をもっているとも取れるが、自分の内側のことで頭がいっぱい、身体を通した受けとめられ体験も乏しいという脆さや弱さを兼ね備えている。親子関係が「何かをしてあげること／してもらうこと」から身体性を基盤にしたコミュニケーションによる方向へシフトすることで、子どもがたくましさを増し、それによって社会のあり方が変わる可能性は確かにありそうだ。

文献

岡田尊司（二〇〇四）『人格障害の時代』平凡社（平凡社新書）
国立社会保障・人口問題研究所（二〇〇五）『第一三回出生動向基本調査』
波平恵美子（二〇〇五）『からだの文化人類学　変貌する日本人の身体観』大修館書店
三浦展（二〇〇一）『マイホームレス・チャイルド　今どきの若者を理解するための23の視点』クラブハウス
三砂ちづる（二〇〇四）『オニババ化する女たち　女性の身体性を取り戻す』光文社（光文社新書）
宮台真司（一九九〇）『新人類とオタクの世紀末を解く（続）』『中央公論』九〇年一一月号、初出。（二〇〇六）『制服少女たちの選択　After 10 Years』朝日新聞社（朝日文庫）
森真一（二〇〇五）『日本はなぜ諍いの多い国になったのか　「マナー神経症」の時代』中央公論新社（中央公論ラクレ）

山田昌弘（二〇〇一）『家族というリスク』勁草書房
山田昌弘（二〇〇六）『新平等社会　「希望格差」を超えて』文藝春秋

現代女性の母性観と子育て意識の二重性

高石恭子

1　はじめに

親が子どもを育てるということ、そして大人が次世代を育むということが、本当に難しい時代になった。近年、親が子どもを虐待死させ、思春期を過ぎた子どもが親を殺傷するという事件の報道は後を断たず、またシニアの世代が三十代の若い成人の経済活動を断罪し、社会的に抹殺しようとするかのようなニュースも相次ぐ。そういった現象に対し、何かがおかしいと感じながら、正体のわからない不安から逃れるために、その場限りの悪者探しを繰り返しているのが、私たちの状況ではないだろうか。この、世代の引き継ぎの場で起きている危機的な状況は、決して特殊な場合にとどまるものではない。発達心理学者の鯨岡（二〇〇二）も述べているように、今日のわが国では「ごく普通に日常生活を送る子どもたちや大人たちが、『育てられる—育てる』という関係を生きることにおいて、何らかの難しさを抱えている」。各々の内にそのような困難の実感をもっているからこそ、私たちは同種の報道に接して強くこころを揺さぶられるのである。

筆者がこの「育てる」という営みと深く結びついた母性観の問題に関心を抱くようになったのは、心理臨床家としての訓練と、母親になるという試練を経てからであった（高石、二〇〇三a）。心理療法、なかでも筆者の学んだユング派の分析的心理療法は、きわめて母性的な関係性の上に成り立つ営みである。重い病理や発達最早期の傷つきを抱えているクライエントとかかわるとき、治療者はその相手との母子一体のような心理的〝融合〟状態を経験することなくして、治癒を目指すことは難しい。幾例かの困難な臨床経験を経て、自身が母親になったとき、筆者はその融合状態が、イギリスの小児科医D・W・ウィニコット（一九九〇）の言う「原初の母性的没頭」と呼ばれる境地と等しいことに気づいた。ウィニコットが指摘したのは、子どもの健やかな育ちにとって、母親が産後しばらくの間、赤ん坊との世界に没頭して個としての主体を失い、「スキゾイド様のエピソードのようなより深い水準の障害」にも匹敵する「正常なる病気」の状態を経過することが必要だという点である。筆者はこのとき、女性も個としての成長が求められる現代において、母性的没頭は〝正常な病い〟という逆説的な表現でしか表されないことに衝撃を覚えるとともに、これまでアカデミックな心理療法の訓練の世界において、〝母親になった治療者〟という視点が全く欠落していたことにも目を開かされた。

癒すことも、育てることも、本当は主体と客体が分かちがたく結びつき、渾然と溶け合っているような営みのはずである。言葉で表すと、「育てる」は他動詞であって、あたかも主体（育てる者）と客体（育てられる者）は別々であるように錯覚させられるけれども、実際には、育て―育てられる営みにおいて、両者を完全に切り離すことなどできない。しかしながら、主客を分断する科学的（男性的と言ってもよい）思考に慣れた現代人は、知らず知らずのうちに、現実の育てる営みとは切り離された、母性観や子育てをめぐる意識を自分の内に刷り込んでしまっているのではないか。

今日の育てることの難しい状況の背景には、社会的、文化的、経済的、自然環境的、さまざまな次元の問題が複合的に重なり合っていることは言うまでもない。しかしながら、そのなかでも最も論じることが難しく、気づかれにくいのは、女性が母から娘へと代々引き継いできた、母とは何か、育てるとはどういうことかをめぐる、現代人の意識的・無意識的なイメージや価値観の次元の問題についてであろうと思う。外的な諸困難に目を向けるだけでなく、私たちは、女性の内なる困難を、〝母でもあり娘でもある〟視点で見直してみる必要がある。本稿では、このような意図をもって、今日の女性の母性観と子育て意識が内包する問題に焦点を当て、考察してみることにしたい。

2　子育てをめぐる今日の状況——地域での調査から

最初に、甲南大学人間科学研究所が実施した「〔第2回〕子育て環境と子どもに対する意識調査」から見えてくることを取り上げてみよう。本研究所では、大学の所在する地域（神戸市東灘区）を中心に、二〇〇〇年から順次、就学前の乳幼児を育てている母親、父親、祖母に、子育てに関する大規模な質問紙調査を行っている。その間も社会の状況は速いスピードで変化し、子育て支援の重要性は認識されながらも、施策が十分に効を奏さないまま経過している感は否めない。そこで筆者らは二〇〇六年に、主に母親を対象とした第2回調査を実施し、六年の経年変化を見るとともに、新たに「子育てをする自分自身についての意識」を問う項目を設けて、今日の母親の子育て意識や母性観を探ることにした。

詳細は報告書（二〇〇七）を参照していただきたいが、そのなかで注目すべき結果は以下の二点である。まず、「子育ては楽しい」と答える母親が圧倒的多数であったことが挙げられる。「毎日の子育ては楽しい」という項目に、四件法（「非常にそう」「まぁまぁそう」「あまりそうではない」「全くそうではない」）で回答を求めたところ、肯定的な割合（「非常にそう」「まぁまぁそう」の合計、以下同様）は八九・七％を占めた。一九九四〜九五年の総務庁の調査（十五歳までの子どもを育てている親への個別訪問方式）で「子育ては、楽しみや生きがいである」に肯定的に答えた割合（「とてもそう思う」と「ややそう思う」の合計）が八五・六％、ベネッセ教育研究開発センターが二〇〇三年に首都圏で年少〜年長児の母親に行った調査で「毎日の子育てが楽しいですか」に肯定的に答えた割合（「とても」と「まぁまぁ」の合計）が八七・七％であったことと比較しても、さらに高い数値となっている。ここから、今日の都市部で乳幼児を子育てする母親のほとんどは、「子育ては楽しい」と答える意識的構えをもっていると言えるだろう。

しかしながら、子育てが楽しいばかりではないことも事実である。前掲の総務庁の調査で、「子育ては、つらく、苦労が多い」という項目に肯定的に答えた母親は五三・〇％で、過半数を占めた。この結果は、「子育てはときに楽しく、ときにつらい」という自覚の反映というよりは、同時に相反する子育て感情をもっている母親が一定の割合を占めていることを示唆している。

第二に注目したいのは、この〝相反する二つの意識〟についてである。今回の調査結果においても、同じ特徴が諸所に見られた。たとえば、「自分の生き方も大切にしたい」に対する肯定的な回答は九四・三％である一方、「子育てのために自分が犠牲になるのは仕方ない」に対する肯定的な回答も八四・六％と高率を占める。また、「経済的な必要がなければ、子どもが小さい間、母親は仕事をせずに家にいたほうがいい」、「子どもが小さい間は、家事・育児に専念したい」に対する肯定的な回答は、それぞれ六六・八％、六三・一％と約三分の二を占めるのと同時に、「家事・育児以外に自分の仕事を持っていたい」にも、ほぼ同じ六八・二％が肯定的に答えているのである。

これらの結果が示しているのは、同じ一人の母親が、往々にして、自己犠牲的な母親であることを良しとしながら、自分の（個としての）人生を求めているという、子育てに対する両価的な意識をもっているという現実である。前掲のベネッセの調査では、首都圏の一九九七年と二〇〇三年のデータが比較されているが、そこでも「自分が犠牲になるのは仕方ない」「自分は母性的だと思う」と答える母親の比率は増えており、この六年間で自己犠牲的な母性観の高まりを示していた。このような変化の背景には、子どもが小さいうちは母親の手で育てなければうまく育たないという、いわゆる「三歳児神話」の再活性化があると考えることも可能だろう。つまり、今日の母親はますます、個としての自分を生きることと、自己犠牲的な良き母親を生きることという、相反する二つの意識をもちながら子育てに向き合うよう求められているのである。

筆者らの調査で他にも見えてきたことは、過去六年間で父親の子育て参加は進み、母親の育児ストレスもやや減少しているという傾向であった。ちなみに、「夫は、子どもが小さい間、妻は仕事をせずに家にいてほしいと思っている」という項目に肯定的に答えた母親は四八・三%で、半数に満たない。ここから言えるのは、パートナーからの期待よりもむしろ自分の意志で、子育て中は家にいることを望む母親が、一定数いるのではないかということである。

これらの調査結果からは、少なくとも全体的な傾向として、子育て環境は悪くはなっていないように見える。にもかかわらず、カウンセリングや医療などの臨床現場では、育児不安や育てることの困難を訴える母親の深刻さが決して軽減されていかないように感じられるのはなぜか。その手がかりの一つは、現代女性の抱く母性観と子育て意識の構造に求められるのではなかろうか。

3　何のために子どもを産み育てるか

そもそも、「子育ては楽しい」とほとんどの母親が答えるわが国で、なぜ少子化が進み、合計特殊出生率は下がり続けるのか（二〇〇五年の確定値は一・二六である）。本当に子育ては〝楽しい〟のだろうか。

筆者が担当する、ある企業が開設したインターネット・サイトの子育て相談室に、次のような印象深い相談が寄せられた。要点だけを述べると、メールの送り主は四十代の女性で、再婚家庭で三歳の子どもを育てているということである。前夫との間に複数の子どもがあり、紆余曲折を経ての久しぶりの子育てだが、乳幼児健診での「子育ては楽しいか」の質問に「どちらでもない」、「子育てで楽しいことは何か」の質問に「特にない」と答えたところ、保健師に呼ばれて、その原因を過去に探るような質問をあれこれとされて混乱したという内容であった。相談を寄せた女性としては、さまざまな経験を経た上での最後の子育てという意識が強く、「楽しい」という単純な表現では言い表せない深い喜びの感情があることを言いたかったのであるが、子育ての専門家から批判的なまなざしを受け、傷つきと疑問を抱いたという趣旨のことが文面に綴られていた。

先の調査結果と併せて考えると、このエピソードは、今日の母親を取り巻く目に見えない社会的圧力を垣間見させてくれるように感じられる。つまり、母親になった女性は、「子育てが楽しい」と感じ、そう答えるべきだという暗黙の前提を与えられるということである。さらに言うと、この「楽しいか、楽しくないか」という問いの後ろには、「好きか、好きでないか」という判断の軸が存在する。私たちは普通、好きでないものを楽しむことはできない。「子育ては楽しい」はず、という期待の底にあるのは、母親になった女性は皆、子育てを〝好き〟でなければならないという価値観である。父親になった男性に果たして同じことが期待されるかを考えれば、これは現代女性に対する特有の状況であることが容易に想像できるだろう。

伝統的な社会では、子育ては〝誰かがしなければならないもの〟であり、それに対する母親の個人的感情がどうかは大きな問題ではなかった。そもそも、バースコントロールが大衆のレベルで可能になる二十世紀半ば以前の社会では、子どもは〝生まれてくる〟ものであり、子育ては生活の必然的な営みの一つであった。それに対し、現代社会では、出産は個人的な選択の結果だという暗黙の前提がある。子育ては、「人生における重要な『イベント』として位置づけられるようになっている」のである（斎藤、二〇〇六）。

子どもや小さないのちに対して決して受容的ではなくなったわが国の社会環境のなかで、母親になった女性にだけは、子どもに対して無制限に受容的であれと期待されることの不思議さを、意識する人は少ない。そうして、

- 経済的・実用的価値
- 精神的価値
  - 情緒的価値（家族の結びつき等）
  - 社会的価値（世代継承）
  - 個人的価値（自己成長）

図1　子どもを産み育てることの意味（柏木、2001より）

「私は子育てが楽しくない」「私は子育てに向いていない」「私は子どもが好きになれない」という意識が、「私は母親として、人間として失格かもしれない」という罪悪感や自己否定感となって女性自身を追い詰めていくところに今日の育てることの困難がある、と考えるのは、あながち的外れではあるまい。

この問題は、問い方を少し変えてみると、より明らかになる。たとえば、「子どもを育てるのが楽しいか、楽しくないか」ではなくて、「何のために子どもを育てるか」と、その意味づけを多様な選択肢から回答してもらうやり方である。

人類が子どもを産み育てることの意味は、その社会構造によってさまざまであり、一つには規定できない。柏木（二〇〇一）は、それらを図1のように整理している。まず、経済的に貧しく、家族が生きていくための基本的欲求を満たすことも十分ではない社会や共同体においては、子どもを産み育てることは何よりも「経済的・実用的価値」をもつ。そのような社会では、子どもは貴重な働き手であり、幼児期を過ぎれば大人と同じように生産者となることが期待される。わが国でも、戦後まもなくまでの農村では、しばしば子どもは小学校へ行って学ぶことよりも、農繁期の田植えの手伝いや年少者の子守りを期待された。

次に、基本的な生活の欲求が満たせるようになると、子どもを産み育てることには「精神的価値」が重視されるようになる。そこに含まれるのは、家族の結びつきを強めるという「情緒的価値」、家の存続や世代の継承という「社会的価値」、親自身が成長するという「個人的価値」である。いわゆる近代西欧の価値観に基づく個人主義の社会では、〝個人の自己実現の手段としての子育て〟という部分に、最も価値が置かれるようになるのは自然の成り行きである。

ところで、今日の私たちが、子どもを産み育てることの意味をどのように意識しているかについて、総務庁が一九八七年と一九九五年に実施した国際比較調査（前述）の結果は非常に示唆に富むものである。八年後の経年変化がわかる点でも非常に興味深い。まず、表1（一九八七年）は、何のために子どもを産み育てるかという問いに対する、十項目の理由から三つを選択した回答結果であるが、特に考えてみたいのは「家の存続のため」「出産、育児によって自分が成長する」「子どもを育てるのは楽しい」という三つの項目に肯定的に答えた親の割合についてである。日本、アジア、欧米の六ヵ国の傾向を見ると、アジア（タイ、韓国）では「家の存続のため」という意識が強く、「自分が成長する」からという意識は低く、「子育ては楽しくない」という構造になっている。対照的に、欧米（アメリカ、イギリス、フランス）では、「家の存続のため」という意識は低く、「自分が成長する」という意識はアジアより相対的に高く、「子育ては楽しい」という構造になっている。

さて、わが国はどうかというと、「家の存続のため」という意識は低く、「自分が成長する」という意識は欧米並みに高く、「子育ては楽しい」という意識はアジア並みに低い。日本の親の子育て意識は、欧米と同じ〝個人的価値志向〟でありながら、欧米人のようにそれを楽しめないという、奇妙なミクスチュア（混合）を呈しているのである。

次に、表2（一九九五年）は、日本、アメリカ、韓国の三ヵ国の比較である。選択した割合（%）の上昇と下降を示す矢印は、筆者が付け加えたものであるが、この八年間で韓国の傾向が大きく変化したことが見て取れるだろう。「家の存続のため」という意識はほぼ半減し、「自分が成長する」ためであり、「子育ては楽しい」という、アメリカと同じ個人的価値志向が顕著になっている。その一方で、日本はどうかというと、「自分が成長する」からという意識が三〇%近くも上昇しているにもかかわらず、依然として「子育ては楽しい」という意識は低いまま変わらない。つまり、日本の親の子育て意識の構造は、変わらないばかりか、ますますその特徴を強めていると言える。

二十世紀の後半、わが国の親の意識に起こったのは、表層における子育ての〝個人化〟と、深層における伝統

表1　子どもを産み育てることの意味

%

	日本	アメリカ	イギリス	フランス	タイ	韓国
家の存続のため	19.8	23.1	15.7	12.4	69.8	48.3
老後の面倒をみてもらう	11.6	5.8	5.1	9.4	53.3	26.8
家族の結びつきを強める	50.7	44.9	48.9	46.6	38.5	24.8
自分の志をついでくれる後継者をつくる	18.7	10.9	6.7	3.5	34.4	43.2
子どもは働き手として必要である	4.9	2.6	1.5	0.9	29.1	2.2
自分の生命を伝える	42.4	40.8	23.3	49.3	23.6	34.0
次の社会をになう世代をつくる	61.7	52.6	29.9	25.0	22.9	48.4
出産、育児によって自分が成長する	38.2	44.2	35.7	32.4	12.3	13.5
夫婦は子どもをもってはじめて社会的に認められる	19.2	4.0	2.9	3.0	8.4	29.3
子どもを育てるのは楽しい	20.6	48.6	70.7	76.6	5.0	19.3

（総務庁青少年対策本部編　1987「日本の子供と母親—国際比較—（改訂版）」より）

表2　子育ての意味

%

	日本	アメリカ	韓国
家の存続のため	11.1	21.6	25.9↓
老後の面倒をみてもらう	4.1	6.0	7.7↓
家族の結びつきを強める	53.7	50.3	39.5
自分の志をついでくれる後継者をつくる	8.8	40.8	12.1↓
子どもは一家の働き手として必要である	2.6	1.4	0.6
自分の生命を伝える	30.4	15.8↓	21.7
次の社会をになう世代をつくる	45.3	45.8	36.7
出産、育児によって自分が成長する	68.8↑	34.5	64.8↑
夫婦は子どもをもってはじめて社会的に認められる	11.3	1.9	13.1
子どもを育てるのは楽しい	20.8	67.8↑	64.8↑

（総務庁青少年対策本部編　1995「子供と家族に関する国際比較調査の概要」より）

的な自己犠牲的母性観との二重化なのかもしれない。個人化ということで言えば、たとえば西欧的個人主義をラディカルに推し進めるフランスでは、子育ては「私が成長し、私が楽しむため」という意識がかなりの程度、共有されているようである。出産は麻酔を用いた無痛分娩が普通に選択され、産後、病院から自宅に戻ればすぐに赤ん坊は夫婦と別室のベビーベッドに寝かされる。授乳は早期に人工乳へと切り替えられる。ベビーシッターの選定には相当な神経を使うけれども、子どもを置いて夫婦で出かけることに対する世間の非難はない。非常に割り切った考え方をすれば、親の個人的価値を追求するにあたって、自然分娩の痛みに耐える必要はないし、長期にわたって添い寝し、夜間授乳を続ける必要もない。個人個人で、自分が楽しく、楽に思えるような子育てをすればよいわけである。その意味で、意識と行動には非常に一貫性がある。

翻って、わが国の母親たちは、子どもを産み育てるのは「自分の成長のため」という意識を高めていきながら、実は欧米のような自立した〝個〟としての自分をもたないために、子育てを通した自己実現を楽しむことができないのではないか。戦後、わが国の子育て意識は、表層ではどんどん個人化していったが、深層には依然として理想化された自己犠牲的な母性観が生きており、子育て意識の二重化が進んだと考えられるのである。子育ての個人化と、自己犠牲的な母性観が組み合わされたとき、〝子どもがうまく育つかどうかは、すべて母親としての私次第〟という重責感が生まれる。子どもが小さいうちは〝私が〟自己犠牲的に最善を尽くさなければならないのであり、思い通りにいかなければ自分を責めるか、子どもを責めるかしかなくなる。ここから、虐待への一線を越えるのは、そう大きな一歩ではないように思える。

こういった今日の母親の意識は、筆者らの調査(前掲)において「子どもを預けること」を問うた項目についての結果からも、うかがい知ることができる。母親の三六・一%は、通常の通園・通所以外の時間にわが子を「預けること」にためらいを感じると答えた。その理由の内訳は、第一に「子どもが心配」(三七・七%)、第二に「子どものそばにいたい」(二〇・二%)であり、「安心して預けられる場所がないから」を選択した母親は八・五%という少数派でしかない。そして、子どもを預けることにためらいをもつ母親のほうが、もたない母親より育児ストレスが高かった。つまり、いくら子育て支援施策が進んで保育制度が拡充されても、一定の割合の母親は、たとえストレスを感じても自分で育てるのがよいという意識のもとに、〝預けない子育て〟を志向するだろうことが予測されるのである。

4　女性の子育て意識の二重性

このような子育てをめぐる意識の二重性は、アンビバレンス（両価性）と言い換えることができるし、またその二重性が誰かとの関係に作用するときには、G・ベイトソン（一九八二）の言うダブルバインド（二重拘束）と言うこともできるだろう。ダブルバインドとは、重要な他者との間の逃れられない関係の場面において、次元の異なる、しかも相互に矛盾するメッセージに同時にさらされることである。たとえば、母親が子どもに「大好きだよ」と言いながら、冷やかな目つきで抱きつかれるのを拒否するような関係を指す。この種の意識の構造がどのようにして成立したのか、また、今日に至るまで、どのようにして母から娘へ引き継がれてきたのか、その歴史的背景にも目を向けてみたい。

筆者は、近代以降の母性観の変遷について、人魚の物語における母娘関係を読み解くことによって、その一端を明らかにしようとしてきた（高石、二〇〇三b）。人魚は、ユング派の深層心理学的理解においては、女性の元型的イメージの一つとされる。人魚のイメージは古代の紋章や中世の物語にも多く描かれているが、源流を遡ると、太古の蛇女神、そしてさらに海ヘビのイメージにたどり着く。それは水中を悠々と泳ぐ、ダイナミックな生命力の象徴である。ここからたとえれば、近代以前の母―娘の関係は、ウロボロス（互いに尾を呑み込んだ二匹の

〈ヘビの円環〉のようなイメージで捉えられるのではなかろうか。母は娘を生み、娘は母となり、果てしなく循環を繰り返す。そこに〝進歩〟とか〝個人の成長〟といった価値観は入ってこない。

このような力強い元型的イメージとしての人魚が、悲劇の主人公として描かれるようになるのは、実は、近代になってからのことである。

西欧で最も知られている人魚の物語は、一八三七年に発表された、H・A・アンデルセンの『人魚姫』という作品であろう。下敷きになっているのは、近代以前より代々母から娘へと口承伝承されてきた、思春期の女性のイニシエーションの物語だと考えられる。十五歳の誕生日（当時の初潮年齢）を迎えた人魚の末娘は、解禁された〝陸の世界〟を見るために海面に上がっていって船上の王子に恋し、何とかして王子に愛されることで陸の住人になりたいと願う。男性と結ばれることで、はじめて人魚は魂を手に入れることができる（つまりキリスト教的な意味での救済を約束される）のだ。実母はすでに亡く、人魚姫は魔女に声と引き換えに二本足をもらって陸に上がるが、沈黙することしかできない人魚は陸の人間に理解してもらえない。結局、恋は実らず、泡となって消えてしまうという悲しい物語である。一般には悲劇の純愛物語と理解されているが、母娘関係から見直してみたとき、ここに描かれているのは、理想化された（この世にはいない）母親と、悪しき母親（呪いをかける魔女）という、分裂させられた母親像と、自立して（二本足で）生きられなかった娘の不幸と言ってよい。

一方わが国では、近代の代表的な人魚の物語として、一九二一年に小川未明が発表した『赤い蠟燭と人魚』がある。ちょうど、大正時代の女性解放運動が華やかであり、与謝野晶子と平塚らいてうの母性保護論争が起こって少し後の頃の作品である。ただし、わが国の人魚の物語は、男女の軸よりも親子の軸を重んじる日本文化を反映し、直接的な母―娘の物語として描かれている。北の冷たく陰気な海の底に生きるみごもった母人魚は、こんな暮らしは自分だけでたくさんだ、娘だけは陸の生活をさせてやりたいと願い、夜に浜辺へ泳いでいって赤ん坊を産み落とす。子どものいない老夫婦に拾われた娘人魚は、成長して家業の蠟燭売りを手伝い、綺麗な模様を蠟燭に描くようになる。しかし、噂を聞きつけた香具師が人魚を見世物にしようとやってきて大金を積み、老夫婦はついに娘人魚を売ってしまうのである。檻に捕われ、船で連れて行かれる事態を知った母人魚は怒り狂い、嵐を起こして、船を娘もろとも海中へ沈めてしまう。「赤い蠟燭」とは、香具師に連れ去られるときにあわてて娘人魚が塗りつぶしたものだった。それ以後、赤い蠟燭が人知れず神社に灯されると、必ず海難が起き、恐れて誰も近づかなくなった町は滅びるという結末になっている。

一見、全く違った物語のようにもみえるが、東西二つの物語に共通するのは、陸に憧れ、陸上の生活を夢見る人魚の切なる思いと、陸では生きられないという悲劇的結末である。拙稿（高石、二〇〇三b）でも考察したように、深層心理学的解釈を用いるならば、この〝海〟と〝陸〟という対比は、図2のようなシンボリズムとして了解することが可能だろう（シグネル、一九九七）。すなわち、海は人魚（女性）の住む、無意識の、集合的な、イメージと情動の領域であり、陸は人間（男性）の住む、意識の、個の、言葉と理性の領域を示している。近代の人魚（女性）は、社会の変化のなかで、陸（男性の領域）に憧れ、女性としての声やわが娘を育てることを断念するという犠牲を払って、幸福を手に入れようとした。しかしながら、物語の結末が示すように、それは決して叶わない望みだったのである。

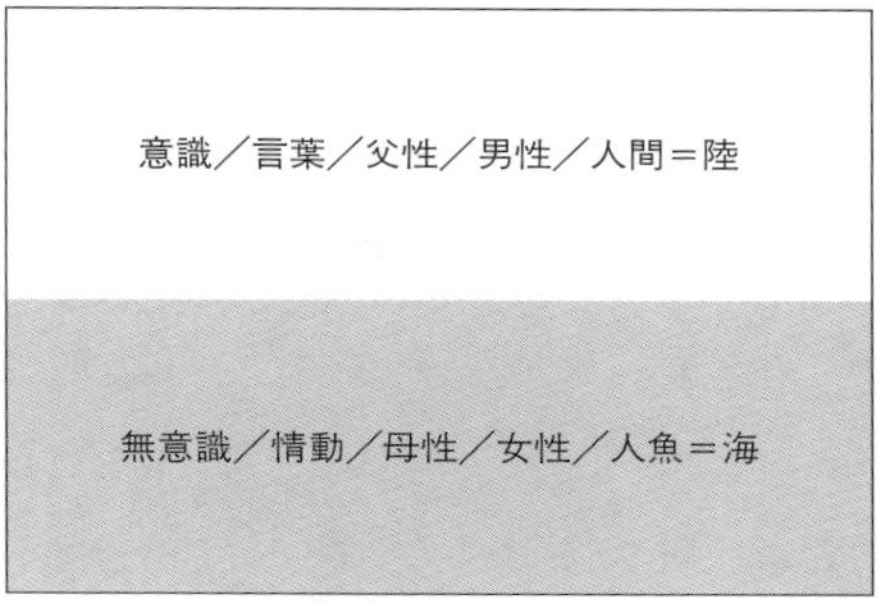

図2　海と陸のシンボリズム

母―娘の関係性ということで言えば、はやばやと母を亡きものとし、娘が〝自分自身〟を生きようとした近代西欧の人魚の物語と比べ（平林（二〇〇六）の分析によれば、人魚に限らず「一九世紀文学では、理想化された母は物語が始まるときにすでに死んでいる、という例が多い。」）、わが国の人魚物語の主人公は、あくまでも〝母親〟のほうである。母親は「私はもう諦めるから、娘だけは」と、娘に自分自身を託して新しい人生を生きさせようとする。『赤い蠟燭と人魚』において、娘人魚は〝個〟としての主体的な意志をもたない。そして、自分が託した通りに幸福になれなかった娘を暗い海の底に引きずり込む母人魚は、まさしくユングの言う、呑み込む〝グレートマザー〟そのもののイメージではなかろうか。

「私はもういいから、お前だけは」というフレーズは、近代以降のわが国において、母から娘へ連綿と引き継がれてきた語りである。とりわけ、昭和の戦前・戦中に生まれ、戦後に子育てをした母親たちの意識は、小川未明の母人魚の意識の構造と共通する部分が大きかった。自分自身は〝自己犠牲的な、すべてを包み込む母性〟、すなわち海の領域にとどまり続けながら、娘には戦後教育を受けた〝個を実現する女性〟として、陸に生きることを望んだのである。しかしながら、このような二重性に母自身が無意識的であればあるほど、娘たちはダブルバインドなメッセージを受け取って苦しむことになった。斎藤（二〇〇六）も述べているように、わが国の一九六〇年代は、未曾有の高度経済成長を基盤とした「近代家族」の黄金期と位置づけられる。この頃に生まれ、核家族で母親と密着して育てられた娘たちは、公約数的に言って、男性と同じ社会的達成を期待されるのと同時に、自己犠牲的な母性像を刷り込まれている。破れた靴下を繕い、自らは粗食に耐えて娘の学費を捻出しようとする母親の姿は、いくら言葉では娘の自立を促しても、「こんな私を捨てて行くの？」という無言のメッセージを娘に投げかけ、自立への罪悪感を掻き立てる。そこで娘は、西欧の人魚のように敢えて母親を振り捨てて個を生きようとするか（心理的な母殺しをするか）、自らも母親となって自己犠牲の再生産をするしかなかったと言えるだろう。

〝母殺し〟をして社会的な達成を求めた女性が決して幸福にはなれないことは、戦後、この時代の欧米のフェミニズム運動がいったん挫折し、方向修正した経緯からも傍証できる。「一九六〇年代から七〇年代はじめ、フェミニズム運動は『娘』の解放運動だった」（平林、二〇〇六）。確かに、解放された娘としての女性は、社会で多様な生き方を実現できるようになり、ユングの表現を借りれば、〝父の娘〟と括られる一群の成功する女性たちが登場した。しかし、いくら解放されても、母を暗い海の底に残したままでは、娘はうまく女性としての成熟を手に入れることができない。女性にとって、母性をどう生きるかは、子どもを産むか産まないかにかかわらず、必ず避けては通れない課題だからである。一九六五年にアメリカで発表され、わが国にも八一年に紹介された、ランダル・ジャレルの『陸にあがった人魚のはなし』という物語は、まさにこの問題を追求した作品として読むことができる。詳細には触れないが、この現代の人魚物語は、母を捨てて、陸で人間の男性と住むことを選んだ人魚が、子どもをもとうとしたとたんにただ幸福ではいられなくなり、さまざまな限界や事件に遭遇し、カップルで子育てに右往左往するという様子を詩的に描いている。

その後、アメリカでは一九八〇年を境に、より新しい現代の人魚物語が創造されていく。その変化については、拙稿（高石、二〇〇三b）に論じた通りであるが、変化の背景には、〝母の解放〟としての新たなフェミニズム運動が、社会に浸透していったことがあるに違いない。

たとえば、ディズニー製作所が世に送り出した『スプラッシュ』という映画（一九八四）では、女性が陸に上がるのではなく、男性が陸を捨てて、かつて自分を救ってくれた人魚と海へダイブするという驚くべき転換が描かれ、『リトル・マーメイド』（アンデルセンを下敷きとした映画作品、一九八九）とその続編（『リトル・マーメイドII／Return to the Sea』ビデオ作品、二〇〇〇）では、父に二本足をもらって陸で王子と幸福な結婚をした人魚が、次に母となって娘人魚を産み育てるという、子育てのテーマが扱われる。特に続編が興味深いのは、陸（男性の領域）で育てられ、海へ行くことを禁じられた娘人魚が思春期を迎えたとき、自分のルーツを探しに海へ戻って魔女と戦い、母人魚がそれを助けるという、母―娘の新しい関係性が描かれている点である。そこに見えるのは、もはや善と悪に分裂させられた母性像や、自己犠牲的な母性像ではない。娘と共に迷い、試行錯誤し、海と陸を行きつ戻りつしながら、母であり個としての女性でもある自分を肯定的に生きていこうとする、新しいイメージである。これらの作品は、子育て意識の二重性から脱け出すための、一つの希望を与えてくれるものだろうと思う。

5　めまぐるしく変わる日本の子育ての規範

前節では、いくつかの人魚の物語を通して、近代以降の母―娘が引き継いできた母性観と子育て意識の二重性の歴史を概観してみた。西欧とわが国においては、その表れ方に文化差があるものの、「個を生きることと、母性を生きること」（すなわち、陸で生きることと海で生きること）という二律背反をどのように解決し得るのかという点では、同じ〝時代の課題〟に直面してきたと言うことができるだろう。以下では、もう少し身近なところに視点を移し、戦後のわが国の二世代の母親を取り上げて、そこに見えてくる二重性からの解放の闘いの様相について考えてみる。

品田（二〇〇四）は、今日のわが国の母親が置かれている子育て困難な状況を分析するなかで、あまりに「子ども中心」になった育児の規範が問題ではないかと指摘している。そして、妊婦全員に地方自治体から配布される「母子健康手帳」の副読本（育児の手引き）の内容を、過去から現在まで詳細に検討した結果、わが国の子育て法の大転換が、一九八五年の大幅な改定の頃にあったと結論づけている。

試しに、筆者らの調査地域である神戸市の、一九六〇年の母子手帳と、一九九七年の母子健康手帳（一九九一年の母子保健法改正に伴い、名称が変更された）の記述を比較してみよう。これは、世代で言うと、一九三〇年前後（戦前）生まれで、戦後の子育てをした母親が持っていたものと、その母親が育てた娘が母親になったときに手にしたものに該当する。

まず、一九六〇年版の母子手帳の「育児の心得」というページから特徴的な要点を拾ってみると、このようである。「栄養」という項目には、「イ、母乳第一　ロ、人工栄養　ハ、離乳」と三項目が列記されている。一応、母乳第一とは書かれているが、「母乳がでない時や、たりない時は、牛乳や乳製品で育てます」と、人工乳の選択肢が与えられ、「大体お誕生頃までには離乳を終るようにいたしましょう」と、一歳頃までには授乳を終えるのが望ましいことも示されている。また、「しつけ」の項目には、「イ、そいねのくせは、母子ともに安眠できませんからやめましょう。　ロ、大体きまった時間に十分にお乳を飲ませましょう。　ハ、泣いたからといって、すぐお乳を与えたり、抱いたり、おぶったりするのはよくないことです」（以下略）と書かれている。これらは、戦前からの日本的な〝川の字〟（添い寝）文化を真っ向から否定する、欧米の子育て規範をそのまま取り入れた内容であることがわかるだろう。当時の母親は、少なからず、このような規範を頼りに子育てをしようとしていた。石原慎太郎の『スパルタ教育』（一九六九）がベストセラーになり、父親のバイブルになったのも同じ時代である。

しかしながら、思い出しておきたいのは、欧米のように厳しくしつけをし、自立的な子育てを模倣しようと努力したこの頃の母親は、前述したように「私はもういいから、お前だけは」と〝自己犠牲的な母性〟を生き続けた世代でもあるということだ。この世代の母親たちは、「これからの時代は、女性も自分を生きられる」と娘を鼓舞し、同時に「女性は母親になればどうせ自己犠牲を強いられる」と引き戻す、ダブルバインドなメッセージを娘に伝達してきた。

さて、そのような母親に育てられた娘が母親になった時代の、一九九七年版の母子健康手帳はどうなっているだろうか。「すこやかな成長のために」と書かれた育児の手引きのページをめくってみると、新生児期の赤ん坊の栄養については、母乳のみの記載になっていて、人工乳については一切触れられていない。またしつけについても、「泣いたとき」の例を挙げると、新生児期は「激しく泣くときは、おむつを替え、衣服の中に虫などがいないか調べて、まず抱いてあげましょう」、乳児期は「おむつのよごれ、空腹以外で泣いたりぐずっている時は、だっこして十分なだめてあげましょう。…〔中略〕…抱きぐせがつくと心配しなくてもよいのです」と書かれている。

前者（一九六〇年版）との対照性は明らかだろう。一九八五年の大改定以来、子育ての規範は〝自立型〟から

〝欲求受容型〟へと確かに転換している。母と娘が子育ての規範とするものが、たった一世代で、これだけ違うのである。品田（二〇〇四）は、この変化の背景に、先行するアメリカ小児医学の新しい潮流（もっと子どもの欲求を寛容に受け入れよう、とする従来の厳格な育児へのアンチ・テーゼ）があったことと、戦後わが国へ導入された西洋式育児政策への日本人の反発（松田道雄の『日本式育児法』刊行はその代表例）があったことを挙げている。しかし、戦後四十年を経て、ようやく実現する大転換の原動力となったのは、「母のような子育てを繰り返したくない」「うわべだけの西欧化はもうゴメンだ」という娘たちの抵抗の集積でもあったのではなかろうか。但し、この転換が、ますます今日の子育てを複雑で不安なものにしているのも事実である。

母子健康手帳の内容に戻ると、一九九〇年代以降の母親にとって、母乳以外の選択は前提として与えられておらず、授乳は親が決めた時間ではなく子どもの欲求に従ってなされなければならない。品田（前掲）によれば、母乳をいつやめるかの時期の目安も、年々明示されなくなり、「個人的な問題なので、一定の決まった時期はありません」「いつまでにやめなくてはいけない、ということはありません」と、長期授乳を肯定する記載へと変わっていくのだという。また、泣いたりぐずったりすれば、すぐに抱いてなだめてあげるべきだという記述も繰り返し出てくる。

この二世代の母親のもつ子育て規範の対照性は、いわゆる「三歳児神話」の解釈をめぐってもうかがい知ることができる。一九六〇年代前後に子育てをした母親は普通、「三つ子の魂百まで」という諺は、三歳までに厳しくしつけておかないと子どもは言うことをきかなくなり、手に負えなくなるという意味だと信じており、しつけのための体罰も辞さない。この信念の背景にあるのは、原罪をもって生まれてくる子どもは、大人が厳しく矯正して善の道を進ませなければならないとする、西欧のピューリタン的、キリスト教的な考え方である。一方、九〇年代以降に子育てをする母親は、「三つ子の魂百まで」というのは、子どもは傷つきやすい存在だから、小さいうちは存分に母親が受け入れ、甘えを満たしてやらないと、後々の人格形成にも問題を残すという意味だと信じている場合が多い。娘が子どもを生んで母となった後、その母との間でしつけをめぐってしばしば齟齬の生じる典型的な例である。

子育て困難を訴える近年のわが国の母親が規範としている子育てとは、このように、すべてを受容する自己犠牲的な母性を要求するものだと言える。〝自立と自己犠牲〟という子育てをめぐる女性の意識の二重性は、母から娘へと世代間伝達され、娘は母になったとたんに、その問題を突きつけられ、苦闘を強いられる。かつての母にとっての〝自立〟とは、娘に託されるものだったが、今日の母にとっては、自分自身が同時に〝個〟を生きることを意味する。その違いはあるが、二重性のもつ性質は「表層における子育ての〝個人化〟と、深層における伝統的な自己犠牲的母性観」であることに変わりはない。そして、この二重性はますます強化される傾向にあるのが、二〇〇七年現在の状況と言えるのではないだろうか。

6　語り始めた母親たち

自分の人生を大切に生きることと、子育てを楽しむことは、必ずしも二律背反ではない。ただ、その両立を可能にするためには、母性観と子育て意識の二重性についてもっと女性自身が意識化し、自分は〝個〟としてどのような母性を生きようとするのか、主体的に葛藤し、選択する力を養わなければならないように思う。一九六〇年代前後の母親は、おそらく自分自身が〝個〟を生きたい欲求を抑圧し、あるいは分裂させ、娘と投影的同一視することによって生きてきたのであろう。その心的構造は次の世代に引き継がれ、育てることの困難を引き起こす大きな要因となっている。

最後に、この二重性から解放されようとする女性たちの試みとして、一九九〇年代以降に登場した一群の「育児マンガ・エッセイ」作品について紹介しておきたい。表3は、その主なものを、作者の出生年順に提示したものである。

わが国で、作家が自分自身の妊娠・出産・子育て体験を赤裸々に綴り、出版してベストセラーになった先がけは、筆者の知る限り、詩人、伊藤比呂美の『良いおっぱい、悪いおっぱい』（一九八五）である。初出はその前年で、個人情報保護法の制約が一因となって二〇〇四年に休刊した『噂の真相』という、過激な内容で知られる雑誌だったらしい。その後、一九九〇年代になると、マンガ家が相次いで自分自身の出産・子育て体験を出版し、〝ありのままの、本音の子育て〟を公表することが、次第にタブーではなくなっていった。たとえば図3は、マンガ家、石坂啓の子どもが、家のなかで生理用のナプキンを胸につけている場面の挿絵である。一歳を過ぎてもよだれがひどく、ガーゼのよだれかけを何枚取り替えてもすぐにぐしょぐしょになってしまう息子に辟易した母親は、思いついて、よだれかけの上にテープで取り外し可能な生理用ナプキンを貼り、「なんて画期的なの！」と悦に入る。フランスの子育てではないが、他人がどう思おうと、自分が楽に子育てできる方法で合理的に解決することを良しとし、子育ての規範は個人個人で作ればよいという、母になった娘たちの主張がそこには感じられる。

また図4は、多方面で活躍する作家、内田春菊の子育て体験マンガの印象的な一コマである。九ヶ月の息子は、読書に余念がない母親の乳に吸い付いている。「しかしいつまでもよく出るなー」という母親のセリフからは、〝授乳する母親〟に対する理想化やこだわりは、みじんも感じられない。「子どもを抱いて、目を合わせながら授乳しましょう」といった専門家の書いた育児書の規範とは全く自由に、母と子が共にいられる様子が生き生きと描かれている。これらのベストセラーを生み出した作家たちが、ほぼ一九六〇年代前後に生まれた世代の人々であることは、決して偶然ではないだろう。母や社会から伝えられたダブルバインドを表現するのに、イメージと言葉を併用する〝マンガ〟という媒体は、非常に適していたのだと考えられる。井上きみどりの長編マンガに

表3　1990年代以降に登場した、主な育児マンガ・エッセイ作品

作者	生年	出版年	主な作品名
石坂　啓	1956	1993	「赤ちゃんが来た」
柴門ふみ	1957	1995	「笑って子育てあっぷっぷ」
田島みるく	1958	1992	「あたし天使　あなた悪魔」
内田春菊	1959	1994	「私たちは繁殖している」
まついなつき	1960	1994	「笑う出産」
西原理恵子	1964	2004	「毎日かあさん」
井上きみどり	1969	1996	「子供なんか大キライ！」

図3　「赤ちゃんが来た」
（石坂啓、1993より）

図4　「私たちは繁殖している」（内田春菊、1994より）

至っては、『子供なんか大キライ！』という、母親が口にするのはタブー中のタブーであった個人的な感情が、タイトルに付けられている。子どもや、子育てが嫌いな母親だっている。しかし、子どもが嫌いであれば母親失格、人間失格というわけではなく、嫌いなら嫌いなりに、子育てを通して自分が学べること、成長できることはあるはずだ、という主張に貫かれた作品として、長く読者の支持を得ている。自分も犠牲にしない、でも母性も存分に生きたいと葛藤しつつ願うのが、これら挑戦者たちの子育て意識であったと言える。

さらに二〇〇〇年代に入ると、インターネットが普及し、普通の母親たちが自分の子育てをブログ（ネット上の日記）に書き記すようになる。個人的な経験をリアルタイムで発信し、他の母親と共有する機会は飛躍的に増え、母子密着の孤立から救われる母親が増えたのも確かであろう。しかしながら、ネット上のこういったコミュニケーションが、子育て意識の二重性をさらに克服する大きな力になるかどうかについては、まだ判断を留保する必要があるのではないか。というのも、近年の子育て関連の意識調査の結果を見ていると、自己犠牲的な母性像の再活性化が垣間見えてくるからである。今日の若い母親は、〃個〃を生きることと自己犠牲的な母性を生きることとの二律背反に葛藤したり、一方を抑圧して苦しんだりする代わりに、両者を解離させ、まさにコンピューター画面のウィンドウが同時並列的に存在するように、ふわふわと突き詰めないままに並存させているのではないかと思えるときがある。現代の若い人々が、〃解離〃という自己防衛機制を容易に発動させるようになったというのは、精神医学者や臨床心理学者がつとに指摘している心的構造の変化である（たとえば香山、二〇〇二）。相矛盾する自己の要素を、バラバラに、別々の他者に伝え得るのが、今日的なコミュニケーションの特徴でもある。女性たちは、母親の視点から、母親の体験を語り始めたが、その語りの質が変容していっているという側面にも、今後は注意を向けていかねばならないだろう。

7　おわりに

冒頭にも述べたように、母性的な「育て―育てられる」という営みの原点にあるのは、主体と客体が分かちがたく結びつき、ひとつのからだのなかに渾然と溶け合うような経験である。言語以前の、動物的、情動的、集合的な世界に、個としての自分を委ねることである。

近代以降、男性的な価値世界に女性も生きるなかで、母性観や女性の子育て意識はさまざまに二重化され、女性の内なる困難を形成してきた。本稿では扱えなかったが、この内なる困難は、もちろん女性だけでなく男性のものでもあり、男性との協調・協働なくしては、解消し得ない問題であろう。今日、外的な次元では、子育ての〝再社会化〟を目指して、父親の子育て参加の推進や、社会的子育て資源の補強が図られているのは周知の通りである。しかしながら、育てるということは、ちょいと参加できるような営みではない。社会から子育て参加を迫られ、出産の場面に立ち会った男性が、自分の妻の動物的な姿に衝撃を覚え、それ以後セックスレスになってしまったという相談に、臨床の現場で出会うことも増えている。男性もまた、「育てること」と向き合うとき、二重化して長く切り捨ててきた〝海〟の領域に触れ、それを受け容れねばならないという内なる困難に直面するのである。進むネット社会とは反対に、育てることとの問題は、自分の動物としての身体性にどう開かれるかとも密接にかかわっており、子育ての社会化という処方箋だけでは、解決には至らないと考えられる。このような困難について、今後も一人ひとりが意識化の努力をし続け、二重性の両方を自分らしく、自覚的に生きられるようになって欲しいと願う。

文献

ベイトソン・G（佐藤良明訳）、一九八二、『精神の生態学』思索社（Bateson, G. "Steps to an Ecology of Mind." Ballantine Books, 1972)

ベネッセ教育研究開発センター編、二〇〇四、「第2回子育て生活基本調査（幼児版）」http://www.crn.or.jp/LIBRARY/KOSODATE/KOSODATE4/HOUKOKU.HTM

平林美都子、二〇〇六、『表象としての母性』ミネルヴァ書房

石原慎太郎、一九六九、『スパルタ教育』光文社

石坂啓、一九九三、『赤ちゃんが来た』朝日新聞社、一六七頁より引用

内田春菊、一九九四、『私たちは繁殖している』ぶんか社、一〇五頁より引用

伊藤比呂美、一九八五、『良いおっぱい、悪いおっぱい』集英社

柏木惠子、二〇〇一、『子どもという価値―少子化時代の女性の心理』中公新書

香山リカ、二〇〇二、『多重化するリアル―心と社会の解離論』廣済堂出版

鯨岡峻、二〇〇二、『〈育てられる者〉から〈育てる者〉へ―関係発達の視点から』NHKブックス

甲南大学人間科学研究所第2期子育て研究会編、二〇〇七、「〔第2回〕子育て環境と子どもに対する意識調査　報告書」

斎藤真緒、二〇〇六、「今日における子どもをもつ意味変容―イギリスにおけるParenting Educationの台頭―」立命館人間科学研究第十一号、一二五―一三五

品田知美、二〇〇四、『〈子育て法〉革命』中公新書

シグネル・K（高石恭子他訳）、一九九七、『女性の夢』誠信書房（Signell, K. A. "Wisdom of the Heart: Working with Women's Dreams." New York, Bantam Books, 1990)

総務庁青少年対策本部編、一九八七、「日本の子供と母親―国際比較（改訂版）」大蔵省印刷局

総務庁青少年対策本部編、一九九五、「子供と家族に関する国際比較調査の概要」http://www8.cao.go.jp/youth/kenkyu/kodomo/kodomo/htm.

高石恭子、二〇〇三a、「母親になることと心理療法家であること」松尾恒子編『母と子の心理療法』創元社、二二二―二三一

高石恭子、二〇〇三b、「現代女性にとって母性を生きることの意味―人魚の物語に見られる母娘像の考察」松尾恒子・高石恭子編『現代人と母性』新曜社、二一三―二三四

ウィニコット・D・W（北山修監訳）、一九九〇、『児童分析から精神分析へ』岩崎学術出版社、二〇五―二一三（Winnicott, D. W. "Collected Papers.", London: Tavistock Publications, 1958)

甲南大学人間科学研究所　第7回公開シンポジウム

育てることの困難——家族・教育・仕事の今を考える

パネルディスカッション

二〇〇六年七月二三日（日）
甲南大学五号館　五一一教室

シンポジスト

中里　英樹（甲南大学／家族社会学）
高石　恭子（甲南大学／臨床心理学・学生相談）
汐見　稔幸（東京大学／教育学）
　当日欠席のため六月九日（金）の研究会の模様を一部ビデオで上映
斎藤　環（爽風会佐々木病院／精神医学）

指定討論者

北原　恵（甲南大学／表象文化論・美術史・ジェンダー論）
横山　博（甲南大学／精神医学・ユング心理学）

司会

穂苅　千恵（甲南大学／臨床心理学・ユング心理学）

（シンポジウム・コーディネーター　高石　恭子）

穂苅　それでは、時間になりましたので第二部を始めます。五時半まで一時間半、どうぞ最後までよろしくお願いします。

第二部からは二名の指定討論者を加え、議論を展開していきたいと思います。お一人目は、甲南大学文学部社会学科教授の北原恵先生です。ご専門は表象文化論、ジェンダー論、美術史です。アートから広告に至るまでの表象文化を、ジェンダーや人種による偏見や権力関係の視点から読み解いていらっしゃいます。では北原先生、よろしくお願いいたします。

北原　ただいまご紹介にあずかりました、本学社会学科の北原と申します。指定討論にお呼びいただいたことにたいへん感謝しております。よろしくお願いいたします。

今日は非常に珍しい顔ぶれのなかでコメントさせていただくことになりました。ずいぶん畑違いなものですから、ドキドキしながら参加いたしました。本当に他領域の方のお話でしたので、まず「コメントすることの困難」を感じております。しかし、私はジェンダー論のほか、この大学では映像文化論、表象文化論、メディア論を研究しておりますので、意外と共通性も出てきて、非常に面白く聞かせていただいたと実感しています。うまく交通整理しながら、先生方のお話の特徴をいくつか出してみて、それぞれの共通性や疑問に思ったことなどをお話ししたいと思います。

まず、中里先生は私の社会学科の同僚で、しかもジェンダー論も扱っておられ、私と非常に近いところにいらっしゃるので、「機会があったらご一緒しましょうね」といつも言っていたんです。なかなかそういう機会がなかったので、今日は本当に感謝しております。

中里先生がデータから示されたポイントとして、三つ挙げられます。まず、日本の年齢別女子労働率の推移についてです。子育て期に就労率がいったん低下する部分がこの三〇年ぐらいかけてボトムアップしてきたのは、巷では女性が社会に進出するようになったからだと言われているんだけれども、そうではなくて、独身者あるいは結婚しても子どもを持たない女性が非常に増えたためだと、先生は指摘されました。つまり、一見家庭と仕事の両立が進んだように見えるデータは、実は違うということです。ここはとても重要な点です。新聞でもマスメディアでもそういうデータの解釈はなかなかされていないと思います。皆さんも、「あら?」と思われたかもしれません。そこで一つ質問ですが、この解釈は家族社会学では常識あるいは共通認識になっているのでしょうか。

それから、女性が外で働くことについてですが、ほとんどの女性が出産後、退職もしくは育児休暇という形で職場から離れている実状が示されました。そして母親の就労の有無に関係なく、父親の育児への参加率が低い点が指摘されました。ほかの先生方の話のなかでもそういったデータがいくつか出され、その背景にあるのは三歳児神話であるということや、改善のためには今後の労働環境の問題を変えていく必要があるということが言われたと思います。

今日は前半の分析を非常に丁寧にしていただいたために、解決策のところが駆け足になってしまったかと思います。先生のほかのご論考や、前回の研究会(三月一〇日)でのご発表の資料などを見てみますと、解決策の提案に相当力を入れていらっしゃって、たいへん面白く拝見しました。その解決策をここで繰り返しますと、「自発的な労働時間の選択をすること」「多様な働き方を保障していくこと」が提案されています。具体的には、たとえばパートタイム労働に正社員の権利や賃金を保障することが必要だと述べられています。私もその点に関しては非常に賛成です。同価値労働に対して同一賃金が支払われるということは、オランダなどではかなり進んでいますが、日本ではまだまだ難しいんですね。ではどうすればいいのか。ここのところをお伺いしたいと思います。

それから、働き方のダイバーシティ(多様性)ということで、P&Gという企業の例が紹介されました。この例は非常に興味深く聞かせていただきましたが、正社員に限った話だったと思います。これは、効率を上げるという意味で、企業の側にとっても得なやり方だと思います。企画部門などの専門職の社員でしたら、フレックスタイムなどの導入が仕事にいい効果として跳ね返ってくるのは、体験的にもあることです。

私が危惧するのは、多様な働き方が正社員や専門性の高い仕事の特権になってしまわないか、固定化されるのではないかということです。つまり、パートに対してはどのような取り組みがあるのか——たとえば機械的な単純労働と言われるものに従事している圧倒的多数のパートの女子労働者が、二極化する働き方のなかでどうなっていくのかというと、取り残されて、ますます厳しい状況になっていく気がいたします。その辺について、何かご存じでしたら教えていただきたいと思います。

それから、中里先生だけでなく、会場の皆さんとも共有したいのは、労働概念のジェンダー化の問題です。たとえば生活時間を調査する場合に、かつては〈仕事／余暇〉という二分法で調査が行われてきました。それに対して経済学ではよく言われていることで、ジェンダー的な視点から〈ペイドワーク［paid work］／アンペイドワーク［unpaid work］／余暇〉という三分法に変えていくべきだという主張があります。つまり、外で働いて給料をもらってくるペイドワークだけが労働ではなく、家のなかでの家事も育児も労働なわけです。これはアンペイドワーク、つまり賃金が支払われない労働ですが、今までは労働として認められてこなかった。「育てることの困難」という問題を考える場合には、労働という概念のジェンダー化をいつも意識しながら考える必要があるのではないかと思います。労働と聞くと、「お父さんの労働」、つまりペイドワークと聞いてしまう。このことをよく考え意識化することについて、今日のシンポジウムでも議論できればいいなと思います。

二番目の高石先生のお話に移ります。高石先生のお話を伺うのは今日が初めてですが、本当に面白くて、引き込まれているうちにあっという間に終わってしまいました。私は表象文化論をやっていますので、特に人魚の話は、そんなふうに読めるのかと思って、とても興味深く伺いました。人魚が行き来する陸と海は、〈男性原理／女性原理〉、〈男性領域／女性領域〉というう二項対立のシンボルとしてだけではなく、たとえば〈都市／地方〉、あるいは〈文明／自然〉というように、いろいろな二項対立の問題としても読み替えることができると思います。

私が疑問に思ったのは、最初のほうで話された子育てをめぐる今日の状況、とくに東灘区での育児の実態調査についてです。たとえば出産時における父親の立ち会いは、この六年で急激に増えています。二〇〇〇年度では三分の一だったのが、二〇〇六年度ではおよそ半数の方が立ち会っていらっしゃいます。このことをどういうふうに考えていくのか。また、これは東灘区の一部の状況なのか、それとも全国的な傾向なのかを教えていただきたいと思います。

といいますのは、一方で、中里先生のお話では、父親の育児時間はデータとして全然増えていないという指摘がありました。立ち会い出産が増えている状況にあっても、依然として男性の長時間労働はある。また、父親の育児参加の時間は二四ヵ国中最低だという汐見先生のご指摘もありました。父親の立ち会いが増えて、一見すると男性の育児時間、あるいは男性の育児に対する姿勢が急激に改善されたかのように思えるんだけれども、現実の参加時間は全然変わっていない。その根本的な障壁は、労働のあり方だと考えられます。男の人がいくら育児に参加したいと思っても、状況がそれを阻んでいる。それと同時に、出産に立ち会うことが男の人を育児の一端を担ったかのような気にさせ、非常に象徴的、儀礼的なものになっている可能性があります。立ち会いの急増が育児時間に結びつかないことには、相当の根拠があるのだろうと思いますが、その辺をどう考えておられるのか、お伺いできますか。

次に、ビデオで一部を見せていただいた汐見先生のお話にコメントするのは、ご本人がここにいらっしゃらないので気が引けるのですが、あらかじめ読ませていただいた（六月九日の）研究会[2]の資料や先生のご著書などをふまえて、ポイントをまとめてみます。汐見先生は六月の研究会で、男の育児について歴史と現状からお話しされました。江戸時代に育児の中心にいたのは父親でした。それが現状では先進国二四ヵ国では最下位で、男性の育児参加が非常に少ないことが日本の特徴になっていま

す。それから、もう一つのポイントとして出てきましたのは、「親父の会」や「育時連」といった男性の集団をつくるという動きです。これは日本的特徴であるとおっしゃっています。その理由として、日本では一九九〇年代から労働組合組織率がダウンしたことがある。ムラ的中間組織の崩壊があって、それに代わるものとして「親父の会」などが出てきているのではないかというのが汐見先生のご意見でした。そして、こうした日本の現状と特徴をふまえ、これから男性がもっと積極的に育児参加できるように、育児の世界に「面白さ」という価値観を持ち込みましょうと提案されました。つまり、面白いという価値観を全面的に押し出すような接し方は男性のほうが得意だから、それを積極的にやることによって育児の状況も改善するのではないかというご提案だと思います。

私は、面白いという価値観で行動することは男性の方が得意なのではなくて、むしろそのような価値観が男性性として認められてきただけだと思うんです。つまり逆なんです。それから、男性が育児に参加しましょうという非常によい提案をなさっているんですが、育児の面白さという価値観を広めることばかり強く言うことによって、〈面白い／面白くない〉という二分法によるジェンダー化が進む危険性が危惧されます。面白くないことは、つまり日常なんですね。「男の料理」がひと頃言われましたが、時々だから存分に楽しくできるということもあるわけです。面白くない日常性を女性領域として押しつけ、面白い

非日常性を男性が引き受ける――そういう二分法につながらないかという危惧を、私は感じました。

逆に、なぜ女は面白さを享受できないのか。あるいは享受していないと思われているのか。本当は面白さを享受しているかもしれないのに、なぜそう言われないのか。価値のジェンダー化というところに注目して、こうしたことを問うべきだと思います。

最後に斎藤先生のお話です。つい先日まで、『戦闘美少女の精神分析』（太田出版、二〇〇〇）を書かれた斎藤先生と、『家族の痕跡』（筑摩書房、二〇〇六）の斎藤先生が同じ方だと結びついていませんでした。

『家族の痕跡』は本当に面白い本で、引き込まれてあっという間に読んでしまいました。このなかに、「臨床家が扱うのは事実関係ではなくて、幻想の問題なんだ」と書いておられます。たとえば虐待があって、それが本当かどうかというよりも、虐待があったとその人が認識していること自体は事実なわけですから、そこを扱うとおっしゃったことに非常にはっとしました。そして「幻想は嘘ではない」とおっしゃっています。表象分析というのもまさにそれを根拠にしているんですね。表象されたことが本当かどうかはいったん保留するんですが、表象されたことは事実なわけですね。そこから出発していって、その世界がどういうものであったか分析していくんですが、精神分析と非常にアプローチの方法が似ていると気がつきました。表象は事実ではないとよく誤解されるんですが、幻想が嘘ではないのと同じように、表象は事実ではないということではないんですね。表象は嘘とイコールではないのです。

それから、研究会の報告[3]や先生の書かれたものも読ませていただきました。そこには、現象を感情論や印象論だけで攻撃しても駄目であって、困っている人に救いの手を延べ、長期的な視点で見極めようというご指摘がありました。全くそのとおりだと思います。困っている人に救いの手を差し延べましょうという言葉は、重要だと思います。そういうことは本当に必要なはずなのに、アカデミズムの世界では滅多に言われない言葉です。

今日は、社会全体における精神障害が軽症化していることや、現代の若者のひきこもりは反社会性ではなく非社会性の問題であり、反社会と非社会をきっちり分けるところから見えるものを教えていただきました。私の研究している領域との近接性についてもいろいろ考えさせていただきました。以上です。

穂苅　ありがとうございました。北原先生の討論を受けて、シンポジストの先生方にコメントをいただきたいと思います。

中里　北原先生とは同僚で研究室も近いので、こういう場で改めてお礼を言うのもなんですが、どうもありがとうございました。いろいろコメントしていただきましたが、質問ということでは、大きく二つのポイントがあったかと思います。一つは、女性の社会進出によっていわゆるM字カーブの底が上がってきたことが、仕事と子育てとの両立を表すものではないということは、家族社会学の共通認識になっているのかどうかというご質問。もう一つは、正社員とパートの問題で、そこには二つのご質問があったかと思います。一つはパートと正社員の境界を解消していくための方法について。もう一つは、先ほどのP&Gの働き方の例は正社員だけのもので、そうした待遇は正社員や専門職の特権になっていかないかというご質問でした。この二つの質問は、一つにまとめてお答えできる内容かと思います。

まず一つ目の質問についてですが、労働力率の統計や、結婚の統計を見ていたりする人は、おそらく暗黙のうちに気づいていると思います。多くの女性が出産を機に仕事を辞めることを示す図を、私はだいぶ前から使っていますが、よく見るようになったのは最近だと思います。これは厚生労働省によるパネル調査で、二〇〇一年に生まれた子どもをずっとたどっていくという壮大な調査です。二〇〇一年一月一〇～一七日と、七月一〇～一七日生まれで出生届が出されているすべての子どもの親に調査票を送っています。五万以上という数で、回収率は第一回調査で九割近いものでした。厚生労働省がこういう調査をすると発表したときに、私の子どもの予定日と重なっていたので、対象になったら面白いと思ったんですが、出産が一週間ほど遅れて対象から外れてしまいました。調査は出産半年後からスタートし、それを毎年同じ時期に同じ対象者に送り続けています。もう四回分ぐらいのデータがまとめられているようで、いろいろなことがわかってくるのではないかと期待される調査です。実際にどのぐらいの人が出産を機に仕事を辞めるのかは意外によくわからなかったので、私もこの調査には注目してきました。たまたま数日前に内閣府と兵庫県共催のフォーラムがあって、猪口少子化・男女共同参画担当大臣（当時）が、テレビで見たままの様子で（政府の少子化対策などについて）いろいろ熱く語っていらっしゃいました。そこでもこういったデータが使われていまして、女性が子育て期に仕事を辞めている現状についての認識はかなり共有されてきていると思います。しかし、M字カーブの底の上昇と未婚化・少子化の進行を結びつけて説明しているものは、それほど見かけません。そこを結びつけたという点では、ちょっと変わったことを言ったのかなと思います。

次に、もっと難しいパートと正社員の境界の問題です。まずご紹介したP&Gの事例ですが、これは正社員を対象にしたものです。私もインタビューのなかでパートの状況についていろいろ尋ねてみたんですが、P&Gの制度がパートの人や、派遣などアウトソーシングの形で働いている人たちにまで適用されているわけではありません。さらに、私自身が疑問に感じて注目したのは、正社員かパートか、という二分法です。女性が子どもを持ったときに、働くか働かないかという選択と、正社員かパートかという選択があります。働くか働かないかの二分法が一番よく見られますが、働くとなると、パートか正社員かという次の二分法が出てくる。正社員の働き方を想定したときに「これでは子育てと両立できないだろう」という意識からパートを選ぶ人は、かなりの割合であるだろうと思います。しかし、そのどちらかを選ばないといけないのではなくて、同じ正社員でもいろいろな働き方があるはずです。たとえば二割時間が短ければ二割給料が減る、という働き方があり得る。それでもなお、パートなどの単純労働が格差のある形で残るかもしれませんが、正社員の柔軟性を高めていくことがパートと正社員の二分法を脱却する可能性を持っているのではないかと感じます。

私のゼミの学生でも、「男女共同参画には反対だ」と言う女性がいます。なぜかと聞いたら、「女子でも転勤させられるから」と言っていました。要するに、女性が正社員として働くというのは、家に子育てをする人あるいは介護をする人がいる状態を前提とした、今までの男性たちのルールのなかで働くことだと認識しているわけです。そこから漏れてしまうとフリーターやニートという扱いになる。ニートの数の統計には、一度就職したことがある人がかなり含まれているといいます。ある本には、今の企業の働き方ではやっていけなくなって辞めた人がその統計に含まれていると書いてあります。正社員かパートかのどちらかを選択しないといけないという状況を逃れる可能性として、正社員の働き方の柔軟さの導入があるのではないか、というのが一つの答えです。

先ほど内閣府と兵庫県が共催したフォーラムについて触れました。これは兵庫県が三者合意といって、行政と経営者協会と連合兵庫（労働者）が協定を結んだり、一緒に研修マニュアルをつくったりして、働き方の見直しについて歩調を揃えてやっていこうとしている試みの一つです。このフォーラムでは、さまざまな企業の取り組みが紹介されました。たとえば株式会社エス・アイ（姫路市）という非常に小さい企業ですが、そこのトップの方が、ご自身の会社員時代にたいへんな長時間労働をした経験から、残業のない会社をつくりたいといって、いろいろな試みを行っています。ここの取り組みは非常に極端ですが、試行錯誤をするなかで、すべての社員を時間給制にしたんです。正社員は突然給料が下がっても困りますので、もともともらっている給料を時間給に換算して、とりあえずはそれを適用する。それが実際にうまくいくのかどうかは今後の検証を待たないといけませんが、パートとの格差を縮めていくという点では一番思い切ったことをされている例です。そういった企業の今後を見ていく必要があると思います。

穂苅　ありがとうございます。続けて高石先生、お願いします。

高石　いろいろコメントをありがとうございました。最初に、人魚の話について少しだけ補足をしておきたいと思います。だいぶ急ぎ足でお話ししたので、なぜ人魚が出てくるのかと戸惑われた方もいらっしゃるかと思います。なぜ私が人魚に関心を持ったかをお話しします。

私の専門は臨床心理学で、主にユング派の心理学の勉強をしてきました。カレン・A・シグネル先生というアメリカの女性の分析家がいらっしゃいます。女性の夢分析を仕事にされていて、一〇年間ぐらいの集大成として『女性の夢』（誠信書房、一九九七）という本を出されて、私はその翻訳の仕事に関わったんです。女性が自分の女性性と母性性をどんなふうに生きていくのかに悩んで、夢分析を受けるわけですが、そのなかで「人魚」というイメージが非常にしばしば現れてくる。人魚はずっとさかのぼっていくと蛇にたどり着くんですが、それは水の中を悠々と泳ぎ回る太古の母性性の象徴であるとユング派では考えられています。ただし、現代の女性の中で人魚のイメージは、非常に悲劇的な形で葛藤を伴って現れてくる。その辺をどういうふうに読み解いていったらいいのかが書かれた部分がありますす。それがきっかけで関心を持って、一時期人魚のお話を集めていたことがあるんです。

先ほど駆け足でお話ししたように、そのなかで気がついたのは、人魚の話が悲劇になるのは近代になってからのことで、現代になるとまた新しい形で展開していくということです。人魚の話はいろいろありますが、だいたいは、陸に憧れて憧れて、でもうまく生きられなくて命を失うというお話でした。けれども、だんだんお父さんの力を借り、父の守りを得て陸で成功し、幸せになる話に変わっていきます。ところが今度、自分の子どもを持つ段階でうまくいかなくなります。生まれた娘が非常に苦労するんですね。そこでもう一回海の世界に戻ってみるわけです。さらにまた海から陸へと戻ってきて、海と陸の間を行ったり来たりする。そうした二つの世界を往復するなかで、何とか次の生き方を模索している。そんなふうにテーマが変わっていることが非常によく見えてきたわけなんです。細かいところは、人間科学研究所が前回の五年間で出しております叢書の第二巻『現代人と母性』（新曜社、二〇〇三）という本に収めておりますので、詳しく知りたい方はそちらを参考にしていただけたらと思います。

次に、立ち会い出産の増加現象をどう読み解くのか、というご質問にお答えします。確かに、数字を鵜呑みにするのではなく、いったん疑ってみることは必要だと思います。とはいえ、出産の立ち会いは、儀式や免罪符のためだけにできるほど簡単なことではない、というのが周辺の話を聞くなかでの私の実感です。お産の立ち会いは、突然行ってもだめなんですね。あらかじめ両親学級に参加して指導を受けておかないといけません。当日血を見てふうっと倒れてさらにケアの必要な人を増やさないように、厳しく教育されるわけです。まだまだ出産にまつわる事柄に怖れを感じる男性は多いようです。できれば立ち会わないで済ませたいというのが本音ではないでしょうか。それでも、なんとかその場に臨もうと男性たちが努力して、少しずつ増えてきたのがこの数なのではないか、と私自身は感じています。

汐見先生が研究会で、「男性が、あるときから、どこからかの社会圧力で子育て参加を求められるようになって、変化が起きてきた」という表現をされていました。「どこからか」というのは、戦後のいろいろな子育てを巡る二重性（ダブルバインド）を背負わされてきた女性たちの集合的な力といいますか、要請だったのではないでしょうか。それは、「私たちだけに担わせるのではなくて一緒に考えてよ」という問題提起としての圧力です。そこにいつの間にか少子化の問題も絡んできて、政府による「父親も子育てを」というキャンペーンが張られました。でも私はあれがそれほど影響力を持ったとは思っていません。たとえば、何年前だったかちょっと忘れましたが、当時安室奈美恵さんと結婚されていたサムさんというダンサーが、子どもが生まれたときに、「子育てしない男を父とは呼ばない」というキャッチコピーで大きなポスターに出ましたね。あのポスターがどこに貼ってあったかというと、地域の児童館です。「ここに行くのって誰よ？」と考えると、結局、子どもを連れたお母さんしか見ていないわけです。これを大企業の正面玄関に貼ってよ！と私は思いました。政府のキャンペーンというのは、一人ひとりの男性に伝える力は持ち得ず、むしろ、女性たちからの「もっと子育てを一緒にやってほしい」という要請で、男性は動いてきているんじゃないかと思います。ただ、これが今後どんなふうに変化していくかというのはまだわかりません。

それから、全国的にはどうなのかというご質問もありました。今回は神戸市東灘区のデータでしたが、もう一つ参考になるものを挙げますと、ベネッセの研究所が首都圏で大規模にやった子育て調査（二〇〇三年）があります。それを見ても、父親の出産の立ち会いはほぼ半数、似たような傾向が出ています。地方に行けばまた違う数字がでるかもしれませんが、少なくとも都市部においては半数程度に達しているのはほぼ間違いないようです。

今回の調査と六年前の調査は、質問項目が全く同じではないので単純比較はできないのですが、六年前の調査では、男性の子育て参加について尋ねる項目に、「もっともっと夫に子育てに参加してほしい」「手伝ってほしい」「もっと理解してほしい」という反応がとても多かったんですね。その翌年には父親対象で子育て意識調査も実施しました。そのとき記述されていたお父さんたちの生の声は、「本当はもっともっと子育てを手伝いたいんだけれども、でも時間がないんだよ」という感じのものでした。やらなくちゃいけないということが刷り込まれていて、意識のうえではわかっている。けれども、実際にはなかなか体がついていかない。現実的な制約としても許されない。「気持ちはあるんだけれども、でも動けないんだよ。明日こそやるから、頑張るから、見ててね」という、不登校やひきこもりの子どもの言葉とすごく重なって見えてきました。それが、今年の調査では、少し自然体に近づきつつあるのかなという、かすかな期待が持てる結果でした。詳しい結果についてはまた報告書を出す予定ですので、そちらを待っていただけたらと思います。

穂苅　ありがとうございます。斎藤先生、お願いします。

斎藤　本の紹介をしていただいて、大変ありがとうございました。子育てというより、もう少し広い精神分析や表象分析に関わるコメントをいただいたと思います。私は臨床で精神分析を用いているわけではありませんが、精神分析的な発想を治療に役立てる局面は多々あります。そこでは、まさに幻想の問題は非常に重要なパートを占めています。

たとえば、トラウマという言葉が非常に流行しましたが、これは実体物として扱うと非常に危険なものです。「体の外傷と同じように、心の外傷にも手当てが必要」。ここまではいいんです。ところが、誰が治療費を払うのかとか、加害者と被害者の関係はすっきり分かれるのかということになってくると、身体的な外傷と全く同じというわけにはいきません。トラウマを負った人の資質の問題、その体験をした状況やコンテクストまでを含めて考えると、そう簡単に割り切れる問題ではなくなってきます。

子育ての問題に絡めて言うなら、たとえば、幼児虐待の加害者である親と被害者である子どもの関係が悪いほうに向かうかというと、必ずしもそうとは限らない。被害を受けた子どものほうに自責の念や親への愛着が生じるという、ややこしい状況が起こってくることもあります。そうすると、加害者を断罪したり、両者を切り離したりすれば一件落着、とは簡単にいかないわけです。

ひきこもりの当事者も、自分は親の育て方の失敗例である、と言います。今は確かに心理学化、心理主義化が進んでいますが、さっきご覧いただいた映像からもわかるように、若者は、すでに三〇年前から自分のことを医学用語で語っています。「僕は過呼吸」とか、「僕は過敏性大腸」とか。「学校に行く前におなかが痛くなるんです」とは言わず、診断名を自分で言ってしまう。別にそれがいいとか悪いとかではなくて、そういうふうに医学的知識が日常の中に浸透してきて、人々が自己規定するうえでもそれを使うという習慣がこの当時から前景化しているわけです。

そういうなかで、トラウマというものを実体物であるかのように扱いすぎると、変な方向性が出てくる。だからこそ幻想の位置は非常に大事だと思うんです。精神分析ではこれを、事実とも嘘ともつかない「心的現実」と呼んでいます。そういうものがあると想定しなければ治療にならないわけです。こういった発想は悪しき心理学化と言われてしまうかもしれませんが、私は、これは子どもを育てるうえでも部分的には応用できる発想ではないかと考えるところがあります。子どもはまさに心的現実、言い換えると幻想の中に生きていて、存在しないパートナーと会話をしたり意味のわからないがらくたみたいなものを大事にしていたりします。子どもの行動は、そういう心的現実によって規定される部分が相当あると思います。それが成長と共に減少して、だんだん現実と幻想の区別がつくようになっていきます。

ひきこもりのケースを見ていると、最初のうちは、自分は親の間違った教育の犠牲者だというようなことを延々と言い続ける方が結構います。ところが、だんだん家族関係がましになってきて、治療関係もそれなりに良好になってくると、あまり言わなくなってくるんです。切実さがどんどん希薄になっていきます。そのとき、まさに幻想が消える場面に立ち会っているという感じを持ちます。最初ものすごくリアルな幻想だったものが、関係性の変化と共にだんだん希薄になって、その人の行動に及ぼす影響力がどんどん低下していくわけです。

そういう経験を重ねていきますと、やはり精神分析家たちの言うところの心的現実のリアリティや、そういったものに対する治療的働きかけが持つ力は全く色あせていないと感じます。あまりにもエビデンス——統計的根拠があるかどうかとか、脳の中の部位が特定できるかどうかとか——だけを強調していくと、トラウマや幻想の問題は必ず行き詰まります。まさに汐見先生もおっしゃっているような部分ですが、どこにも還元できない中間領域は、ちょっとした「遊び」の部分として、臨床の場面でも確保しておく必要があると思います。

子どもの心の中にも、幻想とも現実ともつかない部分は必要ではないかと常に意識しています。ごっこ遊びが典型ですが、遊びは幻想と現実の中間領域とのつき合い方を学ぶには非常に大事なものだと思います。私は、遊ぶ中にもエディプス的なモーメントはたくさん含まれていると思います。なぜかというと、遊びにはルールが必要です。ルールがなくては、遊びが成立しないからです。ルールに縛られつつ、そのルールの中で別な意味での自由を獲得していくこと。それが、遊びが成長にもたらす意味ではないかと思っています。子どもは、遊びながら幻想と現実のつき合い方を習得していきます。遊びによって、現実感覚といわれるようなものが別の角度から身についてくる。「現実はこうだ」と教え込むという方向もあるのでしょうが、自分で学習するのが一番強いわけです。

幻想と直接関係ないかもしれませんが、治療でも、あるいは子育ての部分でも大事になってくるのは、何かをさせたいときにいかに動機づけるかということです。これはいまだに答えが出ていない困難な問題です。内閣府がニート問題やひきこもり問題について論ずるときも、錚々たる委員の顔ぶれが並びますが、だいたい皆さん頭を抱えるのは動機づけです。どうすれば若者の無気力化を防げるか。あるいはどうすれば若者に仕事をしていただけるか。たとえば、敷居を下げて働きやすくするという発想があります。あるいは、ちょっとやってみましょうと誘惑してみるという方法もある。それぞれそれなりに有効ですが、一定の限界を抱えています。ある程度以上の割合では有効性が証明できないんですね。体験主義という言葉もあります。たとえばキャンプをさせたり、農作業に従事させたりなど、戸塚ヨットスクールではありませんが、過酷な経験をすればリアリティが身につくという幻想はまだ許容されています。しかしこの発想もだんだんと通用しなくなりつつあります。

どのような価値で動機づけするかという問題は、さっきから問題になっている現実検討や、幻想と現実の境目の問題、このあたりをどう学んでいくかという問題に深く結びついているのではないかと思いながら伺っておりました。私は以上です。

穂苅 ありがとうございます。では次に、お二人目の指定討論者の横山博先生にお話しいただきます。横山先生は甲南大学文学部人間科学科の教授で、ご専門は精神医学とユング心理学です。では横山先生、よろしくお願いします。

横山 北原先生に非常にうまくまとめていただいたので、私は改めて詳しく述べることはやめて、いくつか気になったことについて質問していくことにします。

まず中里先生のご発表ですが、少子化の現状や、子育てをしながら仕事をする女性は増えていないということが、数字としてよくわかりました。P&Gの例での「幼児を育てることを可視化する」という視点は、とても面白く聞きました。P&Gではそういう流れをトップが主導しているということでしたが、それをほかの会社で実現していくのは現実問題として難しいのではないでしょうか。私は二〇年間ほど、某大手ゼネコンの産業医兼カウンセラーをやっております。高度経済成長期から今に至るまで、週一日通い続けているんですが、やはりものすごく過酷な状況なんですね。中里先生は平均で一二時間働いていると言っていましたが、いわゆるエリート社員はもっと働いています。それを思うと、子育てに参加するどころではない現実が浮かび上がってきて、「子育てを可視化する」ことが社会全体でどういう形で可能になるのだろうか、という思いがいたしました。やはり、産業構造そのものに大きな変化がない限り、変わりようがないのではないでしょうか。特に汐見先生が明確に指摘されていましたが、急速な近代化が日本の男性を家庭から引き離し、育児に参加する機会を奪ってきたわけです。極端な言い方ですが、そういうなかで起こってきている少子化という流れは、男性社会を前提として近代化を推し進めてきた日本の政府のありように対する女性の反乱ではないか、と私は考えています。だとすれば、小手先の対策ではどうにもなりません。その点をどのようにお考えになっているかを一点目にお聞きしたいと思います。

二点目はインターネットの子育て相談についてです。核家族化で子育ての相談ができない人が、困ったときにすぐインターネットでやりとりできることをポジティブに評価されていましたが、逆にネガティブな面はないのでしょうか。いつからうちの卒業生が話していたことでとても印象に残っているのですが、三歳児健診のときに、子どもが泣き出すと即座におやつをあげるお母さんがいたんだそうです。子どもを泣かせたままにしておくことができないんですね。しかし、そういうどうしていいかわからないときに、その不安感を抱えて耐えていくということも、子育てに含まれる重要な要件ではないでしょうか。そう考えると、すぐに情報を得ることは、果たしていいことなのだろうかという疑問がわいてきます。その点をお聞きできればと思います。

高石先生のお話も非常に面白く聞かせていただきました。アンケート用紙に「配偶者」の項目が落ちていたという話[4]がとくに興味深かったです。男というのはあてにされていないんだな、やっぱりそういうものなのかなと、考えさせられました。

いくつか質問したいことがあります。日本社会には母性神話が根強くて、「子育てを楽しいと言わなければならない文化があるのではないか」とおっしゃっていました。確かにそういう面はすごくあると思います。ところが統計的には、先進国と比較してみると日本では「子どもを育てるのが楽しい」が二〇・八%でわりと低い。これはいったいどういうことが要因とお考えなのかを一点目にお伺いします。

次に、個になることと母を生きることは対立する概念であり、その両立の難しさを一人ひとりの女性が考えていかなければならないというお話がありました。このときおっしゃっている「個になる」ということは、いわゆる男性的なモデルをお考えになっているのか、それとも女性の生物学的所与性を前提とした個の在り方——ユングのいう「ナチュラル・マインド」や、E・ノイマンのいう「母権的自我」のような——をお考えになっているのか。それを二点目にお聞きしたいと思います。

三点目には、これは高石先生のご主人（高石浩一氏）もおっしゃっていることですが、母と娘の距離の接近という現象が起こってきていることについてです。少子化が進み、家事労働は減っているのにもかかわらず、お母さんは仕事のほうにスッといけない。臨床の場面で時々見るのは、娘との距離が非常に近くなってしまって、娘が母を支える役割をとらされているものです。いま母と娘という関係に何か変化が起きているのか、そのことについてどうお考えなのかをお聞きしたいと思います。

斎藤先生については、『毎日新聞』に評論を載せていらっしゃいまして、どうして先生はこういう雑誌をたくさん読む時間がおありなのかといつも不思議に思っています。その明解さとともに感心している次第ですが、今日のお話も非常に興味深く聞かせていただきました。

いま、臨床の現場ではスキゾフレニア（統合失調症）の軽症化がかなり進んでいまして、外来の診察だけでやっていける場合が結構多くなっています。こういう、症状は比較的軽いけれど就労までには至らないという人たちが、たくさんいます。統計的に言えば、日本人を一億人とすれば、七〇万人のスキゾフレニアがいても不思議ではありません。これは中井久夫先生の言葉だと記憶していますが、「世に棲む患者」みたいな形でひきこもって生きている人たちは大勢います。ひきこもりの概念は臨床概念とは異なっているようですが、ひきこもりとその人たちとの重なりについてどうお考えになっているのかということを、一点目にお聞きしたいと思います。

二点目はメタ・エディプスのお話に関してです。去勢については先生のおっしゃったとおりだと思いますが、メタというのはどのような意味合いでおっしゃっていたのか。父親が家での父親役割をとれなくなって、社会と直接結びつくという意味でメタとおっしゃっているのでしょうか。そのあたり、私の理解が及ばないところがありますのでご説明いただきたいと思います。

最後の質問です。困難さに向けた提言のところでおっしゃっていた、「転移関係を一つのモデルとして」というのは、多分ラカンの考え方だろうと思うんですが、すごく面白い考え方だと思いました。そのときに、「欲望の転移とは中身ではなく器が移ることだ」とおっしゃったと思います。とても興味深いお話だったので、この欲望と器についてもう少し詳しく聞かせていただけたらと思います。以上です。

穂苅　では中里先生からお願いします。

中里　「幼児を育てることを可視化する」という表現は、昨日考えて今日初めて使ったのですが、面白いと言っていただいてありがとうございました。それがなぜP&Gでは可能になっているかということですが、そもそも、全体のレベルで可能になっているかということ自体、確かめられているわけではありません。さっき言った試みやイベントは目の前で見たことですから確かですが、それがどこまで浸透しているかということについては、これから見ていかないといけないと思っております。ただ、ワークショップをやるという動き自体がどうして起こってきたかという点についていうと、会社の人たちは「トップの本気」とよく言っています。八〇年代までは、ある意味、建前でダイバーシティということを言っていました。しかし現在は、男女平等についてもそうですが、それは企業としての戦略にもなりえるということにトップが気づいてきたのです。人種、性別も含めて、いろいろな生活条件を抱えている人が職場で共存できる環境をつくることは、さまざまな顧客のニーズに耳を傾けるという意味でも有効です。それは消費財メーカーだからと言われるけれども、それだけではないのではないか、と会社の人は言っています。

P&Gはアメリカの会社なのでドライな印象がありますが、

社員は、上司とよく話し合って、仕事量の調整などをするそうです。部下が個人的な相談をしたいという希望があれば、例えばいつ頃子どもを持つ予定なのか、子どもを持ったらどのくらいの範囲の仕事しかできないのか、などを相談して今後の予定を決める。新たな予定が入ってきたときには、この部分は削らないと無理だろうと話し合う。どうしても手に負えない範囲であれば、他の部署や外からの応援を頼む。パートや派遣という選択肢も出てきます。そういう調整を行なうことが上司の重要な役割になっています。それができるかどうかが上司自身の評価の重要なポイントになっているそうです。

　またある大手機械メーカーは最近、働きやすい会社だとか、女性が活躍している会社としてよく出てきますが、その社員の方に聞くと、昔は徹夜が当たり前の会社だったんだそうです。今では有給休暇もとりやすいし、確実に消化できる。時間の融通もわりとつけられる。何かのきっかけはあったようですが、この例は、どうしても変われないものではないという一例として挙げることができそうです。とはいえ、一社員の立場ではなかなか難しいというのが実状でしょう。トップの決断が非常に大きいということを、いろいろなところを見ていると感じます。さらに会社の強さも必要だと思います。働き方を変えていくということが、本当に全社会的に可能かどうかを追究することは、今後の私の大きな研究テーマでもあると思っています。

　インターネットですぐに答えが得られることのネガティブな側面についてですが、すぐおやつをあげて泣きやませるというのはよくわかります。そういうのに耐えられないという感じもわかります。私も、うちの一番下の子どもは飴をあげるとすぐ泣きやむので、ついやってしまいます。これも先ほどの可視化の問題に関係していると思いますが、社会にいる大半の人は子どものいる状態に慣れていません。そういう公共の場で子どもを泣かせるプレッシャーは非常に大きいんですね。そういう意味では、個人の方法の問題というよりも、子どもがいる状況が当たり前でないという社会の現実をまず見る必要があるのではないかと思います。インターネットのやりとりを必要としているのは、身近に常時相談できる人がいない方たちです。そこに頼らないで済めば、それに越したことはないと思います。インターネットは、不安や苛立ちにそのまま耐えていては子どもに手を上げてしまうという困難を抱えている人の、やむを得ない手段として位置づけられているように思います。もちろんインターネットのやりとりで感情の行き違いがあって、さらに苦難を抱える可能性は否定できないので、本当にネットに頼ることがいいかどうかは私自身も懐疑的ですが。ただ、さっき見ていただいた掲示板に関して言うと、管理が非常にしっかりしています。衝突がまったくないとはいいませんが、そうならないようにみんなで配慮して書いているように見受けられます。

穂苅　高石先生、お願いします。

高石　私が言葉にするのにいちばん困難を感じたところを指摘していただいて、ますます困りました。女性は子育てを楽しいと言わねばならない文化的な圧力があるというういわゆる「母性神話」についてです。調査で「楽しい」という答えがあれだけ高率になるのは、四件法にからくりがあります。「非常に楽しい」「まぁまぁ楽しい」「あまり楽しくない」「ぜんぜん楽しくない」の四択で、「どちらとも言えない」という中間の選択肢がありません。実際、子育ては楽しいときもあるし、つらいときもあるし、いろいろな意味で非常にアンビバレントなものです。中間の選択肢が用意されていたならば、多くの母親はそこに印をつけるのではないかと思います。しかしそれでは統計的に問題があるので、あえて外してあるのです。そうすると、どちらかと迫られたときには、やはり「楽しい」と答えざるを得ないというからくりがあるのではないかと感じます。だからこそ問い方を変えて、「何のために子どもを育てますか」と聞くと、「楽しいから」があれだけ下位に落ちるという結果が出てくるのではないでしょうか。

フランスやイギリスでは、女性の自己実現の一つの方法として子どもを育てるという価値観が高くなっていると思います。自分の成長のため、自己実現のために、子どもを育てることを経験の一つとしてやってみるのであれば、当然それは、つらいからやるというより楽しいからやることになって、自分たちのやりたいやり方でやろうということになるんです。フランスはそういう意味では一番ラディカルな国です。フランスでは今でもほとんど無痛分娩ですね。麻酔を打って痛みを感じないでお産をする。すぐに自宅に帰って、子どもは別室に寝かせる。泣いていても放っておきます。一ヵ月を過ぎてまだおっぱいをやっていると、「いつまでやっているの」と非難される。女性も大人の女性として早く子どもを自立させて、とにかく自分を生きることを最優先しましょうと言われます。こういうことが一番徹底していて、メンタルにも許容される社会が既に醸成されているのがフランスだと思います。いろいろなことを自己実現に向かって価値判断するということが実際にできるのです。

日本は、その上澄みのところだけを上手にとってきているのです。今お母さんたちは、家の存続のためとか、墓を守るためとか、そんなことで子どもを産もうとは考えていません。欧米の人たちと同じように、自分の成長のために、自分たちがもっと成熟するために子どもを育てようと思って産んでいます。けれども、もっと無意識のところでは、戦前から連綿と続く、非常にドロドロとした、「お墓は誰が守るの」という圧力とか、一人しかいない娘が出ていくとなったら、「好きにしていいのよ。でもお母さんはね…」という暗黙のメッセージなどがやってくる。そういう二重性の中にいることが、調査からも読み取れるのではないかと私は思いました。

上澄みは西洋的なのに、底のほうには、アジア的あるいは儒教的とも言うべき日本独特のメンタリティがある。日本の女性はその二重性に気づかずに苦しんできた歴史があります。そこで一つの方向としては、欧米のようにもっと女性も個としての自分を育てていけばいいということになります。隣がどうしているか気にしたり、ネットでほかのお母さんの意見を聞いて同じようにしようとしたり、公園デビューしてほかのお母さんの仲間に入ろうとするのにエネルギーを注いで消耗してしまうのではなく、自分たちカップルが、あるいは自分自身がもっと生き生きできるためにどうしたらいいかと判断する。それができるようになれば、もっと「楽しいから」が選ばれるはずなのですが、なかなかそうはならない。「個」をどう考えるかは、一つのポイントだと思います。

横山先生が二つ目の質問として言ってくださったように、一般的に「個を確立しましょう」「個人として責任をもちましょう」という個の議論になるときに、あくまで前提となっているのは男性原理に基づいたインディヴィデュアル（個）ですね。それは、「自分の意見」を通して、ほかの関係を切っていくような個のありかたです。そうした男性的な個を鍛えようとして、結局またそれで苦労したのが、少し前の世代の女性たちだと思うんですね。そこが女性の抱える二重に難しい点だと思います。

確かに男性社会で男性並みに働いて、ある程度の成果を収めることはできたけれど、決して女性として幸せであったり楽しかったりはしないことに、だんだん気がついてきた。やっぱり子どもを産んでみようとなったときに、男性的な個は、なんの役にも立たないことにまた直面したわけです。子どもを産むということは、集合的無意識の世界にもう一回どっぷり浸かることだし、「海に落ちる」ことです。戦後教育の中で、女性も男性社会の価値観を与えられているのに、子どもを産むということは、それが全く通用しないところにドーンとはめられてしまうことだとわかった。私もそういう時代を生きて経験している中で、個と普遍という二項対立ではない形での女性の個性化、女性が個になるというのはどういうことなんだろうと今ずっと考え続けています。

そのヒントを一つ示してくれたのが、一連の人魚のお話です。一番新しい人魚の物語は、女性も男性も海と陸を往復しながら、絶えずそこでせめぎ合い、何かを見つけていこうとしています。女性の個性化は、両方の世界の往復を繰り返しながら生き続け、二律背反をずっと抱え続けることです。それは汐見先生の言葉を借りれば、中間世界をもう一度しっかり見つけ直すことにもなると思うんです。そこを取り戻すことではないかと思います。それは女性だけに課せられた課題ではなくて、男性に一緒に考えていただかないといけないことだと思っています。まだ十分にクリアな言葉にはなっていないんですが、少しはお答えになったでしょうか。

穂苅　斎藤先生、お願いします。

斎藤　まず統合失調症との重なり合いについてですが、ひきこもりの問題に私が関わった最初期の研究が参考になるかと思います。統合失調症と、いわゆる精神病性でないひきこもりには、家庭環境や症状における違いがあるかどうか、という研究だったんです。その結果、それほど有意な差は認められないというデータが出ました。もともとSocial withdrawal（社会的ひきこもり）という言葉自体は、統合失調症の症状の一つとしてDSM（「精神障害の診断と統計マニュアル」Diagnostic and Statistical Manual of Mental Disorders）に載っているものをそのまま引用して使っています。しかし、DSMのひきこもりの定義の中には「精神障害がないもの」という項目がありますので、重なるべきものではないというのがとりあえずの結論です。

それだけでは答えとしてあまりにもシンプルなので少し補足しますと、確かに両者の違いが見た目でわかりにくいのは事実です。単純に状態像を記述的に考えるならば、ほとんど見分けがつかないと思います。長くひきこもっている人と、いわゆる統合失調症の欠陥状態と呼ばれる慢性期の状態にある人との区別をするのは、ものすごく難しいと思います。ただ、統合失調症の患者さんを何百例も診た経験のあるドクターならば、会った瞬間にわかる程度の違いはあると私は考えています。それは例えば、統合失調症の患者さんが醸し出す「プレコックス感」と呼ばれる何とも表現し難い独特の雰囲気です。センスを総動員すれば判別はそんなに難しくない。状態像は似ていますが、明らかに異なった臨床像として理解できるわけです。

もちろん診断の後薬物治療をして、その反応を含めて確認すると明らかに違いが出てきます。統合失調症の経過にはある種のパターンがあるのですが、ひきこもりにはそれがありません。長期間ひきこもっていても状態が安定することはなく、苦しみが持続し続けて、なかなかそこから逃れられないという点でも、はっきりとした違いがあると言っていいと私は思います。

ちょっと大胆な補足をしますと、ひきこもっていること自体に葛藤している人は統合失調症ではないと思います。統合失調症の方は確かにひきこもっていますが、ひきこもっていること自体に悩むのではなくて、自分を部屋から出そうとしない誰かの悪意やエネルギーのようなものが自分を苦しめるのだ、という言い方で表現します。「ひきこもっている自分は、なんてみじめなんだろう」という客観的な視点はあまり出てこない。逆に、ひきこもりの人はそういう葛藤構造がしっかりしているとも言えるわけです。これは印象論ですので、そのまま受け取られても困るんですが、少なくとも私はそういう視点で見ているところがあります。

精神分析家のジャック・ラカンは、統合失調症では象徴界がうまく機能していないという言い方をしますが、これを強引に読み替えますと、言葉を通じての葛藤構造がしっかり維持されているのが、いわゆる神経症圏内のひきこもりということになります。そのたがが少し外れて、崩壊しかけているのが統合失調症であると対比して考えると、ある程度区別がつくような気がしています。単に印象論で終わらせては非常に無責任ですので、その後の治療プロセスにおいて、治療的診断によって確認できたらと考えています。

エディプスに関しては、私の造語も含んでおりますのでわかりにくくて申し訳ありません。先ほど申しましたように、いわゆるエディプス・コンプレックスを現実の両親と子どもに当てはめて考えるとしたら、現在の家族の役割分担とはかなりずれているところもあるでしょう。文字通り実際の家族に適用しても私はリアリティを感じません。ただ、エディプス的な機能を、切断的なものと連続的なものの相互作用によって人間の成長を促す一つの関係性であると翻訳して考えるならば、そういった機会は家族関係に限らず、至るところにあると考えられます。

日本の場合、「世間」の存在が非常に大きいと思います。よく、世間と個人が対立しているような言われ方をしますが、私はそうは考えません。世間と対立するのは家族だと思います。欧米の「社会対個人」に対応するのが日本では「世間対家族」だと思います。世間というものは、内在化される形で家族にも個人にも影響するわけです。世間は家族のあり方に介入することによって、間接的に個人に干渉してくるという意味です。世間が家族にエディプス的な働きかけをし、その影響を受けた家族はさらに個人に対して働きかけるという二重の構造になっていると思います。それでメタという表現を使いました。本当はメタという言い方は少し不正確ですが、わかりやすくする意味でメタ・エディプスという表現をしています。

去勢についてちょっと補足しておきます。私は去勢の機能を、万能感から抜け出して、より自由な状態をもたらすものとして考えています。言い換えますと、「万能感」の対義語は「自由」であるということです。つまり、個人がルールを内在化して、より自由に動けるようになってくること。これは言語活動を獲得して、表象や思考を自由に操れるようになる機能の獲得とパラレルの関係にあると思います。去勢によって言語は可能になる、というのはラカン派の言い回しですが、これはそれほど外れていないのではないかと私は考えています。

最後のご質問、転移関係についてです。そもそも転移自体は親子関係の複製（コピー）をつくっていくようなものと言われているわけですから、家族関係に転移という言葉を持ち込むのは反則なのかもしれません。しかし見方によっては、さっきご指摘いただいたように、欲望の転移の最初の形として、親子関係は重要ではないかと考えるわけです。

特にジェンダーの問題に絡めて言うと、これは私個人の理解ですが、例えば異性愛は、親の欲望が家庭教育を通して子どもに転移して起こってくるものであると考えています。もちろんいろいろなメディアを通じてもそういう教育は起こりますが、内容そのものというよりも器の転移であると考えられます。

それから、別の例で言いますと、神田橋條治さんという大変ファンの多い精神科医がいます。臨床心理の方とよく勉強会をやっています。その集まりを記録した小冊子を読んでいますと、やはり明らかに転移が起こっています。そこは神田橋さんの言っている言葉の内容を学習する場ではなく、神田橋さんが楽しそうに自分の臨床経験を話す場なのです。つまり、臨床に対する自分の欲望を臨床心理士の方に分け与えているという感じがするわけです。この転移関係を通じて師弟関係が育まれているという感じがします。これは教育のあり方にも通じるところがあると感じたので、例として挙げさせていただきました。

穂苅　ありがとうございました。そろそろ時間ですが、せっかくの貴重な機会ですので、二名ほどフロアから感想なりご質問なりいただければと思います。

港道　甲南大学の港道です。僕なりに「育てる」という過程を考えてみると、特にこの社会では市民としての社会性を育てるところが決定的に欠落しているように思われます。

例えば、先ほど話に出たフランスでは四年前に大統領選挙がありました。一回目の投票の結果一位と二位になった候補で決選投票をする方式です。一回目のときに当然残るであろうと思われていた左翼の候補が落ちて、右翼のジャック・シラクと極右のジャン＝マリー・ルペンが残ります。みんな驚いたんですが、その結果が判明したその日の夜から、高校生がフランス中で集まり始めてデモを始めたんです。第二次投票が行われる一週間前に至るまで、毎日毎日デモが続きました。

なぜかというと、ジャン＝マリー・ルペンは人種差別主義者なのです。ところが今の高校生のレベルでは、小学生の頃からいろいろな人種、いろいろな民族の同級生と一緒に学んできています。ですから、外国出身、移民の子だけ切り離してフランス人を区別することは、子どものレベルでもうできないわけです。これはある意味で、フランスの教育の成果でもあります。

日本の社会に目を移したときに、「なぜ人種差別は悪いのか」とか、「なぜ劣化ウラン弾を使っちゃいけないのか」ということが、家庭の内部で話し合われることはほとんどない。つまり、一人の市民として次の社会を選択していく能力を、親も開発しなければ、学校も開発しなければ、ビジネススクール化しつつある大学でもできない状態になっている。これも非常に大きな問題です。もし親にできなければ、ほとんど未来はないのではないでしょうか。ジェンダー問題も含めてですが、どうなんでしょう。未来がありそうだと思っている方はいらっしゃいますか。

穂苅　なかなか難しい質問ですが、どなたかお願いします。

横山　先ほど汐見先生にコメントするのを忘れていましまして、ちょうど港道先生の発言と重なりますので言わせていただきたいと思います。汐見先生に研究会に来ていただいたときに帰り道が一緒になり、いろいろな話をしたんです。汐見先生は戦後の日本のあり方に関して、かなり絶望感を持っているようです。「話を聞いたときは、あなたのことをポストモダニストかと思った」と言ったら、「全然違います。もっと古いんですよ」と言っていました。

このまま行ったら大変なことになる。港道先生は今「市民」という言葉を使いましたが、本当に市民というのはいったいどこにいるのかというぐらい、日本は崩壊してしまっている状態でしょう。彼はそういう絶望の上に、「自然発生的に出てきた親父の会は、ひょっとしたらこれまでのムラ社会と違うんじゃないか、と期待をかけているんです」と言っておられて、非常によくわかったんですけどね。

そのとき、阪神・淡路大震災も話題になりました。関東大震災のときには朝鮮人の虐殺が起こりましたが、阪神・淡路大震災では自然発生的なボランティアが生まれてきた。これは、市民社会の成熟度という観点からすると大きな違いです。ところがその後、その組織化はあまりうまくいっていない。これは本当に端緒に過ぎず、日本ではまだまだ育っていかない。私は国家権力が七〇年代の状況に懲りて、市民の動きをずっと潰してきた結果だと思っています。それをこれから草の根的につくれたらなんとかなるけれども、それ以外は、やはり滅亡しかないと思います。

穂苅　どなたかもう一名いかがでしょうか。

発言者1　私は、短期間ですがP&Gに勤めていたことがあります。子育てをしている人たちについて、すごく理解のある会社だと思います。ただ、同じセクションで子育てしながら働いておられるお母さんがいたんですが、その方は時間短縮で入っていて、四時上がりのはずなんですが、九時ぐらいまでおられました。「仕事が早く終わったなら帰っていいよ」というスタンスで、早く帰れるようにサポートする意識は全くない上司だったんです。

ダイバーシティというのは、子育てをしている人たちのことで語られることが多いと思いますが、独身男性も多いですし、P&Gには独身女性もたくさんいます。これから多様性がどんどん進んでいく中で、二つのグループに分かれてしまっていると感じられたので、そういう中での取り組みや心理的なものについてコメントをいただけたらと思います。

中里　貴重な情報をどうもありがとうございました。社員の方に直接お話を伺うのはなかなか難しいのですが、そういうことはあり得ると思います。「終わりのない旅」と会社の人たちも常に言っていますが、セクションによって差があることは実際認めていらっしゃいました。そこで実例を話した人も、「自分は日本人の中では早く帰るほうのグループになっている」とおっしゃっていましたので、みんなが早く帰るわけではないようです。

きっと少しずつ浸透していっているんじゃないかとは思います。理解のある上司が出てきているということもあるようです。二〇年ぐらい前は、女性の最初の仕事は上司のカップの柄を覚えることだったと聞きました。それが徐々に変わってきたのであって、急には変わらないということではないかと思います。

多様性ということは、子育てする人がいるというだけではなくて、独身の人もいるということですね。当然、子どもを持っている人だけに優しい会社であってはいけないと思っております。お答えになっているかどうかわかりませんが、ありがとうございました。

穂苅　では、これで最後になりますが、もう一名うかがいます。

発言者2　東灘区で一歳九カ月の女の子を育てております。今日のシンポジウムは、高石先生のインターネットの相談室のファンで参加させていただきました。ありがとうございます。

斎藤先生のお話で、昔に比べて若者の殺人数は減少していて、昭和五五年から横ばいだということでしたが、今子育てしている者からすると、新聞を開くと毎日、親が子どもに殺されるような事件ばかりが目につきます。極端な話ですが、こうやって育てている子にいつか殺されるかもしれないという不安感があるんですね。そういうことが育てることをすごく困難にしていると思うんですが、なんでそうなるんでしょうか。

斎藤　私の話と「育てること」がうまくつながる話題を出していただきまして、ありがとうございます。今、若者論というのはすごく売れるんです。出版社の企画で若者たたきの本は必ず一定の部数が売れます。若者論はどの時代にもありますが、現代は特に流通しやすい状況にあります。若者は、ある意味見て楽しむものというか、見物の対象になっているのです。若者がするからニュースになるようなところがあって、それが特に動機なき殺人や親殺しだと、その背後にある物語が人々を魅了したり、たくさん読まれたりしやすい傾向があります。そういうニーズがあるので、どうしてもメディアはセンセーショナルに報道しますし、みんなもそれを読んで「ああ、怖いな」と思うことが、延々と繰り返されているわけです。

ただ、メディアはかなり恣意的に記事を選んでいます。ベタ記事でいいものも大きく取り上げたりする。メディアの報道というのは、バランスを欠くことがしばしばあります。例えば先ほどの社会性の問題も絡むと思いますが、イスラエルとレバノンの戦争になっている状況でも、芸能人のわいせつ事件のほうがはるかに大きな話題になったりする状況はたくさんあります。偏りのあることがまず大前提なので、ある程度メディア・リテラシーも必要です。この言葉をここで使っていいのかわかりませんが、どの程度のものかは背景を知りながら読んでいく必要があるだろうと思います。

少年事件が昔から起きていることはさきほど申し上げたとおりです。例えば最近女子高生がタリウムでお母さんを毒殺しようとした事件がありましたが、戦後間もない時期にも中学生がしかられて一家全員を毒殺したような事件はありました。全然珍しくないんですね。首を切って殺害した事件、なんていうのも昭和三〇年代によくあったようです。「よくあった」は大げさかもしれませんが、少なくとも今新しく起こっている現象ではありません。これは、昔の新聞記事を定期的にネットに載せている奇特な方がいて、そういう人の記事を見るとよくわかります。

中井久夫先生が書かれていましたが、警察に詰めている新聞記者は、昭和三〇年代までは、少年事件とわかるとつまらないから帰ってしまったそうです。要するに昔はありふれていて報道価値がなかったわけです。ところが、今は珍しいのでセンセーショナルに報道する。希少価値が高いので、たくさん報道されるという状況になっていることを踏まえて読んでいただく必要があるのではないかと思います。

全体としては、日本でも国際的に見ても若者は非常におとなしくて、平和で、愛に満ちています。それは、社会性のなさにつながるのかもしれませんが、バランスを取る意味で申し上げておきたいと思います。

穂苅　ありがとうございました。まだまだシンポジストの先生や指定討論の先生へのご質問もあるかと思いますが、残念ながらもう時間を過ぎておりますので、今日はこれで終了することといたします。本日は皆さまに長い時間おつき合いいただきまして、ありがとうございました。

註

(1) 甲南大学人間科学研究所第二七回研究会「子育ての困難と働き方」講師：中里英樹、二〇〇六年三月一〇日実施。

(2) 甲南大学人間科学研究所第三一回研究会「男の子育て――中間世界の喪失と男の生き方を中心に」講師：汐見稔幸、二〇〇六年六月九日実施。

(3) 甲南大学人間科学研究所第二八回研究会「青少年における非社会性の『病理』」講師：斎藤環、二〇〇六年四月八日実施。

なお、以上の研究会報告は、甲南大学人間科学研究所のホームページで読むことができる。
http://kihs-konan-u.ac.jp

（4） 甲南大学人間科学研究所の第二期子育て研究会では、神戸市東灘区在住の小学校就学前の子どもがいる家庭を対象に、アンケートによる「子育て環境と子どもに対する意識調査」を行った（対象数二〇〇〇名、二〇〇六年六月実施）。このなかに「子育てで何か知りたいと思ったときに、いちばん頼りになると思うものは何か」という質問項目があったが、その回答の選択肢から「配偶者」が抜け落ちていた。回答者の九九％は母親であったが、それに対する指摘は一件もなかった。

穂苅千恵（ほかり・ちえ）
1965年生。上智大学大学院博士後期課程満期退学。臨床心理士。甲南大学文学部人間科学研究科助教授。専門は臨床心理学。共著に『講座心理療法第６巻　心理療法と人間関係』（岩波書店）、『講座現代思想３　無意識の発見』（岩波書店）など。

斎藤 環（さいとう・たまき）
1961年生。1990年筑波大学大学院医学研究科博士課程修了。医学博士。専門は思春期・青年期精神病理学。著書に『戦闘美少女の精神分析』（太田出版）、『社会的ひきこもり』（ＰＨＰ新書）、『家族の痕跡』（筑摩書房）、『生き延びるためのラカン』（バジリコ）など。

内藤あかね（ないとう・あかね）
1965年生。ジョージワシントン大学大学院修士課程アートセラピー・プログラム修了。臨床心理士。現在、甲南大学心理臨床カウンセリングルーム相談員。著書に『現代社会と臨床心理学』（金剛出版、共著）ほか、訳書に『力動指向的芸術療法』（金剛出版）、『狂気』（岩波書店、共訳）など。

高石恭子（たかいし・きょうこ）
編者略歴欄（奥付頁）に記載。

執筆者略歴（論文掲載順）

中里英樹（なかざと・ひでき）

1967年埼玉県生。京都大学大学院文学研究科博士後期課程研究指導認定退学。甲南大学助教授。専門は社会学、家族史、人口学。主著（共著）に『徳川日本のライフコース』（東京大学出版会）、『ネットワークとしての家族』（ミネルヴァ書房）など。

汐見稔幸（しおみ・としゆき）

1947年生。東京大学大学院教育学研究科博士課程修了。博士（教育学）。東京大学教育学研究科教授。専門は教育学、教育人間学。著書に『親子ストレス』（平凡社新書）、『おーい父親』（大月書店）、『学力を伸ばす家庭のルール』（小学館）など。

武田信子（たけだ・のぶこ）

1962年生。東京大学大学院教育学研究科博士課程単位取得。武蔵大学人文学部教授。臨床心理士。1999年トロント大学及び2006年アムステルダム自由大学客員研究員。教員養成、子育て支援、コミュニティワーク、人権教育などを通して、子どもの養育環境を広く研究している。著書に『社会で子どもを育てる』（平凡社新書）、『地域実践心理学』・『研究論文で学ぶ臨床心理学』（共著、ナカニシヤ出版）ほか。訳書にビル・リー『実践コミュニティワーク』（理論編・エクササイズ編、 共訳、学文社）など。

古屋敬子（ふるや・けいこ）

1976年生。京都大学大学院博士後期課程研究指導認定退学。三重県総合教育センター臨床心理相談専門員。専門は学校心理臨床。共著に『遊戯療法と子どもの今』（創元社）。

刊行の辞

叢書〈心の危機と臨床の知〉は、甲南大学人間科学研究所の研究成果を広く世に問うために発行される。文部科学省の学術フロンティア推進事業に採択され、助成金の補助を受けながら進めている研究事業「現代人の心の危機の総合的研究——近代化の歪《ひず》みの見極めと、未来を拓く実践に向けて」（2003～2007年）の成果を７冊のアンソロジーにまとめるものであり、甲南大学の出版事業として人文書院の協力を得て出版される。同じく学術フロンティア研究事業の成果として先に編んだ、『トラウマの表象と主体』『現代人と母性』『リアリティの変容？』『心理療法』（新曜社、2003年）の続編であり、研究叢書の第二期に相当する。

今回発行する７冊は、第一期より研究主題を絞り込み、「近代化の歪み」という観点から「現代人の心の危機」を読み解くことを目指す。いずれの巻も、思想、文学、芸術などの「人文科学」と、臨床心理学と精神医学からなる「臨床科学」が共働するという人間科学研究所の理念に基づき、幅広い専門家の協力を得て編まれる。近代化の果てとしての21世紀に生きるわれわれは、今こそ、近代化のプロセスが生んだ世界の有り様を認識し、その歪みを直視しなければならない。さもなくばわれわれは歪みに呑み込まれ、その一部と化し、ひいては歪みの拡大に手を染めることになるだろう。危機にある「世界」には、個人の内界としての世界、あるいは個人にとっての世界と、外的現実としての世界、共同体としての世界の両者が含まれるのはもちろんのことである。

本叢書は、シリーズを構成しながらも、各巻の独立性を重視している。したがって、それぞれの主題の特質、それぞれの編集者の思いに従って編集方針、構成その他が決定されている。各巻とも、研究事業の報告であると同時に、研究事業によって生み出される一個の「作品」でもある。本叢書が目指すものは、完成や統合ではなくむしろ未来へ向けての冒険である。われわれの研究が後の研究の刺激となり、さらなる知の冒険が生まれることを期待したい。

編者略歴

高石恭子（たかいし・きょうこ）

1960年生。京都大学教育学研究科博士後期課程満期退学。甲南大学文学部教授・学生相談室専任カウンセラー。専門は臨床心理学。著書に『大学生がカウンセリングを求めるとき』（共編著、ミネルヴァ書房）、『心理療法と物語』（共著、岩波書店）、『現代人と母性』（共編、新曜社）など。訳書に『女性の夢』（誠信書房）、『女性が母親になるとき』（誠信書房）など。

Printed in Japan 2007
ISBN978-4-409-34032-X C3010

育《そだ》てることの困難《こんなん》

二〇〇七年二月二〇日　初版第一刷印刷
二〇〇七年二月二八日　初版第一刷発行

編　者　高石恭子

発行者　渡辺博史
発行所　人文書院
612-8447　京都市伏見区竹田西内畑町九
Tel 〇七五(六〇三)一三四四　Fax 〇七五(六〇三)一八一四
振替 〇一〇〇〇・八・一一〇三

印刷　創栄図書印刷株式会社
製本　坂井製本所